性格編碼

關鍵的八個面向，打造最強版本的自己

謝蘭舟，徐登 著

假象快樂？

七大性格改變自我，跟負能量 SAY NO！

生活中的每一個選擇，都是我們塑造自己的機會

- -

打開內心世界，擺脫束縛，活出真我
自我鑄造從內而外的改變，讓你在現代社會中築夢前行！

目錄

假象快樂
七大性格改變自我，跟負能量 SAY NO！

第三個性格要素：目標堅定的性格

第四個性格要素：處事果斷的性格

第五個性格要素：堅韌頑強的性格

假象快樂

七大性格改變自我，跟負能量 SAY NO ！

第八個性格要素：與人交際的性格

假象快樂

七大性格改變自我，跟負能量 SAY NO！

前言

　　性格是指人們在態度和行為上的個性特徵。如剛強、懦弱、孤僻等。一個人的性格是在社會環境和教育影響下形成和發展起來的。有位名人說過：「性格是人們在生命和作為生存能力表現出來的一種姿態。」

　　性格對於一個人來說是十分重要的，是人生前行的方向導航，同時，性格也是人們所具有的能力。如果一個人的性格直爽、開朗，那麼他就會很容易被人接受，交際活動廣泛，在與他人廣泛的互動中學習各種知識，就有走向各種成功的可能。

　　而性格孤僻的人，他的交際活動就只會在狹窄的範圍內，做任何事情都不願與他人直接配合。這種人往往知識片面、死板，做事情也往往有始無終，半途而廢。因此，一個人是否有散發出正能量的性格，在很大程度上決定著他能否成為一個完全的人才，也決定著他能否在將來有所成就。卡爾威特說：「性格是決定一個人成功的關鍵。」

　　一個人的性格決定自己的一生，儘管人的性格是與生俱來的，也是相對穩定的，人們很難改變，但是我們可以透過時間和身處不同的環境去影響改變性格。可以透過自己不斷的努力學習和訓練，日積月累也會改變個人的性格。

　　人的性格多種多樣，對於不利於自身發展的性格，我們就要勇於去改變。有人說過，當你的性格改變時，你的命運也隨之改變；當你的命運改變時，你的人生也隨之改變。所以說，擁有正能量的性格，

假象快樂
七大性格改變自我，跟負能量 SAY NO ！

就能擁有美好的人生。

命運是海，性格是舵手手裡的指南針，不同的性格引領著人們走向不同的命運。因為性格不僅僅是由你原來所占有的東西構成的，而是由你缺乏的東西形成的，所以我們必須充分開發和利用性格的正能量，來掌控自己的人生。

每個人的命運都不是上天註定的，在很大程度上是由我們自己的性格來掌控的。這個世界上有很多的高效能人士和失敗者，高效能人士之所以成功，不是因為他們的命運特別好，而是因為他們懂得使用性格的正能量，這些性格的正能量促使他們在事業的道路上一往直前。而失敗者之所以失敗，也不是說他們沒有性格，因為不管高效能人士還是失敗者，每個人都具備自己的性格，而失敗者所具備的往往是一些阻礙自己走向成功的因素，也就是性格的負能量。

其實，高效能人士所具備的性格也很簡單，它就是必須適合自己的職業，適合自己的人生發展方向，適合自己所在社會各種因素的最佳綜合。而這些正能量的性格是從選擇開始的，從身邊的每一件小事開始的，只有養成良好的習慣，才能具有優秀的性格。

雖然生活中每個人都有自己不同於別人的性格，但是有些性格是高效能人士所必備的。其實那些性格我們經過努力都可以做到的，只是我們多數人不願意去做罷了。高效能人士與失敗者的差別在於，他們分別選擇了不同的構成性格的元素，從而形成了不同的性格，譜寫了不同的人生。

本書從積極樂觀的性格、理智冷靜的性格、穩重隨和的性格、處事果斷的性格、堅韌頑強的性格、永不言敗的性格、左右逢源的性格、以始為終的性格等高效能人士必備的八種性格進行展開，透過

經典事例與精彩評論，向讀者展現了性格與人生的密切關係。透過本書，相信你將可以發現自己性格上的不足並加以對照改進，從而使自己的性格不斷得到完善，為自己以後步入成功者的行列打好堅實的基礎。

從古今中外那些高效能人士身上可以看出，任何一個高效能人士都具備了優秀的性格。可見，成功不是偶然的，只有好性格才能有好人生。

假象快樂

七大性格改變自我，跟負能量 SAY NO！

第一個性格要素：積極樂觀的性格

　　積極樂觀的性格是高效能人士必須具備的一項優良性格，一個人要想成就大事，就必須擁有積極樂觀的性格，因為只有自信樂觀，才能持之以恆的一步一步走向目標，走向成功。只有這樣，才能使任何誘惑都改變不了自己的既定目標，無論任何困難都阻止不了你前進的步伐！

遇到了失敗，我們不應該悲觀洩氣

在人生路上，遇到了失敗，我們不應該悲觀洩氣，應該把它作為人生的轉捩點，選擇新的目標或探求新的方法，把失敗作為成功的新起點。

生命中最大的危機常常就是最大的轉機。

有一個年輕的電台播音員在嶄露頭角的時候，突然被電台解僱了。他當然懊惱萬分，可是當他回到家時，卻興高采烈的對他的妻子宣布：「親愛的，這下子我有機會開創自己的事業了。」年輕的電台播音員一開始就有正確的心態，而他也的確開始了他個人的事業。他自己做了一個節目，後來證明是一個成功的舉動，他成為了一個美國家喻戶曉的電視紅星。

其實，做人就應該這樣，當無事時，應像有事時那樣謹慎；當有事時，應像無事時那樣鎮靜。因為在漫長的旅途中，實在是難以完全避免崎嶇和坎坷。面對一個不幸的結局，只要保持精神的沉靜和堅定，不因一時的挫折而喪失鬥志，保持樂觀的心境，那麼一切都可以重新再來。

現實生活中，有很多事情不盡如人意，或遇到困難，或遭受失敗，大多數人常自怨自艾，一蹶不振，而只有少部分人能展望未來，保持樂觀的態度，把失敗作為自己新的起點，他們往往能在自己所處的行業中脫穎而出，成為佼佼者。

美國心理學家說：「你的才能當然重要，但相信自己一定能成功的想法常常成為決定你成敗的一個關鍵性因素。原因是，樂觀的人與悲觀的人在遇到同樣的挑戰和失意時，各自採取的處理方式是截然

不同的。」

　　一位著名的潛能引導師曾讓一批學員打電話給陌生人，讓他們到就近的捐血站無償捐血。要達成目的是一件不容易的事，當他們打了兩三通電話而毫無結果時，樂觀的學員說：「我要換個方法再試試。」悲觀的學員則說：「這事我做不了。」後來，引導師為此做了一個精闢的總結：自我感覺的控制，是成功的試金石。悲觀者，遇事放棄，他不可能掌握獲得成功所必須的技能。只有那些樂觀者，感覺自己是命運的主宰者，如果事情不妙，他便迅速採取行動，尋找新的措施，總結過去的經驗，博採眾家之長，來擬定一個新的行動計畫，然後堅決執行，因此，樂觀者往往就是這樣成為最後的贏家的。我們每一個人都應該具有這樣的精神，才會在以後的人生路上無論做什麼事情都會攻無不克，戰無不勝。

　　遇上不幸，他人放棄了，你還是勇敢的面對；他人後退了，你還是積極的向前，眼前沒有光明、希望，你還是努力不懈，尋找新的起點，造就你人生最大的成功。

挫折是一筆可貴的財富，沒有人會不勞而獲

　　挫折是一筆可貴的財富，沒有人會不勞而獲，在走向成功的道路上，每個人都要付出辛勤的汗水，還要勇敢面對挫折與失敗。當我們觀察成功人士時，會發現他們的背景各不相同。那些事業有成以及每一行業的知名人士都可能來自貧寒家庭、偏僻的鄉村甚至於貧民窟。這些人現在都是社會上的成功人士，他們都經歷過艱難困苦的階段。

　　當失敗來臨時，有的人只會躺在床上不斷悲傷，哀嘆命運的不

假象快樂
七大性格改變自我，跟負能量 SAY NO ！

公，或者跪在地上，準備伺機逃跑，以免再次受到打擊。但是，有的人的反應卻大不相同。他被打倒時，會立即反彈起來，同時會汲取這個寶貴的經驗，繼續往前衝刺。

　　幾年前，教授把畢業班一個學生的成績打了個不及格，這件事對那個學生打擊很大。因為他早已做好畢業後的各種計畫，現在不得不取消，真的很難堪。他只有兩條路可走：第一是重修，下年度畢業時才拿到學位。第二是不要學位，一走了之。

　　在知道自己不及格時，他非常失望，並找這位教授要求通融一下。在知道不能更改後，他大發脾氣，向教授發洩了一通。這位教授等待他平靜下來後，對他說：「你說的大部分都很對，確實有許多知名人物幾乎不知道這一科的內容。你將來很可能不用這門知識就獲得成功，你也可能一輩子都用不到這門課程裡的知識，但是你對這門課的態度卻對你大有影響。」「這些話是什麼意思？」這個學生問道。教授回答說：「我能不能給你一個建議呢？我知道你相當失望，我了解你的感覺，我也不會怪你。但是請你用積極的態度來面對這件事吧！這一課非常非常重要，如果不能由衷的培養積極的心態，你根本做不成任何事情。請你記住這個教訓，五年以後就會知道，它是使你收穫最大的一個教訓。」

　　後來這個學生又重修了這門功課，而且成績非常優異。不久，他特地向這位教授致謝，並非常感激那場爭論。「這次不及格真的使我受益無窮。」他說，「看起來可能有點奇怪，我甚至慶幸那次沒有通過。因為我經歷了挫折，並嘗到了成功的滋味。」

　　從挫折中吸取教訓，好好利用和把握，就可以對失敗泰然處之。千萬不要把失敗的責任推給自己的命運，要仔細研究失敗的原因。世

第一個性格要素：積極樂觀的性格
挫折是一筆可貴的財富，沒有人會不勞而獲

界上有很多人，一輩子渾渾噩噩，碌碌無為，他們對自己的平庸總會有這樣或那樣的解釋，這些人仍然像小孩那樣幼稚與不成熟；他們只想得到別人的同情，簡直沒有一點主見。由於他們一直想不通這一點，才一直找不到使他們變得更偉大、更堅強的機會。

不管是暫時的挫折還是逆境，只要自己把它當作是一種教訓，那麼它就不會在自己的意識中成為失敗。事實上，在每一種逆境、每一個挫折中都存在著一個持久性的大教訓。而且，通常說來，這種教訓是無法以挫折以外的其他方式獲得的。挫折通常以一種無言的聲音向我們說話，而這種語言卻是我們所不了解的。如果這種說法不對的話，我們也就不會把同樣的錯誤犯了一遍又一遍，而且又不知從這些錯誤中吸取教訓。

一九二四年，美國家具商亞爾維斯的家突然起火，大火把家裡的一切燒得精光，也把他準備出售的家具燒光。看著一片狼藉，他把雙手死死的插在頭髮裡，心情壞極了。突然，這燒焦松木獨特的形狀和漂亮的木紋把他的目光吸引住了，他竟然從這些焦松木上找到了轉機。

正是這場意外的大火，燒出了亞爾維斯的靈感與希望。他小心翼翼的用碎玻璃片削去沉灰，再用砂紙打磨光滑，然後再塗上一層油漆，一種溫暖的光澤和紅松般清晰的紋路呈現眼前。亞爾維斯驚喜的狂叫起來，馬上製作出仿紋家具，就這樣，仿紋家具從此誕生了。大家都來爭相購買他製作的家具，生意十分興隆。有人評論說：「亞爾維斯獨具特色的家具，像一隻在灰燼裡死而復生的不死鳥一樣蓬勃興起。」一場大火為他帶來災難，同時也帶來了新產品和金錢。現在亞爾維斯創造的第一套仿紋家具收藏在紐約州立博物館。

暫時的挫折並不可怕，只要不絕望，堅定信心，就完全可以把挫折當作走向成功的轉機。不論在什麼時候發生了什麼事情，你都要記住：厄運與幸運往往是交替出現的。當幸運來臨時，固然要把握它，利用它；而當事情開始向壞的方面轉化時，或者當所謂厄運當頭的時候，就要當機立斷的採取行動，將厄運的影響降低到最小，並努力擺脫它所帶來的陰影，讓生命開始新的旅程。

一個人要有所成就，就必須忍受失敗的折磨

一個人要有所成就，就必須忍受失敗的折磨，在失敗中鍛鍊自己，豐富自己，完善自己，使自己更強大，更穩健。這樣，才可以水到渠成的走向成功。

世界上的事不可能盡如己意。失敗和挫折是難免的，如果遇到意外事件就悲觀，這是懦夫的表現。真正的成功者，真正的強者不會整天憂心忡忡，他們會頑強的衝破前進道路上的障礙險阻，也能心平氣和的做自己應該做的事情。

一位砍柴為生的樵夫常年住在山裡，他每天都不辭辛苦的工作，為的就是建一座能為他擋風遮雨的房子。在他不懈的努力下，房子終於建好了。可是天有不測風雲，某日他挑著砍好的木柴到城裡去賣，當黃昏趕回家時，卻發現房子起了大火。左鄰右舍都來幫忙救火，但是因為傍晚的風勢過於強大，人們盡了最大的努力還是沒有辦法將火撲滅，所有的人只能哀聲嘆息，眼睜睜的看著熾烈的火焰吞噬了整棟木屋。大火終於滅了，人們的目光都集中在樵夫身上，目光裡滿是同情，所有人都以為樵夫會傷心的哭泣，可是他們卻發現樵夫手裡拿了

第一個性格要素：積極樂觀的性格
一個人要有所成就，就必須忍受失敗的折磨

一根棍子，跑進倒塌的屋裡不停的翻找著。圍觀的人以為他正在翻找藏在屋裡的珍貴寶物，所以也都好奇的在一旁注視著他的舉動。

過了半晌，樵夫終於興奮的叫著：「我找到了！我找到了！」鄰人紛紛向前探個究竟，才發現樵夫手裡捧著的是一柄斧頭，根本不是什麼值錢的寶物。只見樵夫興奮的將木棍嵌進斧頭裡，充滿自信的說：「只要有這把斧頭，我就可以再建造一個更堅固耐用的家。」

是呀，只要決心和毅力不倒，跌倒了又怎樣呢？爬起來，一切都可以重來。拿破崙說過：「人生的光榮不在永不失敗，而在於能夠屢敗屢戰。」成功的人不是從未被擊倒過，而是在被擊倒後，還能夠積極的向成功之路不斷邁進。跌倒了再爬起來，這才是能夠實現自我的人生態度！

英國史學家卡萊爾經過多年的艱辛耕耘，終於完成了《法國大革命》的全部文稿。他將這本巨著的底稿全部託付給自己最信賴的朋友米爾，請米爾提出寶貴的意見，以求文稿的進一步完善。但是隔了幾天，米爾臉色蒼白、上氣不接下氣的跑來，萬般無奈的向卡萊爾說出了一個悲慘的消息：《法國大革命》的底稿，除了少數的幾張散頁外，已經全部被他家的女傭當作廢紙，丟進火爐裡燒成灰燼了。卡萊爾在突如其來的打擊面前異常的沮喪。當初他每寫完一章，便順手把原來的筆記、草稿撕得粉碎。他嘔心瀝血撰寫的這部《法國大革命》，竟沒有留下任何可以挽回的紀錄。但是，卡萊爾還是重新振作起來。他平靜的說：「這一切就像我把筆記本交給小學老師批改時，老師對我說：『不行，孩子，你一定要寫得更好一點！』」於是，他又買了一大批稿紙，重新開始了又一次嘔心瀝血的寫作。我們現在讀到的《法國大革命》，便是卡萊爾第二次寫作的結果。

卡萊爾的精神讓人感動。就英雄本色而論，許多傑出的人物，許多名垂青史的成功者，他們人生的成敗，並不是得益於旗開得勝的順暢，馬到成功的得意，反而是失敗造就了他們。這就正如孟子所說的「天將降大任於斯人也，必先苦其心志，勞其筋骨，餓其體膚，空乏其身，行拂亂其所為，所以動心忍性，曾益其所不能。」在失敗面前，不要氣餒，把它轉變成對自己有利的經驗及能力，這樣就會協助自己創造更大的成績。

沒有人能夠控制你的心態，只有你自己可以

在現實生活中，我們總會發現抱怨的人遠比樂觀快樂的人多。喜歡抱怨的人在給自己找罪受的同時，也傷害著身邊的人，為他人招惹麻煩，我們發現世界上幾乎沒有人因為抱怨這個世界而得到快樂。雖然有時抱怨可以減輕當時的痛苦，幫助他從痛苦中暫時抽身，但那並不是幫助他澈底解決問題，而是在教他如何逃避現實。

事事都選擇沮喪失望，不如轉變思維往好的方面想；選擇痛苦呻吟，不如選擇開心快樂。如果你決定做快樂的人，生活就不會那麼平淡。在面對艱難困苦的挑戰時，如果你足夠機智，改變思維方式，世界也不會吝惜將生命中最豐盈的快樂送給你。受到傷害，療傷止痛才是明智之舉，沉溺於痛苦中不過只是更增加了自己的痛苦。

潮起潮落、冬去春來、日出日落、月圓月缺、花開花謝、野草榮枯，自然界萬物都在循環往復的變化中，你也不例外，自己的情緒也會時好時壞。

學會控制情緒，選擇好的心情，這是自然界的遊戲，很少有人窺

第一個性格要素：積極樂觀的性格

沒有人能夠控制你的心態，只有你自己可以

破天機。每天醒來時，不再有舊日的心情。昨日的快樂已變成今日的哀愁，今日的悲傷又轉化為明日的喜悅。這就好比花兒的變化，今天綻放的喜悅也會變成凋謝時的絕望。但是你要記住，正如今天枯敗的花兒蘊藏著明天新的種子一樣，今天的悲傷常常預示著明天的快樂。樂觀是一種天真做人的態度。

每天利用幾分鐘的時間，想像明天、下一個星期或是明年，都可能發生許多愉快的事情，不要煩惱或憂慮未來。多想想美好的事情，就會在不知不覺中計劃實現它們。如此一來，你就養成了樂觀的習慣。樂觀的人對一些繁雜的事情總是很看得開，他們認為：人生在世，不如意的事情十有八九，無論付出多大代價也是徒勞，什麼也帶不走。所以他們對事物的心態就是：人生在世，不快樂白不快樂，不管從事什麼職業，也不管曾經取得過多麼輝煌的成就，都會不驕不躁，泰然處之，從不會使自己成為一個故步自封、自以為是的人。

唐太宗李世民得天下後不久，有一次他對滿朝的文武大臣們說：「朕自年少之時就喜歡弓箭，許多年來曾得到十幾張好弓，自以為是天下最好的，沒有能超過它們的。可是最近我將弓拿給一個弓匠看，他卻說：『做弓用的材料都不是最好的。』朕問其原因，弓匠說：『弓的材料的中心部分不直，所以，其脈紋也是斜的，弓力雖強，但箭射出去不走直線。』朕以弓箭平定天下，而對弓箭的性能尚沒有完全認識清楚，何況天下事務呢，怎能遍知其理？望你們多多發表自己的意見，糾正朕的錯誤。」

正因為唐太宗李世民有這樣一種開放的心態，所以，他才能明白「兼聽則明，偏信則暗」、「水能載舟亦能覆舟」的道理；正是因為他有一種開放的心態，他才能知道「以銅為鑑，可以正衣冠；以人為鑑，

假象快樂

七大性格改變自我，跟負能量 SAY NO！

可以明得失；以史為鑑，可以知興替」。也正是由於他有一種開放的心態，所以大唐才成為了中國歷史上最強盛的帝國之一。

治國如此，為人與做事也是如此，在這個世界上，做任何事都要有一個這樣開放的胸懷，也只有如此才能成就輝煌的人生。

大發明家愛迪生靠他的智慧和勤奮，終於為自己建起了一個有著相當規模的工廠，工廠裡有著設備相當完善的實驗室，這些都是他幾十年心血的結晶。然而不幸的是，一天夜裡，他的實驗室突然著火，緊接著引燃了儲存化學藥品的倉庫。片刻的工夫，整個工廠便陷入了一片火海之中。儘管當時消防隊調來了所有的消防車，依然無法阻止熊熊大火的蔓延。正當眾人為愛迪生一輩子的成果將毀於一旦而感傷的時候，愛迪生卻吩咐兒子：「快，快把你的母親叫來！」兒子不解的問：「火勢已不可收拾，就是把全市的人都叫來亦無濟於事了，何必還要多此一舉呢？」沒想到愛迪生卻輕鬆的說：「快讓你的母親來欣賞這百年難得一遇的超級大火！」

妻子趕來了，當她看到愛迪生正以微笑來迎接她時，她有些不解的說：「你的一切都將化成灰燼了，怎麼還能笑得出來？」

愛迪生回答說：「不，親愛的，大火燒掉的是我過去所有的錯誤！我將在這片土地上建一座更完善、更先進的實驗室和工廠。」

這是何其曠達的心境！在災難面前，愛迪生的心態令我們讚賞！

其實，為失去的東西悲傷是非常愚蠢的行為。你就是為失去的一切毀滅了自己，又有什麼用呢？只有那些懷著一份曠達心境的人，才不會沉湎於自己曾經的擁有，而是懷著對未來無限的希望，重新開始更加美好的創造。也許我們許多人都曾經為了失去的金錢、工作、地位、愛情等傷心啜泣過，但你要相信，在未來的歲月裡，一定還會有

一份更加美好的禮物在等待著你。失去的東西只能成為你人生經歷的一部分，只有現在和未來才是你真實的生活。

　　沒有人能夠控制或改變你的態度，只有你自己可以。你雖然改變不了環境，但卻可以改變自己的心態。你不能預知明天，但你可以把握今天，你不能左右天氣，但你可以改變心情。

積極的心態，可以產生龐大的正能量

　　如果我們要開創成功的事業，就要抱著必勝的心態去為之奮鬥。當我們對於事物產生懷疑時，只有一個信念可以幫助我們，那就是期待最好的結果。

　　眾所周知，在這個世界上，成功而卓越的人畢竟是少數，而失敗平庸的人肯定是多數。成功而卓越的人活得充實、自在、灑脫；失敗而平庸的人則過得空虛、艱難、委屈。為什麼會出現這種情況呢？我們不妨仔細的比較一下成功者和失敗者的心態，特別是他們在關鍵時刻的心態，我們將會十分驚訝的發現：在這種時候，由於每個人的心態不同，其各自的命運與事情的結果也就不同。

　　面對同樣的機會，積極心態有助於人們克服困難，發掘自身的力量，幫助人們踏上成功的彼岸。養成消極思維的人則會看著機會漸漸遠去，卻不會採取行動。消極心態會在關鍵時刻散布疑雲，使人錯失良機。

　　消極心態與積極心態一樣，也能產生龐大的力量。有時候，消極心態的力量還有可能大於積極心態的力量。我們不僅要最大限度的發揮和利用積極心態的力量，也應該極力排斥消極心態的力量。

假象快樂

七大性格改變自我，跟負能量 SAY NO！

　　有一個一文不名的年輕人，有一天對他的所有朋友大膽的說：「總有一天，我要到歐洲去。」坐在他旁邊的朋友一聽此話便笑了起來：「聽聽，這是誰在說話呀？」但是，過了二十年之後，這個年輕人果然帶著自己的妻子去了歐洲。年輕人當時並沒有像其他人那樣說：「我非常想去歐洲，但我恐怕永遠都花不起這筆錢。」他的心裡抱著積極的、堅定的希望，這希望和積極的心理暗示給了他極大的動力，促使他為了要去歐洲而有所行動。

　　如果你首先放棄了，你一開始就說：「不行，我花不起，那筆費用對我來說太昂貴了，我恐怕永遠都做不到。」那麼，事情一定會像你所想的那樣，一切都會停頓下來。你的希望沒有了，你的心智遲鈍了，你的精神也消失了，久而久之，真的就會讓自己相信這件事情是不可能辦到的。

　　障礙與機會之間有什麼區別呢？關鍵在於人們對待事物的態度有所差別。被譽為美國歷史上最偉大的總統之一的亞伯拉罕·林肯說過：「成功是屢遭挫折而熱情不減。」積極的人視挫折為成功的踏腳石，並將挫折轉化為機會。消極的人視挫折為成功的絆腳石，讓機會悄悄溜走。

　　看見將來的希望，就會激發起現在的動力。消極心態會摧毀人們的信心，使希望泯滅。消極心態像一劑慢性毒藥，吃了這藥的人會慢慢的變得意志消沉，失去動力，離成功越來越遠。

　　消極心態不僅想到外部世界最壞的一面，而且還會想到自己最壞的一面。他們不敢企求什麼，因而往往收穫也很少。遇到一個新的想法或觀念，他們的反應往往是：「這是行不通的，從來沒有這麼做過。沒有這主意不也過得很好嘛？我們承擔不起風險，現在條件不成熟，

第一個性格要素：積極樂觀的性格
積極的心態，可以產生龐大的正能量

這不是我們的責任。」

　　也許下面這個故事可以從反面教會你一些。

　　故事來自美國的一個州，在那裡是用燒木柴的壁爐來取暖的。有一個樵夫，他供應木柴給一戶人家已有兩年多了。樵夫知道木柴的直徑不能大於十八公分，否則就不適合這家人特殊的壁爐。

　　但有一次，他賣給這個老主顧的木柴大部分都不符合規定的尺寸。顧客發現這個問題後，就打電話給他，要他調換或者劈開這些不合尺寸的薪柴。「我不能這樣做！」樵夫說道，「這樣花費的工錢就會比全部柴價還要高。」說完，他就把電話掛了。

　　這個主顧只好親自來做劈柴的工作，他捲起袖子，開始進行。大概在這項工作進行了一半時，他注意到有一根特別的木頭，這根木頭有一個很大的節疤，節疤明顯是被人鑿開又堵塞住了。這是什麼人做的呢？他掂量了一下這根木頭，覺得它很輕，彷彿是空的。他就用斧頭把它劈開，一個發黑的白鐵捲掉了出來。他蹲下去，拾起這個白鐵捲，把它打開，吃驚的發現裡面包有一些很舊的五十美元和一百美元兩種面額的鈔票。他數了數，恰好有兩千兩百五十美元。很顯然，這些鈔票藏在這個樹節裡已經有很多年了。這個人唯一的想法是使這些錢回到它真正的主人那裡。

　　他抓起電話話筒，又打電話給那個樵夫，問他從哪裡砍了這些木頭。這位樵夫的消極心態維護著他的排斥力量，不耐煩的說：「那是我自己的事，與你無關。」

　　就這樣，顧客雖然做了多次努力，還是無法獲悉這些木頭從哪裡砍來的，也不知道是誰把錢藏在樹內。

　　這個故事說明，具有積極心態的人能發現錢，具有消極心態的人

卻不能。可見，好運在每個人的生活中都是存在的。然而，以消極心態對待生活的人會讓好運失之交臂，具有積極心態的人才能抓住機會，獲得利益。

事實上，在我們的日常生活中，之所以失敗而平庸的人占多數，其主要原因就是心態有問題。一旦遇到困難，他們總是挑選最容易的辦法，甚至從原來的地方倒退，總是說：「我不行了，我還是退卻吧。」結果使自己陷入失敗的深淵。成功者卻正好相反，他們一遇到困難，總是始終如一的保持積極的心態。他們總是以「我要」、「我能」、「我一定辦得到」等積極的念頭來不斷鼓勵自己。於是他們便去盡一切可能，不斷前進，直至走向成功。偉大的發明家愛迪生就是這樣一個人，他是在經歷過幾千次的失敗後，才最終成功發明了電燈的。

成功的人大都能夠始終以積極的思考、樂觀的精神和輝煌的經驗，來支配和控制自己的人生；失敗的人則總是被過去的種種失敗和疑慮引導支配，他們空虛委屈、悲觀失望、消極頹廢，因而最終走向了失敗。以積極心態支配自己人生的人，總是能積極樂觀的正確處理人生遇到的各種困難、矛盾和問題；以消極心態支配自己人生的人，總不願也不敢積極的解決人生所面對的各種問題、矛盾和困難。

我們經常聽人說，他們現在的境況是別人造成的，環境決定了他們的人生位置。這些人常說他們的想法無法改變。但事實上卻不是這樣的，他們的境況根本不是周圍環境造成的。說到底，如何看待人生，完全由我們自己決定。

維克多·弗蘭克是二戰時納粹德國某集中營的一位倖存者。他說：「在任何特定的環境中，人們還有一種最後的自由，那就是選擇自己的態度。」也曾有人這樣說：「最常見同時也是代價最大的一個

錯誤，是我們認為成功有賴於某種天才、某種魅力、某些我們不具備的東西。」

總而言之，成功的要素其實就掌握在我們自己的手中。成功是積極心態的結果。我們究竟能飛多高，並非完全由我們的某些其他的因素決定，而是由我們自己的心態所制約的。我們的心態在很大程度上決定了我們人生的成敗。比如：

（一）我們怎樣對待生活，生活就怎樣對待我們。

（二）我們怎樣對待別人，別人就怎樣對待我們。

（三）我們在一項任務剛開始時的心態，就決定了我們最後將有多大的成功，這是最重要的因素。

（四）在任何重要組織中，我們的地位越高，我們就越能找到最佳的心態。

當然，有了積極心態並不能保證事事成功，但一直持消極心態的人則一定不會成功。

當厄運降臨時，笑著說聲「無所謂」

生活不是一種罪過，當厄運落下時，嘗試著凝視天空，或許堆積在心中的愁緒會慢慢消失。即使今天的你還殘留著昨天的傷痕，你也一樣可以靜靜的等待，等到冰雪融化的那一天，你就能吸取溫暖。

保樂在遭到失業痛苦的同時，父母又在一件意外事故中身亡了。經過這些致命的打擊後，他已經對生活失去了熱情，終日借酒澆愁。

一天，保樂又到一家酒館去買醉時，偶遇了一位心理學家。當心理學家了解了保樂的情況後，便對他說：「我有句三字箴言要送給你，

假象快樂
七大性格改變自我，跟負能量 SAY NO！

它會對你的生活有一定的幫助，而且是使人心態平和的良方。這三個字就是『不要緊』。」清醒後的保樂用了三天時間來領悟這三字箴言所蘊含的智慧。於是，他把這三個字寫下來，貼在家裡的牆壁上，他決定今後再也不會讓挫折和失望來破壞自己平和的心情。

後來，保樂果真遇到了生活的考驗，他無可救藥的愛上了房東的女兒。她對他來說就像生命一樣重要，保樂從看到她的第一眼起，就確信她是自己今生唯一的伴侶，如果沒有她，自己肯定活不下去。但是，房東的女兒拒絕了保樂，並婉轉的告訴他，自己已經有了未婚夫。這時，保樂以她為中心建構的世界在瞬間就土崩瓦解了。那幾天，保樂覺得牆上貼著的「不要緊」三個字根本沒有用，甚至覺得好笑。一個星期後，保樂透過冷靜的分析，覺得這三個字對自己來講又有了不同的意義。他在想：到底有多要緊？那女孩很重要，自己也很要緊，快樂也很要緊。但自己希望和一個不愛自己的人結婚嗎？答案當然是否定的。

一個月後，保樂發現沒有房東的女兒，自己也照樣可以生活得很好，甚至感覺到一個人生活，心情也能放鬆。他堅信將來肯定會有另一個愛他的女孩進入自己的生活，即使沒有，自己也會過得很開心的。

三年後，一個漂亮溫柔的女孩走進了保樂的生活。在高興的籌備婚禮的時候，保樂把那三個字從牆上撕下，扔進了垃圾桶中。他認為自己以後將永遠快樂，人生旅途中不會再有失敗和挫折。

的確，結婚的前幾年，他們過得很快樂。保樂有了一份理想的工作，妻子為他生了一對雙胞胎女兒，他們還有一定數額的存款。保樂覺得日子過得愜意極了。

在徵得妻子的同意後，保樂把所有的存款都投進了股市。但是，就在他買了股票後不久，股市連連下跌。保樂由於沒有投資經驗，他被股市牢牢套住了，家裡所有的開銷僅靠他的薪水了，他們的生活又降到了僅能維持溫飽的狀態。

保樂的心裡非常難受，他又想起那句三字箴言：「不要緊！」保樂心想：上帝啊！這一次可真的是不要緊，而是要命，我的生活怎樣才能得以維持下去呢？

一天，就在保樂又沉浸在悲傷之中時，那對雙胞胎女兒咿呀咿呀學語的聲音吸引了他的注意力。兩個女兒坐在地毯上，朝他張開雙肩，兩個女兒臉上的笑容是那麼令人動容。這一刻，保樂覺得自己的心情受到了強烈的衝擊。他想：如此可愛的女兒，善良的妻子，這已是上蒼賜給我的無價之寶。

而我在股市上損失的只是金錢，一切都會好起來的，實在「不要緊」。不久，保樂又變得像以前一樣的樂觀，他再也不為金錢的損失而煩惱了。而生活也像他所期待的一樣，過得甜甜蜜蜜。

當我們遭到命運的撞擊時，都會本能的將它放大，很多時候我們就是被這種放大的困難嚇倒，失去了前進的勇氣。

自信點，抬起你萎靡不振的頭

一個萎靡不振、沒有主見的人，一遇到事情就習慣性的「先放在一旁」，說起話來又是吞吞吐吐、毫無力量；更為可悲的是，他不大相信自己會做成偉大的事業。反之，那些意志堅強的人習慣「說做就做」，凡事都有他的主見，並且有很強的自信心，能堅持自己的意

假象快樂
七大性格改變自我，跟負能量 SAY NO！

見和信仰。

對於欲成大事、治療自己人性弱點的人而言，有一種最難治也是最普遍的毛病就是「萎靡不振」，「萎靡不振」往往使人完全陷於絕望的境地。

一個年輕人如果萎靡不振，那麼他的行動必然緩慢，臉上必定毫無生氣，做起事來也會弄得一塌糊塗、不可收拾。他的身體看上去就像沒有骨頭一樣，渾身軟弱無力，彷彿一碰就倒，整個人看起來總是糊里糊塗、呆頭呆腦、無精打采。

年輕人一定要注意，千萬不要與那些頹廢不堪、沒有志氣的人來往。

一個人一旦有了這種壞習氣，即使後來幡然悔悟，他的生活和事業也必然要受到很大的打擊。

遲疑不決、優柔寡斷，無論對成功還是對人格修養都有很大的傷害。優柔寡斷的人一遇到問題往往東猜西想，左右思量，不到逼上梁山之日絕不作出決定。久而久之，他就養成了遇事不能當機立斷的習慣，他也不再相信自己。由於這一習慣，他原本所具有的各種能力也會跟著退化。

對於世界上的任何事業來說，不肯專心、沒有決心、不願吃苦，就絕不會有成功的希望。獲得成功的唯一道路就是下定決心、全力以赴的去做。

遇到事情猶豫不決、優柔寡斷，見到人無精打采的人，從來無法讓別人留下好的印象，也就無法獲得別人的信任和幫助。只有那些精神振奮、踏實肯做、意志堅決、富有魅力的人，才能在他人心目中樹立起信用。不能獲得他人信任的人是無法成功的。

第一個性格要素：積極樂觀的性格
自信點，抬起你萎靡不振的頭

對於手頭的任何工作，我們都應該集中全副精神和所有力量。即使是寫信、打雜等微不足道的小事，也應集中精力去做。與此同時，一旦做出決策，就要立刻行動；否則，一旦養成拖延的不良習慣，人的一生大概也不會有太大希望了。

世界上有很多人都埋怨自己的命不好，別人為什麼容易成功，而自己卻一點成就都沒有呢？其實，他們不知道，失敗的原因只能是他們自己，比如他們不肯在工作上集中全部心思和智力；比如做起事來，他們無精打采、萎靡不振；比如他們沒有遠大的抱負，在事業發展過程中也沒有去排除障礙的決心。

以無精打采的精神、拖泥帶水的做事方法、隨隨便便的態度去做事，不可能有成功的希望。只有那些意志堅定、勤勉努力、決策果斷、做事敏捷、反應迅速的人，只有為人誠懇、充滿熱忱、血氣如潮、富有想法的人，才能把自己的事業帶入成功的軌道。年輕人最易感染又是最可怕的疾病，就是沒有明確的目標和沒有自己的見地，就是因為這一點，他們的境況常常越來越差，甚至到了不可收拾的地步。他們苟且偷安於平庸、無聊、枯燥、乏味的生活，得過且過的想法支配著他們的頭腦。他們從來沒想到要振奮精神，拿出勇氣，奮力向前，結果淪落到自暴自棄的境地。之所以如此，都是因為他們缺乏遠大的目標和正確的思想。隨後，自暴自棄的態度竟然成為了他們的習慣。

對這些人來說，彷彿所有的力量都已消失殆盡，所有的希望都已全部死亡，他們的身體看上去也如同行屍走肉一般，再也沒有重新振作的精神和力量了。

激發潛能，為自己營造志在必得的心態

卡內基指出：「在人的一生中，無論何種情形，你都要不惜一切代價，步入一種可能激發你潛能的氣氛中，可能促使你邁上自我發達之路的環境裡。」

羅賓斯沒上過大學，卻成為舉世聞名的激勵大師。在他數十年的職業生涯中，曾為柯林頓和曼德拉釋疑解惑，也曾為世界頂尖級的運動員指點迷津。

羅賓斯認為，貪婪畏縮和缺乏動力是阻礙人銳意進取的絆腳石，保持一種積極的心態是成功不可或缺的要素。人生的動力一如雪球，會越滾越大。富者越富，貧者越貧，差別就在這裡。當一個人感召別人時，也在改變著自己。如果說成功有不變的法則，那就是不存在僥倖。過去已無法挽回，未來不可操作，只有現在能夠採取行動。

全力去做自己擅長的事，才是最明智的選擇。成功的第一步就是趕緊行動，就是要有進取心去促成行動。一個人心中有美好的前景，才會想到要改變現實，進而訴諸行動。在一次次巡迴演講中，他致力於喚醒聽眾的信心，試圖提高他們的生活素養，扭轉他們的人生航線。

要把夢想變為現實，就得為自己營造志在必得的心態。先了解自已最想要什麼，才能每天努力去追求，並維持追求的動力。

一位老太太見到羅賓斯，迷惑不解的詢問：「我從早到晚都能看到你的身影，有時是在海報上，有時是在電視裡。我發現你總是那麼樂觀，總是那麼情緒高昂，你是怎麼保持這種精神狀態的？」

羅賓斯回答說：「因為我有動力，一種強勁的動力。人生每天都要

第一個性格要素：積極樂觀的性格

激發潛能，為自己營造志在必得的心態

面對這樣那樣的挑戰。我創辦公司的目的不是賺錢，而是要幫助那些需要的老人孩子、流浪者或坐牢的人。我有妻子和四個孩子，我希望自己能做得更好一點。跟普通人一樣，我也會傷心難過，也有洩氣、憤怒和失望的時候。

「然而隨著內在力量的不斷增強，被這些情緒困擾的時間也就越來越短。

「由一個月至一週，再到一天，現在最多不超過十五分鐘。從另一個角度看人生，我有一種全新的認識，知道自己最想要的是什麼，所以對未來一直心存美好的嚮往。」

還有這樣一則事例：

在日本有一所特殊的大學，坐落在富士山下，有人稱之為人間地獄，也有人把它叫做勇氣學校。每期學生僅受訓十三天，收取學費高達二十萬日圓，這所學校培養的對象來自公司領導階層，其辦校方針是讓處境不妙的管理者重振雄風，其恪守的信條是一百升汗水與眼淚。學生一跨入校門，就會受到這樣的訓導：「為了今後大做一番事業，你們必須付出汗水和眼淚，而完成課程的辦法只有一個：就是共同奮鬥，讓地獄變成天堂！」

學校從不向學生傳授生意經和管理方法，而是讓他們接受嚴酷的體能訓練，諸如夏天讓烈日暴晒，冬天任嚴寒侵襲等，旨在把他們塑造成最堅強的企業菁英。一位學生受訓後自信的說：「經過這種特殊的品格錘鍊，在員工面前我不再恐懼，在老闆面前我不再膽怯！」

儘管在該校吃盡苦頭，學生們並不認為這是一種懲罰，也不認為是變相受難，反而覺得這裡的一切，過去從未體驗，讓他們感到耳目一新。學校創始人坦言道：「今天對學生們來說，需要的不是知識，而

是別的東西。

「在現實生活中，那些瀕臨破產的人對各種情況瞭若指掌，他們欠缺的是抵抗力和自信心。我們把每個學生推到極限，就是要讓他們學會如何去擺脫困境。雖然學校傳授的東西很簡單，可是每個學生都說從中吸取了力量，因為他們經歷承受了極為難得的磨練。」

別放棄，再堅持一下

許多成功者，他們與失敗者的唯一區別，往往不是更多的努力，或是更聰明的大腦，只在於他們多堅持了一刻——有時是一年，有時是一天。

由於胡立歐用世界上六國語言演唱的唱片已經銷售了十億多張，致使他獲得金氏世界紀錄創辦者頒發的「鑽石唱片獎」。在歐洲，胡立歐已經五年都是流行歌曲的榜首明星，《法國晚報》曾讚揚他為一九八〇年代的頂尖歌手。男高音歌唱家普拉西多‧多明哥這樣評價這位四十多歲富有熱情的西班牙演唱浪漫民謠的歌手：「胡立歐達到了每個歌唱家夢寐以求的造詣，既會唱古典的，又會唱通俗的，他打動了所有觀眾的心。」

胡立歐假如沒有信心、勇氣和鐵一般的毅力，那麼今天他可能只是一個默默無聞的身障者。說來也奇怪，他的成功還是由於一起車禍事故引起的。

一九六三年九月，胡立歐二十歲生日前，他和三個朋友沿著郊區的大路，驅車向馬德里家中駛去，當時已過午夜，純粹出於年輕人的胡鬧，他把車速開到每小時一百公里，駛到一個急轉彎處，汽車陡然

第一個性格要素：積極樂觀的性格

別放棄，再堅持一下

滑向一側，一個跟頭翻到了田裡。不大可信的是，當時沒有人受重傷。過了一段時間，胡立歐感到胸部和腰部急劇的刺痛，伴隨著呼吸困難和渾身發抖。神經外科專家診斷是脊椎出了問題，胡立歐癱瘓了，他被送到一個治療截癱病人的醫院，經過脊椎檢查後發現：他背上在第七根脊椎骨上長有一個良性瘤，隨後做了外科手術把瘤摘除。但是胡立歐回家後腰部以下仍不能動彈，這種情形實在讓人沮喪：胡立歐在幾年後可能會恢復一點活動能力，但是進展緩慢，復健使得他筋疲力盡。胡立歐有時也很絕望，有位護士得知這情形，給了他一把價錢不貴的吉他，他開始無目的的撥弄起來，他發現這種亂彈亂奏讓他消除了憂慮和無聊。這種亂奏引發他跟著哼起來，後來試著唱出幾句，使他高興的是，自己的嗓音還不錯。

手術後的四個月，胡立歐站在地板上，手抓著他家裡樓梯的扶手，費力的試著舉步上樓，這樣的練習使他氣喘吁吁。但他總算抬起了邁向康復的第一步。

他每天的目標就是比前一天多邁出一步，為了加強身體其他部位的鍛鍊，他沿著門廳不停的爬行四五個小時。在他家的消暑住處，他能拄著拐杖沿著海灘緩慢費力的行走，而且每天早上，他在地中海裡疲倦不堪的游上三四個小時，到那一年的秋天，他換成拄一根手杖行走。幾個月後，他把手杖也扔到了一邊，每天慢行十公里。

一九六八年，他於法學院畢業，他曾打算進外交使團。在那時，音樂僅是一種消遣，長期而孤獨的恢復期使胡立歐產生了靈感，他總算寫出了自己的第一首歌《生命依然繼續》。

儘管他遲疑過，最後還是同意在西班牙一年一度為流行音樂舉行的最重要的比賽——《貝尼多姆音樂節》上演唱那首歌。在那次比賽

中，胡立歐獲得了第一名。這首歌一時在全國流行起來，並成了一部西班牙電影的片名，這部影片是根據他和癱瘓做對抗的經歷而寫的，他主演了這部電影，這樣又成了一位電影明星。

作為一個世界性的音樂家，大眾對他的接受有一個漫長的過程。在他用歌聲征服拉丁美洲聽眾的過程中，他首先得征服村民們，使他們知道胡立歐是誰。一九七一年他在巴拿馬時，身無分文，露宿在公園的長凳上。就在這種情況下，他也沒有懷疑過美好的明天在向他招手。他身體上的復原讓他決心不放棄任何夢想。

一九七二年，《獻給佳麗西婭的歌》結束了黑暗的日子，這首歌那跳動的民間節奏，使得它流行於整個歐洲和南美。

很快，他又推出了其他流行曲目。一九七四年，他的唱片《Manuela》使他在法國成為第一個獲得金唱片獎的西班牙歌手。

一九八一年，胡立歐寫的自傳《在天堂和地獄之間》一書中，他描述了自己婚姻的破裂，其痛苦的程度不亞於那次癱瘓。他體會到了失敗，陷進了深深的絕望之谷。他得做出超人的努力來面對觀眾。那時他覺得他的雙腿又癱了，可是一位精神科醫生對他說是他的思維出了問題：「你應該像從前那樣，把自己投入到事業中去。」有位醫生建議：「繼續你已發展的事業——不達頂峰誓不甘休。」

有了這些鼓勵，胡立歐感覺好多了。從那以後，他嚴格遵守醫生的指導，時刻不忘二十年前的自我療法：每天要比昨天多邁出一步。

一九七八年，胡立歐和哥倫比亞唱片公司簽了一項長期合約，他細心而不知疲倦的工作，花了六個月的時間錄一張唱片，他先用西班牙語演唱，後來用了法語、義大利語、葡萄牙語和德語演唱。他同時還得花些時間錄製用英語首次演唱的唱片。

第一個性格要素：積極樂觀的性格
別放棄，再堅持一下

雖然他是個語言天才，但是用多種語言進行七小時的錄音過程也夠折磨人的。他對「我愛你」這幾個字的發音特別小題大做。即使用西班牙語演唱，在錄音時他也能花上一個多小時反覆練習，直到達到了他認為能讓人獲得美的享受才停止。

胡立歐回顧癱瘓時的黑暗之日，發現有很多東西值得感激。他說：「我在音樂方面獲得的一切成就，都來源於那次痛苦。」現在健康、愉快和出名的胡立歐‧伊格萊西亞斯，他的生活本身證明了他寫進第一首歌《生命依然繼續》中的箴言：人總有理由生存，總有理由奮鬥！

一些人認為所謂成功，無非就是那套理論——才智、闖勁和勇氣。

但我們要想，成功光有這三項是遠遠不夠的。你還必須以頑強的耐力對付生活中遇到的各種坎坷、障礙。布克‧華盛頓曾說過：「我認為，衡量一個人成功與否，不完全是以他在生活中所得到的地位為標準的，而是由他在努力通往成功的路上越過的障礙多少作為尺度的。」

一位有名的拳擊手在他的《再戰一回合》中充分表現了這種頑強耐力，他寫道：「再戰一回合！當你雙腳站立不穩，馬上就要跌倒的時候，再戰一回合！當你筋疲力盡，無法抬起雙臂防禦對手的進攻時，再戰一回合！有時，你被打得鼻青臉腫，無力招架，甚至你希望對手乾脆猛擊一拳將你打昏過去時，此時此刻——再戰一回合！記住：一個常常『再戰一回合』的人是不會被打垮的。」

確立自我意象，在心中造個不倒翁

　　自我意象的確立是十分重要的，其正或負的傾向，是我們的生命走向成功或失敗的方向盤、指南針。

　　成功的過程是一個不斷挖掘自身潛能的過程，而挖掘潛能必須不斷發現真正的自我。一個人一旦如此，便可重振一蹶不振的事業，甚至改變其整個生活狀況。「自我意象」是重要的心理學發現之一。這種自我意象就是「我屬於哪種人」的自我觀念，它建立在我們對自身的認知和評價基礎上。

　　一般而言，個體的自我信念都是根據自己過去的成功或失敗，他人對自己的反應，自己根據環境的比較意識，特別是童年經驗而不自覺形成的。根據這些，人們心裡便形成了「自我意象」。

　　就我們自身而言，一旦某種與自身有關的思維或信念進入這幅「肖像」，它就會變成「真實的」。我們很少去懷疑其可靠性，只會根據它去行動，就像它的確是真實的一樣。一位心理學家說，人的潛意識就是一部「服務機制」，即一個有目標的電腦系統。而人的自我意象，就有如電腦程式，直接影響這一機制運作的結果。

　　如果你的自我意象是一個失敗的人，你就會不斷的在自己內心那「螢光幕」上看到一個垂頭喪氣、難當大任的自我，聽到「我是沒出息、沒有長進」之類負面的訊息，然後感到沮喪、自卑、無奈與無能，那麼你在現實生活中便會「註定」失敗。

　　另一方面，如果你的自我意象是一個成功人士，你會不斷的在你內心的「螢光幕」上見到一個不斷進取、勇於經歷挫折和承受強大壓力的自我；聽到「我做得很好，而我以後還會做得更好」之類的鼓舞

訊息，然後感受到喜悅、自尊、快慰與卓越，那麼你在現實生活中便會「註定」成功。

自我意象的形成有以下特點：

人的所有行為、感情、舉止，甚至才能，始終與自我意象一致。每個人把自己想像成什麼人，就會按照那種人的方式行事；而且，即使他做了一切有意識的努力，即使他有意志力，也很難扭轉這種行為。

人的全部個性、行為，甚至環境都是建立在自我形象這個基礎之上的。如果一個人從心理上逃避成功，害怕成功，面對機會或挑戰，他就可能畏畏縮縮，這樣，即使不是一個失敗者，也是一個平庸之輩。因為，在其自我意象裡已經有了失敗的自我意象。其實，只要改變一個人的自我意象，他們都會發生奇蹟性的變化。

自我意象是可以改變的。一個人難於改變某種習慣、個性或者生活方式，似乎有這樣一個原因：幾乎所有試圖改變的努力，都集中在所謂自我的行為模式上，而不是意識結構上。很多人對心理諮商感到意義不大，是因為他們想要改變的是特定的外在環境或者特定的習慣和性格缺陷，而從來沒有想到改變造成這些狀況的自我認知。

要想從事致富行動，並全面的完善自己的意識，就必須有一個適當的現實的自我意象伴隨著自己；就必須能接受自己，並有健全的自尊心。創富者必須信任自己，必須不斷的強化和肯定自我價值，必須隨心所欲的有創造性的表現自我，而不是把自我隱藏或遮掩起來。創富者必須有與現實相符的自我，以便在一個現實的世界中有效的發揮作用。此外，創富者還必須認識自己的長處和弱點，並且誠實的對待這些長處和弱點。

假象快樂

七大性格改變自我，跟負能量 SAY NO！

當這個自我意象完整而穩固的時候，創富者會有「良好」的感覺，並且會感到有自信，會自由的作為「我自己」而存在，自發的表現自己並會適當的發揮作用。如果它成為逃避、否定的對象，個體就會把它隱藏起來，不讓它有所表現，創造性的表現也就因此受到阻礙，內心會產生強烈的壓抑機制且無法與人相處。

我們每一個人內心所真正需要的正是我們心目中的崇高目標，在本質上都可以從豐富的生活或積極的創富過程中體驗到。當我們體驗到幸福、自信、成功的、飽滿的感情時，我們就是在享受豐富的生活。當我們落魄到壓制自己的能力，浪費自己的天賦本能，使自己蒙受憂慮、恐懼、自我譴責和自我厭惡的程度時，就是自己在扼殺我們可以利用的生命力，就是在背棄自我發展和完善的道路。

所以，我們應改變這一點，努力發展新的自我意象。當然，發展新的自我意象，改變鬱鬱寡歡的失敗型個性，不能依靠純粹或勉強的意志力。必須要有充足理由、足夠證據確認舊的自我意象是錯誤的，因而要發展相應的新的自我意象，不能僅僅憑空想像出一個新的自我意象，除非你覺得它是有事實為依據的。經驗顯示：一個人改變自我意象時，總覺得由於某種原因「看到」或者認識到了自己的本來面貌。

正如愛默生所說過的：「人無所謂偉大或者渺小。」難怪人們過去總是把「心理意象」與「魔術」關聯起來，「心理意象」在創富學中，確實具有難以抗拒的魔力。「在你心靈的眼睛前面，長期而穩定的放置一幅自我肖像，你就會越來越與它相近。」一位博士說，「生動的把自己想像成失敗者，這就使你不能取勝；生動的把自己想像成勝利者，將帶來無法估量的成功。」由此可見，想像對於我們事業的成功具有什麼樣的影響。

第一個性格要素：積極樂觀的性格
積極的心態，是我們邁上成功之路的開始

如果你充分相信自己有能力進行任何活動，那麼，你實際上就能獲得成功。一旦你勇於探索那些陌生的領域，便有可能體驗到人世間的種種樂趣。想想那些被稱為「天才」的人，那些在生活中頗有作為的成功者，他們並不僅僅是某方面的專家，也是不試圖迴避困難的人。富蘭克林、貝多芬、達文西、愛因斯坦、伽利略、羅素、蕭伯納、邱吉爾以及許多其他偉人，他們大多是勇於探索未知的先驅者，在許多方面與普通的人一樣平常，唯一區別只不過是他們勇於走他人不敢走的路罷了。人們可以用新的眼光重新看待自己，打開心靈的窗口，進行那些自己一向認為力所不能及的活動；否則，就只會以同樣的方式重複進行同樣的活動，直到生命終結。而偉人之所以偉大，往往展現在其探索的特質以及探索未知的勇氣。

積極的心態，是我們邁上成功之路的開始

對於世界巨富安格斯，很多人都耳熟能詳，可是又有誰知道他發跡之前的情形呢？

安格斯最初的狀況和現在大多數人的狀況一樣，很窮。他的母親生了他們七個孩子，為了生計，他五歲開始工作，九歲之前就像大人一樣以趕騾子為生。但有一天，他母親的一番話改變了他的一生：「安格斯，我們不應該這麼窮。我不願意聽到你們說，我們的窮是上帝的意願。我們的貧窮不是由於上帝的緣故，而是因為你們的父親從來就沒有產生過致富的念頭。不僅是你們的父親，我們家庭裡任何人都沒有產生過出人頭地的想法。」「念頭」，這個詞沉重的擊打著安格斯的心房。安格斯開始思考如何致富，他讓那些走向富有的念頭占據了自

假象快樂
七大性格改變自我，跟負能量 SAY NO！

己全部心思，而把雜念統統拋到腦後。他選擇了肥皂業，於是，他開始挨家挨戶的推銷肥皂。十二年之後，他終於有了兩萬五千美金，這一點點看似很可憐的錢，在當時對他來說是多麼的重要！

就在這時，安格斯獲悉供應他肥皂的那家公司要拍賣出售，售價是十五萬美金。安格斯興奮極了，由於興奮，他竟然忘記了自己只有兩萬五千美金。最後，他與這家公司達成協議，先交兩萬五千美金作為保證金，然後在十天之內付清餘款，否則，那筆保證金——也就是他的全部財產——將不予退還。安格斯興奮的只說了一個字：「行！」

這時安格斯其實已經把自己逼上了絕路，但他的感覺不是絕望，而是成功的興奮。是什麼使他如此冒險，就是那個致富的念頭，就是他那積極樂觀的性格。

安格斯開始籌錢。由於做了十二年的推銷員，他在社會上建立起了很好的人際關係。朋友們借給他十一萬五千美金，只差一萬美金了。但是，這時已經是規定的第十天的前夜，而且是深夜，所以那一萬美金就不是個小問題了。安格斯發愁了。

但是，致富的念頭，積極樂觀的性格，使他沒有失望。深夜他再次走上街頭。成功之後，安格斯說：「當時，我已用盡我所知道的一切資金來源。那時已是沉沉的深夜，我在幽暗的房間中跪下祈禱，祈求上帝引導我見到一個能及時借給我一萬美金的人。我驅車走遍六十一號大街，直到我在一棟商業大樓看到第一道燈光。」這便是安格斯最著名的「尋找燈光」的故事。

這時已是深夜十一點。安格斯走進那棟商業大樓，在昏黃的燈光裡看到一個由於工作而疲憊不堪的先生。為了順利達成購買肥皂公司的目標，安格斯忘記了一切，心中只有勇氣和智慧。他不假思索

積極的心態，是我們邁上成功之路的開始

的說：「先生，您想賺到一千美金嗎？」「當然想嘍……」那位先生因為這個突如其來的好運氣而有一點驚慌失措。「那麼，請開給我一張一萬美金的支票，等我歸還您的借款時，我將另付您一千美金的利息。」

於是，安格斯講述了他面臨的困境，並把相關資料讓那位先生看。安格斯拿到了那一萬美金。由此開始，他邁進了世界巨富的行列。

安格斯的故事無疑給我們這樣一個啟示：閃耀著人生積極心態的念頭，的確是我們每個人邁上成功之路的開始。對於許多渴望改變自己命運的人而言，如何認識自己目前的「一無所有」，對其以後的發展至關重要。一般說來，持「反正我也是一貧如洗，再怎麼努力奮鬥也無濟於事」態度的人，必將終生貧困潦倒；而抱著「雖然我眼下一無所有，但是我將努力去奮鬥……」想法的人，則將走上白手創業的道路，成為真正的勝利者。

研究中外高效能人士的經驗，我們可以發現，自信樂觀性格的人對生活充滿了信心和勇氣，具有積極適應環境而又追求自我實現的精神活力。而自信心低下的人，對生活境遇難以適應，對於未來的前途缺乏進取精神，而這無疑阻礙了他事業的發展與成功。可悲的是，他們還往往拿著失敗的結局來證明當時缺乏自信心的正確，而沒有想到現在的失敗，正是以前沒有自信心所致。因此，具備積極樂觀的性格，首先就要樹立自信心，只有堅信自己有能力實現自己選擇的目標，才會對自己的事業充滿熱忱，才會去努力奮鬥，爭取實現目標。

人人都有自卑感，只是程度不同而已

大多數人都過於誇大了面臨的困難，總認為這是阻擋自己成功的障礙。但事實上，許多時候並不是困難過大，而是我們心中膽怯，不敢正視困難。只要我們勇於正視困難，就會發現許多困難並非我們所想像的那樣麻煩。

你能否在強大的困難面前站直身體，是你堅強還是自卑的最好證明。對於大多數人來說，生性自卑的性格決定了他們缺少兩樣東西：勇氣和創造。成大事者也有自卑的時候，但在更多的時候，他們是堅強的，並把征服自卑視為一大性格塑造。

自卑的性格是一種消極的自我評價或自我意識的展現，即個體認為自己在某些方面不如他人而產生的消極情感。自卑感就是個體對自己的能力、特質評價偏低的一種消極的自我意識。具有自卑性格的人總認為自己事事不如人，自慚形穢，喪失信心，進而悲觀失望，不思進取。一個人若被自卑性格所控制，其精神生活將會受到嚴重的束縛，聰明才智和創造力也會因此受到影響而無法正常發揮作用。所以，自卑的性格是束縛創造力的一條繩索。

那麼，人們為什麼會產生自卑感呢？著名的奧地利心理分析學家阿德勒在《自卑與超越》一書中提出了富有創見性的觀點，他認為人類的所有行為，都是出自於「自卑感」以及對於「自卑感」的克服和超越。

阿德勒認為人人都有自卑感，只是程度不同而已。他說，我們都會覺得自己所處的地位是我們希望加以改進的，人類欲求的這種改進是無止境的，因為人類的需求是無止境的。所以人類不可能超越宇宙

的博大與永恆，也無法掙脫自然法則的制約，也許這就是人類自卑的最終根源。當然，從哲學角度對人類整體狀況分析，人類產生自卑是無條件的。不過，對於具體的個人，自卑的形成則是有條件的。

從環境角度看，個體對自己的認識，往往與外部環境對他的態度和評價緊密相關。這點早已為心理學理論所證實。

阿德勒自己就有過這樣的體會：他念書時有好幾年數學成績不好，在教師和同學的消極回應下，強化了他對自己數學低能的印象。直到有一天，他出乎意料的發現自己會做一道難倒老師的題目，才成功的改變了他對自己數學能力的認知。

可見，環境對人的自卑產生著不可忽視的影響。同樣，某些低能甚至有生理、心理缺陷的人，在積極寬容的氣氛中，也能建立起自信，發揮出最大的潛能。

有個名為瓊斯的新聞記者，極為羞怯怕生。有一天，他的上司叫他去訪問大法官布蘭迪斯，瓊斯大吃一驚，說道：「我怎麼能要求單獨訪問他呢？布蘭迪斯不認識我，他怎麼肯接見我？」

在場的一位記者立刻拿起電話打到布蘭迪斯的辦公室，和大法官的祕書講話。他說：「我是 xx 報的瓊斯（瓊斯在旁大吃一驚），我奉命訪問法官，不知道他今天能否接見我幾分鐘？」他聽對方答話，然後說：「謝謝你，一點十五分，我準時到。」他把電話放下，對瓊斯說：「你的約會安排好了。」

事隔多年，瓊斯回憶道：「從那時起，我學會了單刀直入的辦法，做來不易，卻很管用。一次克服了心中的畏怯，下次就比較容易一點。」

如要擺脫自己心理或生理方面帶來的自卑感，就要善於尋找運用

假象快樂

七大性格改變自我，跟負能量 SAY NO！

別的東西來替代、彌補這種自卑意識。

　　一代球王比利透過補償心理克服自卑的經歷，或許會對你有所啟示。

　　球王比利的名聲早已為世界眾多足球迷所稱道，但如果說，這位大名鼎鼎的超級球星曾是一個具有自卑性格的膽小鬼，許多人肯定會覺得不可思議。

　　多年以前，那時的比利可一點也不瀟灑，當他得知自己已入選巴西最有名氣的桑托斯足球隊時，竟然緊張得一夜未眠。他翻來覆去的想著：「那些著名球星們會嘲笑我吧？萬一發生那樣尷尬的情形，我有臉回來見家人和朋友嗎？」他甚至還無端猜測：「即使這些大球星願意與我踢球，也不過是想用他們絕妙的球技，來反襯我的笨拙和愚昧。如果他們在球場上把我當作戲弄的對象，然後把我當白痴似的打發回家，我該怎麼辦？」

　　一種前所未有的懷疑和恐懼使比利寢食難安，因為他根本就缺乏自信。分明是同齡人中的佼佼者，但憂慮和自卑，卻使他不敢真正面對渴求已久的現實。真是不可思議，後來在世界足壇上稱雄數年，以銳不可當的勇氣踢進了一千多個球的一代球王比利，當初竟是一個優柔寡斷、心理素養非常差的自卑者。

　　比利終於身不由己的來到了桑托斯足球隊，那種緊張和恐懼的心情，簡直無法形容。「正式練球開始了，我已嚇得幾乎癱瘓。」他就是這樣走進一支著名球隊的。原以為剛進球隊只不過練練盤球、傳球什麼的，然後肯定會當板凳隊員。哪知第一次教練就讓他上場，還讓他踢主力中鋒。緊張的比利半天沒回過神來，雙腿像長在別人身上似的，每次球滾到他的身邊，他都好像是看見別人的拳頭向他擊來。在

這樣的情況下，他幾乎是被逼著上場的，而當他一旦邁開雙腿不顧一切的在球場上奔跑起來時，他便漸漸忘了是跟誰在踢球，甚至連自己的存在也忘了，只是習慣性的接球、盤球和傳球。在訓練快要結束時，他已經忘了自己是在桑托斯球隊，而以為又是在家鄉的球場上練球呢！

那些使他深感畏懼的足球明星們，其實並沒有一個人輕視他，相反，對他相當友善。如果比利的自信心稍微強一些，就不至於受那麼多的精神煎熬。問題是比利從小就自尊心太強，自視太高，以致難以滿足。他之所以會產生緊張和自卑，完全是因為把自己看得太重。一心只顧慮別人會如何看待自己，而且還以極苛刻的標準為衡量尺度。這又怎能不導致怯懦和自卑呢？極度的壓抑會淹沒人本身所具有的活力和天賦。透過忘掉自我，專注於足球，保持一種泰然自若的心態，正是比利克服緊張情緒，戰勝自卑性格的法寶。

高效能人士不是天生的，他們也並非沒有軟弱的時候，他們之所以成為高效能人士，正是在於他們善於戰勝自己的自卑性格。

一念之差，可以導致天壤之別

相傳有兩個歐洲人到非洲去推銷皮鞋。由於炎熱，非洲人向來都是打赤腳的。第一個推銷員看到非洲人都打赤腳，立刻失望起來。另一個推銷員看到後卻驚喜萬分：「這些人都沒有皮鞋穿，這裡的皮鞋市場大得很呢！」於是想方設法，引導非洲人購買皮鞋，最後發大財而歸。

這就是一念之差導致的天壤之別。同樣是非洲市場，同樣是面對

假象快樂

七大性格改變自我，跟負能量 SAY NO！

打赤腳的非洲人，由於一念之差，一個人灰心失望，不戰而退；而另一個人滿懷信心，大獲全勝。

紐約的零售業大王伍爾沃斯在年輕時非常貧窮。他那時在農村工作，一年中幾乎有半年的時間是光著腳的。他成功的祕訣是什麼呢？就是將自己的心靈充滿積極思維，僅此而已。當時，他借來三百美元，在紐約開了一家商品售價全是五分錢的店。但不久後便經營失敗，之後他又陸續開了四個店鋪，有三個店鋪完全經營失敗。就在他幾乎喪失信心的時候，他的母親來探望他，緊緊握住他的手說：「不要絕望，總有一天你會成為富翁的。」

就在母親這句充滿信心的話的鼓勵下，伍爾沃斯面對挫折毫不氣餒，更加充滿自信的開拓經營，最終一躍成為全美一流的資本家，建立了當時世界第一高大的大廈，那就是紐約市有名的伍爾沃斯大樓。

其實不只伍爾沃斯，幾乎所有高效能人士，無不有一個共同的特點，那就是具有積極心態的性格。他們運用積極的心態去支配自己的人生，用樂觀的精神來面對一切可能出現的困難和險阻，從而保證了他們不斷的走向成功。而許多一生潦倒者，則普遍精神空虛，以自卑的心理、失落的靈魂、悲觀失望的心態和消極頹廢的人生目標做前導，其後果只能是從失敗走向新的失敗，甚至是永駐於過去的失敗之中，不再奮發。

美國心理學之父威廉·詹姆斯認為，當代最重要的發現，就是「改變態度，就可以改變一生」。猶太人通常很樂觀，這也許是從長久的痛苦歷史中培育出來的。在不斷流浪遷徙、被人屠殺、瀕臨絕望的日子裡，猶太人始終抱定一種生活和命運一定會好轉的信念。如果不是有如此積極的心態，也許現在走遍全世界也找不到一個猶太人了。

第一個性格要素：積極樂觀的性格

一念之差，可以導致天壤之別

拿破崙‧希爾告訴我們，我們的心態在很大程度上決定了我們人生的成敗：我們怎樣對待生活，生活就怎樣對待我們；我們怎樣對待別人，別人就怎樣對待我們；我們在一項任務剛開始時的心態，決定了最後有多大的成功，這比其他任何因素都重要。

莫納根是希爾理論的實踐者。莫納根想做披薩的生意，但每一個人都告訴他：「你完全缺乏這方面的知識，你不可能做得成披薩的生意。」但莫納根對這些議論不以為然，而是充滿了積極進取的思想。於是他排除萬難，於一九六二年在密西根州開設第一間「達美樂」披薩店。三十年後，他在全球擁有五千多間分店，成為「披薩大王」。

希爾認為，所謂積極的思想，就是一種進取心，這是一種極為難得的美德，它能驅使一個人在不被吩咐應該去做什麼事之前，就能主動去做應該做的事。有人對「進取心」做了如下的說明：「這個世界願對一件事情贈予大獎，包括金錢與榮譽，那就是『進取心』。」

進取心是一個人成功最重要的原因之一。希爾研究了美國最成功的五百個人的生平，還結識了這些人當中的許多人。他發現這些人的成功故事中都有一個不可缺少的元素，那就是強烈的進取心。這些人即使屢遭失敗也仍舊十分努力。在他看來，只有能克服不可思議的障礙及失望的人，才能獲得大成功。他的話跟美國發明家布克‧華盛頓的話相似：「我明白了，成功的大小不是用這個人達到的人生高度衡量的，而是用他在成功路上克服的障礙的數目來衡量的。」

許多高效能人士，在總結自己成功的經驗時都認為，首要的是相信自己有能力成功，永遠也不要消極的認為什麼事都是不可能的。他們認為，首先你要相信你能，再去嘗試、再嘗試，最後你就會發現你確實能。

　　但是，在生活中，我們經常會發現，許多人雖然看到別人成功也心動，看到別人致富也眼紅，但卻缺乏積極的心態，缺乏奮勇向前的精神，總是習慣找一些似是而非的藉口，來掩飾自己的不思進取與碌碌無為。

　　正是那些根本不構成理由的藉口，膨脹了一些人的惰性，從而放棄努力，放棄追求，心安理得的接受失敗的命運與貧困潦倒的現實。因此，如果我們不以積極的心態去摒棄這些充滿惰性的藉口，我們就註定會一事無成，兩手空空。

　　正因為這樣，有人認為，所謂積極的心態，實際上也是一種志氣。志氣，即「志」和「氣」兩部分。志是志向，一種追求遠大目標的理想；氣是氣魄，一種向上、向前的精神。志氣是遠大志向和宏大氣魄的結合，是一種積極向上的精神原動力，能夠把人推向成功。志氣並非是每個人天生都有的，而人一旦有了志氣，必將走向成功。

　　著名化學家維克多·格林尼亞年輕時是英國某地區很有名的浪蕩公子。在一次盛大的宴會上，他像往常一樣傲氣十足的邀請一位年輕美麗的小姐跳舞，那位女孩覺得受到了極大的侮辱，怒不可遏的說：「請你站遠一點，我最討厭你這樣的花花公子擋住我的視線。」這句話刺痛了格林尼亞的心，他在震驚、痛苦之後，幡然悔悟，對自己的過去無比悔恨，決心離開老家，闖一條新路。他留給家人的紙條上說：「請不要探問我的下落，容我刻苦努力學習。我相信自己將來會創造出一番成就來的！」就是這剎那醒悟後的志氣，給了格林尼亞無比的勇氣和力量，經過八年堅持不懈的努力，他發明了以他的名字命名的「格氏試劑」，並榮獲諾貝爾獎。

　　維克多格林尼亞的例子告訴我們：一個人什麼時候有了大的志氣，

有了積極的心態，就在什麼時候踏出了成功的第一步。

性格測試：苦難會不會輕易絆倒你

測試攻略

測試意義：★★★

準確指數：★★

測試時間：二十分鐘

測試搭檔：朋友、同事

測試情景

在每個人的生活中，必然會遇到挫折、困境，但是在陷入苦境後，你是泰然處之，耐心的解決問題，還是怨天尤人，一蹶不振呢？而最後，你又是如何走出困境？

測試問答

1. 在你年幼的時候，充滿了長輩對你的關愛嗎？

　　A. 否　　　　　　B. 是　　　　　　C. 不一定

2. 你長大後步入人生的道路，總是一路坎坷嗎？

　　A. 是　　　　　　B. 否　　　　　　C. 不一定

3. 戀愛中被人拋棄，你會感到傷心失望，甚至不想繼續生活嗎？

　　A. 否　　　　　　B. 是　　　　　　C. 不一定

4. 雖然你並沒多少收入，但並不感到拮据？

　　A. 否　　　　　　B. 是　　　　　　C. 不一定

5. 讓你和個性完全相反的人一同相處，是一種折磨嗎？

    A. 是   B. 不一定   C. 否

6. 你從來沒有因失眠而被迫服用過鎮靜藥嗎？

    A. 否   B. 不一定   C. 是

7. 你的同事將你最不想見的人帶到你家，你會對此感到難以接受嗎？

    A. 是   B. 不一定   C. 否

8. 即使你被從調漲工資的名單裡換掉，你也會心平氣和嗎？

    A. 否   B. 不一定   C. 是

9. 看到那些怪異的穿著、聽到嘈雜的電影配樂，你就難受嗎？

    A. 不一定   B. 否   C. 是

10. 你認為一些新規章、新法規的頒布實施都是理所應當的嗎？

    A. 不一定   B. 是   C. 否

11. 你在一段時間內，接連遇到不幸的事，會感覺每一次的打擊都比上一次大，而覺得難以接受嗎？

    A. 不一定   B. 否   C. 是

12. 哪怕你的看法與他人完全相反，你也能和對方平心靜氣的說話嗎？

    A. 不一定   B. 是   C. 否

13. 對你來說，認識新的朋友，建立全新的關係網路很容易嗎？

    A. 是   B. 否   C. 不一定

14. 別人隨意拿了你的東西，你會好幾天都悶悶不樂嗎？

    A. 否   B. 是   C. 不一定

15. 如果手頭有還沒完成的重要工作，你會吃不好睡不好嗎？

　　A. 是　　　　　　　B. 否　　　　　　　C. 不一定

16. 哪怕多次不成功，你也不會失去再次努力的信心嗎？

　　A. 不一定　　　　　B. 否　　　　　　　C. 是

17. 至少有多半成功的把握在手，你才會著手完成那些帶有刺激性的事嗎？

　　A. 不一定　　　　　B. 是　　　　　　　C. 不是

18. 如果街上有了某種流行性疾病，你總會率先表現出相關症狀嗎？

　　A. 是　　　　　　　B. 否　　　　　　　3. 不一定

19. 別人若對你不公平，你會用這種方式對待別人嗎？

　　A. 是　　　　　　　B. 否　　　　　　　C. 不一定

20. 只要一有時間，你就想看小說和報紙嗎？

　　A. 不一定　　　　　B. 否　　　　　　　C. 是

測試解析

分數表							
題號	A	B	C	題號	A	B	C
1	5	1	3	11	3	3	1
2	5	1	3	12	3	3	1
3	5	1	3	13	5	1	3
4	5	1	3	14	5	1	3
5	1	5	5	15	1	5	5
6	1	5	5	16	3	1	5
7	1	5	5	17	1	5	5
8	1	5	5	18	1	5	5

9	3	3	1	19	1	5	5
10	3	3	1	20	3	1	5

20～50 分：經不起考驗的人。

你承受不了突然的打擊，甚至連很小的困難都會把你難倒，這可能由於你以前一直一帆風順，是處在溫室的花朵，禁不起風霜的洗禮，把握時間接受一些考驗吧，也許大風大浪還在後頭呢！

50～75 分：可以應對普通的困難。

一般的困難嚇不倒你，最多讓你添了一點煩惱，不過遇到大災難，你還需要更加理性、樂觀。

75～100 分：處世不驚，有大將之風範。

無論遭遇到多大的困難，你都平靜從容，這也許是因為你已經有了非凡的經歷。如同傲雪的青松隨時都有抗寒的能力一樣，面對一切打擊，你都能應付自如。

測試啟發

苦難、挫折是人生難得的一筆財富，所以，在遇到這些的時候，請不要抱怨，不要埋怨命運的不公平，因為你經歷了別人沒有經歷的事情，磨練了你的意志，讓你能有勇氣承受任何的起伏。

第二個性格要素：理智冷靜的性格

具備理智冷靜性格的人，是和自己情緒感覺充分在一起的人，不會擔心自己一旦情緒失控而影響到生活，因為他們懂得駕馭、協調和管理自己的情緒，做情緒的主人，而不做情緒的奴隸，讓情緒為自己服務。

小心，不要讓紊亂的情緒傷了我們

一位專業經理人滿懷憂愁回到家中。整個工作日她一直忙亂、苦惱、充滿攻擊性，並且隨時準備發怒。當她這樣停止工作回到家裡時，也就帶回了殘餘的攻擊心、困頓、匆忙與憂慮。對於丈夫和家人，她特別容易發怒。雖然在家裡絕不可能解決工作中的問題，但她還是一直想著辦公室裡的事。

情緒的紊亂會造成失眠。很多人休息的時候都帶著未解決的難題上床，他們在心理和情緒上仍然想要處理事情，而這時卻又是最不適宜做事的。

白天我們需要各種不同的情緒和心理。與老闆、顧客交談時，需要不同的心情，在與生氣的或愛發脾氣的顧客交談之後，我們必須改變一下自己的心情，才能和下一個顧客交談。否則，一種情況裡的情緒攪和在另一種情況裡，是不適於處理其他問題的。

一個大公司發現他們的一個助理莫名其妙的以粗野、生氣的口氣接電話。這個電話恰巧是打到公司正在舉行的一個重要會議上的，當時這位助理正處在困境和敵意之中。不用說，她那生氣與充滿敵意、如棒槌擊打一般的口氣使打來電話的人吃了一驚，公司的人對這位助理的行為火冒三丈。當然，她也替自己帶來了麻煩。針對這件事，這家公司規定：以後所有的助理在接電話以前，必須先暫停五秒鐘，並且要微笑一下。

情緒的紊亂還會引起意外事件。追查意外事件起因的保險公司及其代理人發現，很多車禍的發生都是由於情緒的紊亂。如果一個司機和他的妻子或者老闆發生了口角，如果他在某些事情上遭到了挫折而

第二個性格要素：理智冷靜的性格
小心，不要讓紊亂的情緒傷了我們

離開，那他很可能會發生車禍。他把不適當的情緒攪和在駕駛上，他並不是在生其他司機的氣。

恐懼和生氣一樣，也有類似的情緒紊亂作用。關於這一點，我們應該了解真正有益的情緒，就是友善、安寧、平靜以及鎮定。正如我們說過的，在完全輕鬆、安靜、泰然的狀態下，一個人不可能感到恐懼和憤怒，也不可能感到焦急不安。因此，我們不妨時時清理情緒，這樣可以去掉以前的壞情緒，同時，使鎮定、平靜、安寧的情緒融合到我們馬上要參與的一切活動中。這樣做的效果是顯而易見的。

還有一種不合適的反應會引起煩惱、不安與緊張，那便是對不存在的東西進行情緒反應的壞習慣。這種東西，只是存在於我們的想像之中。

我們許多人不會對實際環境中的小刺激做過分的反應，而卻在想像中虛構，並且在自己的心理圖像裡做情緒的反應。老是想：也許會發生這種情況，要不就是那種情況，要是發生了，我該怎麼辦呢？這樣自找麻煩卻不自知。飛行跳傘教練發現，那些在艙門處停留太久的人，往往再也不敢跳下去了，因為他們已被自己過於豐富的想像嚇壞了！我們要知道：我們的神經系統無法分辨出真正的經歷或想像出來的經歷。

就我們的情緒來說，對虛幻想像的適當反應就是完全不去理睬它。在情緒上，我們要分析自己所處的環境，認識那些存在於環境裡的真實事物，然後自然的進行反應。為了要做到這一點，我們必須全心全意的關注現在所發生的事，要全神貫注。這樣我們的反應一定是恰當的，而對於虛構的環境，我們就不會有時間去注意了。

開朗一點，不要自尋苦惱

生活中，人一旦被煩惱籠罩住，那他的生活將苦不堪言。煩惱到底躲在哪裡？我們又將如何擺脫煩惱呢？

一個年輕人四處尋找擺脫煩惱的祕訣。

這一天，他來到一個山腳下。只見一片綠草叢中，一位牧童騎在牛背上，吹著悠揚的橫笛，逍遙自在。

年輕人走上前去詢問：「你看起來很快活，能教教我擺脫煩惱的方法嗎？」

牧童說：「騎在牛背上，笛子一吹，什麼煩惱也沒有了。」

年輕人試了試，不靈。於是他又繼續尋找。

年輕人來到一條河邊。看見一位老翁坐在柳蔭下，手持一根釣竿，正在垂釣。他神情怡然，自得其樂，年輕人走上前去鞠了一個躬：「請問老翁，您能賜我擺脫煩惱的辦法嗎？」

老翁看了他一眼，輕輕緩緩的說：「來吧，孩子，跟我一起釣魚，保證你沒有煩惱。」

年輕人試了試，還是不靈。

於是，他又繼續尋找。不久，他來到一個山洞裡，看見洞內有一個老人獨坐在洞中，面帶滿足的微笑。

年輕人深深鞠了一個躬，向老人說明來意。

長髯者微笑著摸摸長髯，問道：「這麼說你是來尋求解脫的？」

年輕人說：「對對對！懇請前輩不吝賜教。」

老人笑著問：「有誰捆住你了嗎？」

「⋯⋯沒有。」

第二個性格要素：理智冷靜的性格

開朗一點，不要自尋苦惱

「既然沒有捆住你，又談何解脫呢？」

生活中，有很多煩惱都是我們自找的，是自己捆住了自己呀。好多人都這樣假設：假如變成這樣要怎麼辦？假如變成那樣又會如何？這樣做會不會變得更差呢？

麗娜就是一個成天無故擔憂、自尋煩惱的人，從小她便是如此，常常杞人憂天。

出門總擔心自己會不會穿得太邋遢？對方會不會看輕自己？結了婚，有了小孩，她更是，成天擔心孩子是不是生病了？會不會平安成長？

有時候，我們又何嘗不是如此呢？只是每個人煩惱的程度不一樣罷了！

有時我們也會不自覺的為一些芝麻綠豆小事煩惱，而且常常抓不著頭緒的往壞處想。只是我們經常會認為這不是毛病，沒有重視，可是等到事態嚴重的時候，已經是積重難返了。

仔細想想的確有點好笑，自尋煩惱只有百害而無一利，再怎麼樣的憂慮都無法解決任何問題，只會讓自己心情不好，想法更消極而已。可是為什麼許多人仍然會不經意的自尋煩惱，這主要是性格使然，也有環境因素的影響。

每當我們自尋煩惱之際，身邊的人大都會勸導說：「不要自尋苦惱，開朗一點，開心一點。」但不好的情緒還是會不自覺的湧起。煩惱的情緒一經出現，我們便不由自主的陷入到更多的煩惱中，整個人都心神不寧的。

每個人都有七情六欲和喜怒哀樂，煩惱也是人之常情，是人人都避免不了的。但是由於每個人對待煩惱的態度不同，所以煩惱帶給人

的影響也不同。通常人們所說的樂天派和多愁善感型就是明顯的區別。樂天派的人通常很少自找煩惱，而且善於淡化煩惱，所以活得輕鬆愉快，活得瀟灑。而多愁善感的人喜歡自找煩惱，一旦有了煩惱就憂愁萬千，牽腸掛肚，離不開、扔不掉，成天長噓短嘆。其實人生大多數煩惱都是自找的，本來就沒有煩惱或者不須煩惱。比如說，有人當了幾年科長，就想當局長，沒想到單位升遷了一個資歷遠不如自己的人當局長了，於是就煩惱、不高興，卻不知科長這個位置也有很多人在羨慕；再說，局長有局長的煩惱，而且還未必比你科長活得輕鬆呢！

人生中百分之九十三的煩惱都是自找的，因為它們只存在於自己的想像中，根本就不會出現。煩惱就像一張無形的大網，藏在人們心裡，一不留神，它就會出來網走我們的快樂和好心情，所以千萬不要自尋煩惱，也不用今天就急著解決明天的難題。因為人生每天都有功課要完成，所以還是先努力完成你今天的功課吧！

控制自己，把握人生

在成功的路上，很多人的失敗其實並不是缺少機會，或是資歷淺，而是缺乏對自己情緒的控制。憤怒時，不能遏制怒火，使周圍的合作者望而卻步；消沉時，放縱自己的委靡，把許多稍縱即逝的機會白白浪費。

上帝要毀滅一個人，必先使他瘋狂。因此我們必須學會控制自己，才能把握人生。

富蘭克林的侄子波特是一個聰明的年輕人，很想在一切方面都比

第二個性格要素：理智冷靜的性格

控制自己，把握人生

他身邊的人強，他尤其想成為一名大學問家。可是，許多年過去了，波特的其他方面都不錯，學業卻沒有長進。他很苦惱，就去向富蘭克林求教。

富蘭克林想了想說：「咱們去登山吧，到山頂你就知道該如何做了。」那山上有許多晶瑩的小石頭，煞是迷人。每見到波特喜歡的石頭，富蘭克林就讓他裝進袋子裡背著。很快，波特就吃不消了。「叔叔，再背，別說到山頂了，恐怕連動也不能動了。」他疑惑的望著叔叔。「是呀，那該怎麼辦呢？」富蘭克林微微一笑。「該放下。」「那為什麼不放下呢？背著石頭怎麼能登山呢？」富蘭克林笑了。

波特一愣，頓時明白了。他向叔叔道了謝就走了。

從此，波特再也不沉迷於遊戲了，一心做學問，進步飛快，終於成就了自己的事業。

其實，人要有所得必要有所失，只有學會放棄，才有可能登上人生的極致高峰。

一個人要想實現自己的理想，不能隨心所欲、感情用事，對自己的言行應有所克制，這樣才不致鑄成大錯。哪怕是對自己一點小的克制，也會使人變得強而有力。德國詩人歌德說：「誰若遊戲人生，他就一事無成，不能主宰自己，永遠是一個奴隸。」要主宰自己，必須對自己有所約束，有所克制。

那麼，怎樣才能培養自己過人的自制力呢？

（一）盡量保持理智。

對事物認知越正確，越深刻，自制能力就越強。比如，有的人遇到不稱心的事，動輒發脾氣，訓斥謾罵，而有的人卻能冷靜對待，循

循善誘，以理服人。為什麼呢？古希臘數學家畢達哥拉斯說：「憤怒以愚蠢開始，以後悔告終。」所以對自己的言行失去控制，最根本的就是對這種粗暴作風的危害性缺乏深刻的認識，因而對自己的感情和言行失去了控制，造成了不良影響。

（二）培養堅強的意志。

前蘇聯教育家馬卡連柯說過：「堅強的意志——這不但是想什麼就獲得什麼的本事，也是迫使自己在必要的時候放棄什麼的本事。……沒有煞車就不可能有汽車，而沒有克制也就不可能有任何意志。」因此，反過來也可以說，沒有堅強的意志就沒有自制能力。堅強的意志是自制能力的支柱。意志薄弱的人，就好像失靈的閘門，對自己的言行不可能產生調節和控制作用。

（三）用毅力控制愛好。

一個人下棋入了迷，打牌、看電視入了迷，都可能影響工作和學習。毅力，可以幫助我們控制自己，果斷的決定取捨。毅力，是自制能力、果斷性和堅持性的表現。列寧是一個自制能力極強的人，他在自學大學課程時，為自己安排了嚴格的時間表：每天早飯後自學各門功課；午飯後學習；晚飯後適當休息一下再繼續讀書。他過去最喜歡滑冰，但考慮到滑冰比較容易疲勞，使人想睡覺，影響學習，就果斷的不滑了。他本來喜歡下棋，一下起來就入了迷，難分難捨，後來感到太費時間了，又毅然戒了棋。滑冰、下棋看來都是小事，是個人的一些愛好，但要控制這種愛好，沒有毅然決然的果斷性就辦不到。常常遇到這樣一些人，嘴上說要戒菸，但戒了沒幾天就又開始抽了。什麼原因呢？主要就是缺乏毅力。沒有毅力，就沒有果斷性和堅持性，

自制的效率就不高。可見，要具有強有力的自制能力，必須伴以頑強的毅力。

保持理性，控制自己的情緒

我們在面對各種刁難時，常常會失去理性。有時候，我們很難控制自己的情緒，表現出某種神經質。

神經質的心理症狀是較為輕度的一種，它與人的情感智商（EQ）有一定的相關性。神經質的主要表現為責任心淡薄，對批評反應強烈，甚至有時發生暴力行為，缺乏理智，有時說謊、易怒，以自我為中心等。

其性格類型表現為常跟人衝突，有顯示自己力量的大膽舉動，傾向於惡意的解釋各種社會現象，以反抗的態度來顯示自己的傾向性。神經質過高的人應注意積極的調整自己的情緒，用理智的力量來控制、轉移和調整自己的心態。

一九六〇年代早期的美國，有一位很有才華、曾經做過大學校長的人，出來競選美國中西部某州的議會議員。此人資歷很高，又精明能幹、博學多識，看起來很有希望贏得選舉的勝利。但是在選舉的中期，有一個很小的謠言散布開來：三四年前，在該州首府舉行的一次教育界大會中，他跟一位年輕女教師「有那麼一點曖昧的行為」。這實在是一個天大的謊言，這位候選人對此感到非常憤怒，並盡力想要為自己辯解。由於按捺不住對這一惡毒謠言的怒火，在之後的每一次集會中，他都要站起來極力澄清事實，證明自己的清白。其實，大部分選民根本沒有聽到過這件事，但是，現在人們卻越來越相信有那麼

一回事，真是越抹越黑。民眾們振振有詞的反問：「如果你真是無辜的，為什麼要百般為自己狡辯呢？」如此火上加油，這位候選人的情緒變得更壞，也更加氣急敗壞、聲嘶力竭的在各種場合為自己洗刷，譴責謠言的傳播。然而，這卻更使人們對謠言信以為真。

最悲哀的是，連他的太太也開始轉而相信謠言，夫妻之間的親密關係被破壞殆盡。最後他失敗了，從此一蹶不振。

人們在生活中有時會遇到惡意的指控、陷害，種種不如意更是經常會遇到的。有的人會因此大動肝火，結果把事情搞得越來越糟。而有的人則是可以把自己的情緒控制得很好，泰然自若的面對各種刁難和不如意，在生活中立於不敗之地。

一九八〇年在美國總統大選期間，雷根有一次關鍵的電視辯論，面對競選對手卡特針對他在當演員時期的生活作風問題發起的蓄意攻擊，他絲毫沒有憤怒的表示，只是微微一笑，鎮靜的調侃說：「你又來這一套了。」一時之間引得聽眾哈哈大笑，反而把卡特推入尷尬的境地，從而為自己贏得了更多選民的信賴和支持，並最終獲得了大選的勝利。

缺乏自我控制能力的人想必已經明白，我們是生活在社會中，為了更好的適應社會、取得成功，自己有必要控制情緒、情感，理智的、客觀的處理問題。但是控制並不等於壓抑，積極的情感可以激勵我們進取上進，加強我們與他人之間的交流與合作。如果我們把自己的許多能量消耗在抑制自己的情感上，不僅容易患病，而且將沒有足夠的能量對外界做出強有力的反應。因而一個高情商的人應是一個能成熟的調節和控制自己情緒的人。

那麼，如何正確的調整自己的情緒呢？我們必須有正確的人生態

度。在現實生活中，我們經常可以看到，面對同樣的環境和遭遇，人的情緒反應有很大的差異。

正確的人生態度，能幫助我們調整看問題的角度，幫助我們想通許多問題，緩解不良情緒，培養積極、健康的情緒。具有寬廣的胸懷和豁達的心胸，是保持積極、樂觀情緒的基本條件。那些在情緒上容易大起大落，經常陷入不良情緒狀態的人，幾乎都是心胸狹隘的人。

如果能擴大自己的生活面和知識面，在精神上充實自己，為豐富多彩的生活所吸引，不計較眼前得失，心胸自然就會豁達起來，情緒也不會如此波動了。要熱愛生活，學會調節人際關係。對生活缺乏情趣的人，或是人際關係不良的人，精神上沒有寄託，思維不安定，情緒就不穩定，容易產生神經質。反之，一個熱愛生活並具有良好人際關係的人，就會在自己的身邊形成一個相當和諧、融洽的氛圍。這種氛圍反過來從客觀上又促進了自己，使自己心情舒暢、身心健康。

有時，憤怒情緒會阻礙我們的發展

憤怒在某些情況下是一種自然的反應，但並不是在每一種情況下都要如此反應。我們所處的社會是靠彼此的合作和幫助才得以維持的。我們必須經常控制某些直覺的情感。重要的是，我們要承認別人與自己都有情緒存在——但是我們不能拿它當藉口，每次有什麼感覺，就毫無考慮的發洩出來，這樣做只是徒勞，有時還會得不償失，沒有任何意義。

生活是忙忙碌碌的，所以要求人們去清點那些無須勞神的瑣事，然後果斷的將那些無益的小事拋棄，沒有必要去理它。

假象快樂
七大性格改變自我，跟負能量 SAY NO！

　　一位剛畢業的大學生，花費了很大精力找到了一個海上油田鑽井隊的工作。在海上工作的第一天，領班要求他在限定的時間內登上幾十公尺高的鑽井架，把一個包裝好的漂亮盒子送到最頂層的主管手裡。他拿著盒子快步登上高高的狹窄的舷梯，氣喘吁吁、滿頭是汗的登上頂層，把盒子交給主管。主管只在上面簽下自己的名字，就讓他送回去。他又飛快跑下舷梯，把盒子交給領班，領班也同樣在上面簽下自己的名字，讓他再送給主管。

　　他看了看領班，猶豫了一下，又轉身登上舷梯。當他第二次登上頂層把盒子交給主管時，渾身是汗，兩腿發顫，主管卻和上次一樣，在盒子上簽下名字，讓他把盒子再送回去。他擦擦臉上的汗水，轉身走向舷梯，把盒子送下來，領班簽完字，讓他再送上去時他有些憤怒了，他看看領班平靜的臉，盡力忍著不發作，又拿起盒子，艱難的一個台階一個台階的往上爬。當他上到最頂層時，渾身上下都濕透了，他第三次把盒子遞給主管，主管看著他，傲慢的說：「把盒子打開。」他撕開外面的包裝紙，打開盒子，裡面是兩個玻璃罐，一罐咖啡，一罐奶精。他憤怒的抬起頭，雙眼噴著怒火射向主管。主管又對他說：「把咖啡沖泡一下。」年輕人再也忍不住了，「啪！」他一下把盒子扔在地上，「我不幹了！」說完，他看著扔在地上的盒子，感到心裡痛快了許多，剛才的憤怒全釋放了出來。這時，這位傲慢的主管站起身來，直視他說：「剛才讓您做的這些，叫做極限訓練，因為我們在海上作業，隨時會遇到危險，所以要求隊員身上一定要有極強的承受力，承受各種危險的考驗，才能完成海上作業任務。可惜，前面三次你都通過了，只差最後一點點，你沒有喝到自己沖泡的甜咖啡。現在，你可以走了。」

第二個性格要素：理智冷靜的性格
有時，憤怒情緒會阻礙我們的發展

　　有時，我們的憤怒情緒將會阻礙自己的發展。一個有所作為者是不會讓憤怒情緒所左右的。在關鍵時刻不能讓我們的怒火左右情感，不然我們會為此付出慘痛的代價。在現實生活中，也不乏因盛怒而身亡者。

　　俗話說：「一碗飯填不飽肚子，一口氣能把人撐死。」人因怒而死亡的事屢見不鮮。承受痛苦壓抑了人性本身的快樂，但是成功往往就是在我們承受常人承受不了的痛苦之後，才會在某個方面有所突破，實現最初的夢想。可惜，許多時候，我們總是差那一點點，因為一點點的不順而怒火中燒，這也正是很多年輕人的缺陷，正如上例，一點小事都承受不了，最後的結果只能是丟了自己的工作。「人生一世，草木一春」，短短的幾十年人生，何不讓自己活得快活一點，瀟灑一點，何必整天為一些雞毛蒜皮的小事而發怒呢？如果遇到中傷或誤解的事，氣量大一點，裝裝糊塗，別人生氣我不氣，一場是非之爭就會在不知不覺中消失，我們也落得瀟灑，而等到最終水落石出，我們還會得到他人的敬重。

　　宋朝初年，有一位名叫高防的名將，他的父親戰死沙場，他十六歲時被澶州防禦使張從恩收養，後來做了軍中的判官。有一次，一個名叫段洪進的軍校偷了公家的木頭製作家具，被人抓獲。張從恩見有人在軍隊偷盜公物，不覺大怒。為嚴肅軍紀，下令要處死段洪進以警眾人。在情急之時為了活命的段洪進編造謊言，說是高防讓他做的。本來這點事也不至於犯死罪，張從恩對其的處理有些過頭，高防是準備為其說情減罪的，但現在自己已被他牽連進去，失去了說話的機會，還讓自己蒙上不白之冤，能不氣嗎？但轉念一想，軍校出此下策也是出於無奈，想到憑自己與張從恩的私交，應承下來雖然自己名譽

受損，但能救下軍校的性命也是值得的。所以張從恩問高防是否屬實，高防就屈認了，結果軍校段洪進果然免於一死，可是張從恩從此不再信任高防，並把高防打發回家。高防也不做任何解釋，便辭別恩人獨自離開了。直到年底，張從恩的下屬澈底查清了事情真相，才明白高防是為了救段洪進一命，代人受過。從此張從恩更信任高防，又專程派人把他請回軍營任職。雲開霧散之後，高防不但沒有喪失自己的生存空間，而且獲得了更多人的尊重。

現實生活中，讓我們發怒的事是隨時可能發生的，但作為一個頭腦冷靜的人，為了更順利的、平靜的生活和工作，理智的處理各種不愉快，就需要控制憤怒，如果不忍，任意的放縱自己的感情，首先受到傷害的是自己。

如果對方是我們的對手、仇人，有意氣我們、激我們，我們不忍氣制怒，保持頭腦清醒，就容易被人牽著鼻子走，中了他人的計，到頭來弄個得不償失的下場，所以孔子云：「一朝之忿，忘其身以及其親，非惑歟？」言下之意即因一時氣憤不過，就胡作非為起來，這樣做顯然是很愚蠢的。憤怒，展現的是理性的不健全。憤怒到極限時，最容易導致理性的喪失，說出本來不該說的話，做出本來不該做的事。所以要學會控制自己的情緒，不要輕易發怒。

放鬆自己，遠離焦慮症

在日常生活中，我們不難聽到一些人，尤其年輕人訴說自己的「多少憂愁」、「多少煩惱」，他們有一種強烈的浮躁心理。從心理學的角度而言，這是焦慮症的表現，是成長中不可避免的一種心理狀態。

第二個性格要素：理智冷靜的性格

放鬆自己，遠離焦慮症

焦慮症即通常所稱的焦慮狀態。焦慮症是指持續性精神緊張或發作性驚恐狀態，常伴有頭暈、胸悶、心悸、呼吸困難、口乾、尿頻、尿急、出汗、震顫和運動性不安等症狀。焦慮是無明顯原因的恐懼、緊張發作，並伴有自主神經功能障礙和運動性緊張。

焦慮症的病前性格大多為膽小怕事，自卑多疑，做事思前想後，猶豫不決，對新事物及新環境不能很快適應。發病原因為精神因素，如不能適應緊張的環境，遭遇不幸或難以承擔比較複雜而困難的工作等。

張琴是一位二十歲的漂亮女孩，就讀於某大學中文系。從大學一年級第二學期開始，她就出現了心理問題，主要表現為每到期末考試臨近期間，就緊張焦慮，還伴有較嚴重的睡眠障礙。她學的雖然是中文，但卻還要學高等數學等理科課程。在高中學習時，數理化就是她的弱項，所以才報考了文科，不料到了這個系也要學習數學，她感到負擔沉重。一年級的第二學期開學初，她就因數學等三科不及格而進行了補考。於是導致她情緒十分低落。

還在就讀高中的時候，父母就對張琴抱有強烈的期望。老師也很器重她，所以只要市裡或學校裡有學科競賽活動，不管是什麼競賽，老師都會選派她去參加。為此，她的學習負擔十分沉重。參加競賽前，老師會幫她另外安排時間進行個別輔導，交代很多模擬試題叫她做，雖然這對她的學習有所促進，但她感到精神壓力很大，簡直不堪重負。老師當然是一片好心，她也認為應當對得起老師，因而深恐競賽失利，對各科的學習都只好更加努力。但在心底深處，她對這種競賽性的考試很反感，對數理化的競賽更是頭疼至極。而老師卻總是對她說，這是莫大的榮譽，是學校和老師對她的重視。要她一個不漏的

假象快樂

七大性格改變自我，跟負能量 SAY NO！

參加所有的競賽，她也只好硬著頭皮強記、強學、強練。每逢這類競賽來臨，「戰前」的幾天她都要死背硬背、苦練苦算到深夜。

有天晚上，她正在宿舍強記第二天競賽科目的內容，恰逢鄰居在請客喝酒，猜拳行令的聲音很大，吵得她無法看書。她又急又氣，心中煩躁至極。就是從那個時刻，她心頭產生了強烈的怨恨：一恨老師總讓她參加各種考試，使她疲憊不堪；二恨隔壁的人整夜吵鬧，擾亂了自己的複習；三恨爸媽不該堅持讓她讀這個使人疲於應付的明星高中。在這種焦慮怨恨的情緒狀態下，她一夜也沒睡著，第二天在考場上打了敗仗。而且從此就經常失眠、多夢，夢中總是在做數理競賽題，要不就是夢見在競賽時交了白卷。那一學期的期末考試，她全科失利，平均分數僅七十分。

以後，只要臨近考試期間，就總是焦慮、心慌和徹夜失眠，為此，她參加大學入學考試以失利告終。只是由於她基礎很好，所以經過重考後，參加第二次入學考試被錄取到了現在這個大學。本以為進了大學的文科就讀，可以從此擺脫煩人的數理化了，不料仍要學習數學和物理，而且很有難度和深度，教學進度又很快，老師的方法是拚命教，每一堂課講的內容很多，學起來極為吃力。第一學期期末考試，有三科不及格，心情十分沉重，因為這對她來說是前所未有的事。於是，她經常感到心慌、焦慮、難以入眠。加上宿舍裡的室友每晚熄燈後都要海闊天空的聊天，而她卻只有在關燈後盡快安靜入睡才能睡得著，所以經常是大半夜都睜著眼望著牆壁，無法入睡。期末考試來臨之際，她的神經就繃得更緊了，越緊張就越難入睡。到了白天就精神疲乏，無法集中注意力聽課，也難以靜下心來複習，所以連續三學期的考試成績都排在倒數一二名。但是，她也並不是時時刻刻都

第二個性格要素：理智冷靜的性格

放鬆自己，遠離焦慮症

感到緊張、焦慮，她在每學期的前半段情況都比較好，因為距離考試還有很長時間，壓力不大，所以身心都比較放鬆。

張琴在高中那次學科競賽考試失眠以前，並不懼怕考試，因為她從小成績不錯，記性好，深得老師賞識，過去的考試成績一般都不錯，考前也沒有畏懼心理。高中的那一次競賽失利，與賽前受干擾而激起的種種怨恨情緒因素綜合在一起，使她在心理上對考試產生了畏懼。進入大學後，第一學期有三門功課補考，又強化了對考試的畏懼。因而張琴產生了強烈的焦慮心理。

學習與考試焦慮，是大學生心理諮商中常見的問題。特別是學習基礎較差的同學和性格內向敏感、學習方法不靈活的同學，更易產生此類問題。如果伴有失眠和神經衰弱的症狀，治療就更費力，需要進行多方面、較長期的諮商和治療。

當然，焦慮在正常人身上也會發生，這是人們對於可能造成心理衝突或挫折的某種特殊事物或情境做出反應的一種狀態。這些事物或情境包括一些即將來臨的可能造成危險或災難、或須付出特殊努力加以應付的東西。如果對此無法預計其結果，不能採取有效措施加以防止或予以解決，這時心理的緊張和期待就會發生焦慮反應。過度而經常的焦慮就成了神經性焦慮症。

治療焦慮症一般以心理治療為主，配合藥物治療。當然首要問題是，焦慮症患者應學會自我調整和治療。改變自己的態度，以正面的角度看待事物，危機也可能是轉機；保持樂觀，缺乏信心時，不妨以過去的成就與未來的美好前景鼓勵自己；在感到焦慮的時候，可以按摩肌肉以緩和腎上腺素的分泌，按摩太陽穴紓解疼痛及鬆弛頸部的肌肉。此外還要積極參加休閒活動，包括聽輕鬆音樂、打球、跳舞等，

都能迅速減輕焦慮。

充實自己，從空虛狀態中解脫出來

在生活中，空虛往往會在不經意間侵襲人的心頭。有空虛感的人，起床後覺得今天也不過如此，明天也不過如此，也許以後都會如此。空虛就像飄在夜空中的最後一層濃霧，不能驅散，四處瀰漫。空虛沒有味道，沒有顏色，就像空氣一樣永遠存在，一深呼吸就充溢整個胸腔，使人的內心會隱隱的痛，雖不椎心刺骨，卻如同菟絲花慢慢的讓你越來越心神不定，無論被外界怎樣刺激也無關痛癢。

小白的真情告白：「剛讀高中的時候，我還沒有什麼憂愁，可是從高一下學期開始，無論何時何地我總會感到一陣陣煩躁，煩躁的原因有來自生活上的，也有來自課業上的。「在課業上，我一直是中上水準，可是後來不知怎麼搞的，大概是幾次考試失利的緣故吧，我對於學習特別沒勁，成績也落後了，班導師找我談了幾次，我也沒什麼變化，我對什麼都無所謂了。想來想去，覺得生活沒意思，真的沒意思。同學們都在那裡學習，可是功課好了又有什麼用呢？究竟為了什麼呢？成績再好也免不了生老病死。學校有時也辦一些活動，但內容幾乎和小學生一樣，各式各樣的評獎只不過是一些幼稚的活動，我真的覺得很無聊。家裡，爸爸每天炒股票，打麻將，對我的課業一點也不關心；媽媽除了做家事，只會每天盯著我，嘮嘮叨叨說個不停，一會兒說我頭髮長了，一會兒又數落我東西沒放整齊……事無巨細，她都要嘮叨一番，我都替她累。有時夜深，獨自坐在書桌前，望著一大堆功課，我會想很多：活著真沒意思，就這樣一天天混下去也不知有

第二個性格要素：理智冷靜的性格
充實自己，從空虛狀態中解脫出來

什麼結果，真想離開這個灰暗的人生，有個新的開始……」

在我們的成長過程中，很多人會不停的追問生命（生活）的意義，其實答案是很豐富的。但是如果碰巧接觸了生活的很多陰暗面，得到的是「生命本無意義」的答案，他們往往就會感到痛苦、無聊，甚至覺得生活沒意思，相應的就會產生空虛感。我們常說，事物都有兩面性，所以即使當生活的硬幣翻到消極的一面，也要學會用積極的心態，用另一副「眼鏡」去看待這個世界。

從心理學的角度看，空虛是一種消極情緒。這是它最重要的一個特點。被空虛所乘機侵襲的人，無一例外的是那些對理想和前途失去信心，對生命的意義沒有正確認知的人。他們或是消極失望，以冷漠的態度對待生活，或是毫無朝氣，遇人遇事便搖頭。為了擺脫空虛，他們或抽菸喝酒，打架鬥毆，或無目的的遊蕩、閒逛，耽溺於某種遊戲，之後卻仍是一片茫然，無謂的消磨了大好時光。空虛帶給人的，只有百害而無一利。

那麼，我們在生活中該怎樣擺脫空虛感呢？從下面的寓言中，我們或許能感悟到真諦：神孜孜不倦的造人，一個一個的造出來，又一個一個的被惡魔吃掉。有一天，惡魔終於忍不住了，暴怒的對神吼道：「你不要再造人了，再造人，我連你一起吃了！」神的眼裡淌出了淚，說：「可是我總得有事做呀！否則我會很寂寞的。」惡魔沮喪的垂下了頭，低聲說：「我也是。」

我們每天重複的做著許多事，其實就是為了逃避空虛。空虛是無盡的黑暗，是糾纏的恐怖，是沒有血肉的空空袍袖，是理也不清，斷也不斷的蜘蛛網。所以要逃離空虛，有人一圈圈孤獨的散步，有人拖曳著滑鼠在網路裡遊蕩……。

現實生活中，擺脫空虛感可以採用以下五種方法：

（一）調整需求目標。空虛心態往往是在兩種情況下出現的。一是胸無大志；二是目標不切實際，使自己因難以實現目標而失去動力。因此，擺脫空虛必須根據自己的實際情況，及時調整生活目標，從而激發自己的潛力，充實生活內容。

（二）求得社會支持。當一個人失意或徘徊時，特別需要有人給予力量和支持，予以同情和理解。只有獲得社會支持，才不會感到空虛和寂寞。

（三）博覽群書。讀書是填補空虛的良方。讀書能使人找到解決問題的鑰匙，使人從寂寞與空虛中解脫出來。讀書越多，知識越豐富，生活也就越充實。

（四）忘我的工作。勞動是擺脫空虛極好的做法。當一個人集中精力、全心全力投入工作時，就會忘卻空虛帶來的痛苦與煩惱，並從工作中看到自身的社會價值，使人生充滿希望。

（五）目標轉移。當某一種目標受到阻礙難以實現時，不妨進行目標轉移，比如從學習或工作以外培養自己的業餘愛好（繪畫、書法、打球等），使心情平靜下來。當一個人有了新的樂趣之後，就會產生新的追求；有了新的追求就會逐漸完成生活內容的調整，並從空虛狀態中解脫出來，迎接豐富多彩的新生活。

當我們和空虛頑強對抗的時候，請記住普希金的這句詩：「生活不會使我厭倦。」

冷靜思考，克服偏激心理

性格和情緒上的偏激，是一種心理疾病，是為人處世的一個不可小看的缺陷。它的產生源於知識上的極端貧乏，見識上的孤陋寡聞，社交上的自我封閉意識，思維上的主觀唯心主義等等。這種性格上的缺陷常常讓人們率性而為，將精力投入到毫無意義的事情上，只會是離成功越來越遠。

因此我們只有善於克制這種缺陷，才能蓄勢待發。

一個人有主見，有頭腦，不隨人俯仰，不與世沉浮，這無疑是值得稱道的好特質。但是，這還要以不固執己見，不偏激執拗為前提。無論做什麼事情，頭腦裡都應當多一點辯證觀點。死守一隅，坐井觀天，把自己的偏見當成真理至死不悟，這無論是對自己還是對待他人，都沒有一點益處。如果不認真糾正這種「關羽遺風」，就很有可能會使自己誤入人生的「麥城」而逃不出來，最後將與成功背道而馳。

三國時代，漢壽亭侯關羽，過五關、斬六將，單刀赴會，水淹七軍，那是何等的英雄氣概！可是他致命的弱點就是不善於克制，固執偏激。

當他受劉備重託留守荊州時，諸葛亮再三叮囑他要「北據曹操，南和孫權」，他不以為然。不久，吳主孫權派人來見關羽，為兒子求婚，關羽一聽大怒，喝到：「吾虎女何肯嫁犬子乎！」這本來是一次很好的「南和孫權」的機會，卻鬧得孫權沒臉下台，導致了吳蜀聯盟的破裂。最後刀兵相見，關羽也落個敗走麥城、被俘身亡的下場。關羽不但看不起對手，就算是自己的同僚，他也不放在眼裡。名將馬超來降，被封為平西將軍，遠在荊州的關羽大為不滿，特地向諸葛亮去

假象快樂
七大性格改變自我，跟負能量 SAY NO ！

信，責問說：「馬超的才能比得上誰？」

老將黃忠被封為後將軍，關羽又當眾宣稱：「大丈夫終不與老兵同列！」目空一切，氣量狹小，盛氣凌人，其他的人就更不在他的眼裡，一些受過他蔑視甚至侮辱的將領對他既怕又恨，以至於當他陷入絕境時，眾叛親離，無人援救，促使他迅速走向滅亡。

現實生活中，像關羽這樣的個人英雄還是不少的，然而隨著競爭力度的加大，能力競爭已經超出個人能力的單打獨鬥，取而代之的是團隊精神的較量。因此，只有正確看待別人的人，才能立足於精誠團結的團隊，才能共同進步，從而成就一番事業。

某家出版社的老闆深知能力的重要，他在徵才時打破傳統的偏見，新員工進來之前都要進行一番考試，以成績而非文憑決定是否錄取，所以他的記者、編輯都非常出色，而且都很能吃苦。尤其是一個體育雜誌的女編輯，身體患有嚴重的殘疾，在這之前，她找過很多工作，都被拒之門外，但是這位老闆看中了這個女孩的文筆和才能，以及她對體育的深深迷戀和理解。於是這個女孩成了一名體育編輯，一年以後成了主編，並且做得非常出色。這位精明的老闆就是如此，所以在同類雜誌中，他的雜誌一直都保持了非常獨到的品味和特色。

打破偏見，獲利的往往是自己。

一隻在外面閒逛的小瓢蟲，有一天誤入了牛角。小瓢蟲很小，彎彎的牛角在牠看來就像是一條極寬闊的隧道。牠想，走出隧道，一定會是一個水草豐美的洞天福地。誰料，腳下的路卻越走越窄，到後來竟難以容身。為此，小瓢蟲不得不停下來認真思考，經過一番激烈的內心掙扎，牠決心掉過頭來，重新開始。

這一回，牠由牛角尖向牛角口前進，結果牠驚喜的發現，道路越

走越寬廣，而且步出牛角，天藍藍的，極其高遠，大地鬱鬱蔥蔥的，宛如綠浪滾滾的大海。一時之間，牠覺得自己就是那天上自由飛翔的小鳥，大海中隨意競游的小魚。從那以後，小瓢蟲逢人便說：「當你遇到無法逾越的障礙時，不妨換一種方式。這就像面對一扇打不開的門一樣，換一把鑰匙，希望之門或許就會為你敞開。」

生活中，我們常常把那些頭腦不開竅、不知變通的人稱作性格和情緒上的偏激。在很多時候，造成這種偏激的原因是對事物持有的某種觀點和信念，而這種觀點和信念其實並不符合客觀事實，或與邏輯推論相違背。嚴重的偏見會為我們的生活帶來不必要的困擾，還會阻礙我們的進步和發展。

其實，走出這種偏激是一件很容易的事情，只需要變換個方向就行。要克服「一葉障目，不見泰山」的偏激心理，最好的方法是對症下藥，豐富自己的知識，增長自己的閱歷，培養辯證思維能力，全面、靈活、完整的評價事物，冷靜、客觀的看待問題。同時，多參加有益的社交活動，培養勇敢、頑強、堅韌、機智、果斷、團結、互助等良好的意志品格，有效的增強自我控制能力。此外，還要掌握正確的思維觀點和思維方法，不放縱、遷就自己，說話、做事多冷靜思考，這樣才能有效的克服偏激心理。

提高自制能力，不要讓仇恨心理扼殺了我們

很多人都說過，世上最可怕的不是搶劫，不是殺戮，不是死刑，而是人與人之間相互憎恨的情感——仇恨心理。的確，仇恨作為最黑暗邪惡的一種情感，它破壞了人與人之間的關係，摧毀了我們的社

會，葬送了不可勝數的生命，也吞噬了我們的健康。

一個年輕人在一家酒館暢快的痛飲著，好像一天要把一生的酒都喝光似的。酒館服務生有些不安，就試探著問他：「先生，您喝了這麼多酒啊？」

年輕人很不爽的說：「我今天要喝個痛快，一會兒我要做一件積壓在心裡很久的事。」服務生不解的問：「什麼事啊？」「我天生駝背，有一個十分討厭的傢伙，每次遇到我都會在我背上重重的拍一巴掌，這讓我感覺很不舒服。我告訴過他很多次了，別這麼做，可是他就是不聽。現在，我已經在自己的後背上暗藏了一個炸藥包，等一下我就要去找他，等他再拍我的時候，肯定會把他的手炸個稀巴爛！」他很激動的說。

服務生嚇得目瞪口呆：「啊！那你不是也被炸死了嗎？」「無所謂，只要能看到他的手炸得稀巴爛，我比什麼都高興！」

看了上面的故事，我們可能會笑他愚蠢至極。不過回過頭來想一想，自己是否也常常做出這種傷人又害己的事情呢？當我們在受到外界或他人的傷害，或者外界滿足不了自己的某種欲望時，我們的心中或許也曾產生這樣一種報復心理。

報復心理是指以幻想，甚至計劃以攻擊的方式，對那些曾給自己帶來傷害或不愉快的人發洩不滿的一種心態。

在日常生活中，有兩種人容易產生報復心態。一種是「悶葫蘆」型，這類人往往心胸狹窄、嫉妒心強，遇到挫折後，對主管、同事產生敵對情緒和報復行為。另一種是「大砲」型，這類人遇事激動，脾氣火爆，性情急躁，凡事急急匆匆，爭強好勝，容易動怒，遇事不能冷靜下來，易產生過度激烈的報復心態。

產生報復心理的原因很多，主要有以下幾個方面：

（一）在個人的物質、精神需求得不到滿足、又不能正確對待時容易產生。

（二）在遭到上級、朋友、家人及親屬的善意批評時，認為是某人和他「過不去」，產生報復心態並實施報復手段。

（三）在感情生活出現問題，尤其是相戀了許多年，花了大量錢財後，戀愛對象提出分手，就感到被矇騙、被耍弄、被拋棄，憤怒的情緒難以排解時，就會產生強烈的報復之心。

（四）在與別人發生矛盾時，不能正確對待，用犯罪手段發洩、報復他人。

（五）在遭遇不公正對待或遭遇突發事件時承受不住打擊。

（六）在朋友遇「難」需要「兩肋插刀」，或親人受辱時，出於兄弟義氣，不靠正規管道解決問題，用暴力為朋友、親人討回「公道」。仇恨是人性中的一處心理死結，它就像盤踞在心靈上面的一條毒蛇，當人們能控制它時，它就不會帶來危害，可是一旦它失去控制，就會為人帶來致命的傷害。報復心理是走向犯罪深淵的根源。

人的行為都是由意識所支配的，意識的產生是人類深思熟慮的昇華所在。報復心理發展到不可控制的地步，常常會失去理智，導致犯罪。

英國哲學家培根說：運用違法手段報復他人，將使你的仇人占兩次便宜。第一次是他冒犯你時，第二次是你因為報復他而被懲罰時。儘管培根所說的報復行為與我們所說的報復行為有所不同，但我們仍可以從中悟出一個道理，那就是報復心理是走向犯罪深淵的根源。報

假象快樂
七大性格改變自我，跟負能量 SAY NO ！

復心態是影響人身心健康的根源。

　　當一個人的心裡累積了過多戾氣，他就會變得身體僵硬，做事偏激，易怒，卻又膽小，氣息虛弱，思維混亂，精神緊張而缺乏安全感。人是一個身心健康不可分離的整體，對於一個健康的個體來講，也應該同時兼顧這方面。心理是人類行為的主宰，只有健康的心理才能導致健康的行為，才能擁有一個幸福，充滿人性的人生。所以，一個明智的人，都應該選擇一條通往心理健康之路。

　　在生活中，人們總會遇到很多不如意的事，或是與人發生矛盾，難免有「以其人之道還治其人之身」的心理。但這樣做不但不會為自己帶來好處，還很可能會觸犯法律，引起悲劇。同時，報復心態對健康也有百害而無一利。

　　那麼，該怎樣消除自己的報復心態呢？

（一）拓展視野，增長見識。

　　俗話說，壺小易熱，量小易怒。一個見多識廣的人，不會為眼前的得失而感到迷惑和憤怒，也不會為了生活中的小事而激動。把時間多花在增長見識上，就不會把別人對自己的偏見與評價放在心上，自然也就消除了報復心態。

（二）用寬容淡化仇恨。

　　釋迦牟尼說：「以恨對恨，恨永遠存在，以愛對恨，恨自然消失。」當仇恨充斥著我們內心的時候，我們應該懂得用寬容去化解一切怨恨，讓大家都生存在寬容的陽光和清風下。

（三）學會換位思考。

在人際交往中，不可能沒有利害衝突。我們在遭受挫折或不愉快時，不妨進行一下心理換位，將自己置身於對方的境遇之中，想想自己會怎麼辦。只有設身處地，以心換心，才能真正理解人，從而摒棄報復心理。

（四）多考慮報復的危害性。

當想要報復他人的時候要先想想：從報復行為中體會到一時的「解恨」，和對報復對象造成危害時，自己會不會得到對方更大的反報復？會不會受到社會輿論的譴責？會不會觸犯法律？要知道，欲加害於他人的人，最終多半是害了自己。

每個人受到傷害以後，都會想方設法減輕自己的痛苦，這是人的生存本能，無可厚非。可是，把自己的痛苦加倍放大，然後轉嫁到別人身上去的報復心理是極端有害的，這樣既無法挽回自己所受的損失，甚至還會賠上自己的健康、幸福和生命。所以，我們必須消除這種不健康的心理，透過加強自身修養、開闊心胸、提高自制能力，讓自己在陽光雨露下生活。

走出憂鬱，改變命運憂鬱是一種消極而低落的情緒，人置身其中就彷彿處在陰暗的圍牆之中，無法體會到開朗、灑脫、豁達的人生境界。

如果我們想實現自己的理想，就必須從憂鬱中走出來。若想改變某些人容易憤怒或急躁的性格，不是一件困難的事，但是想改變他們憂鬱的心理卻很不容易。因為憂鬱代表一種消極的意識和自我折磨的心態。情緒控制能力不高者，很難走出憂鬱的陰影。憂鬱與傷寒和流

感不同，憂鬱瓦解了人們的意志，消耗了人們的精力。它不是單一的病症，它有很多種類型，其病狀也各不相同。一些人的憂鬱是由家庭、人際關係或與社會隔絕等問題所造成的；另一些人的憂鬱似乎與他們早期苦難的生活經歷有關；還有一些人的憂鬱與遺傳有關，使得他們具有憂鬱的易感性；更有一些人其憂鬱根源於某些生活上的事，諸如失業、住房、貧窮或重大的財產損失問題。當然，人們或許有其中一種或多種問題，因此毫不奇怪，我們對付憂鬱，需要各種治療方法和手段，不過對一個人有效的方法或許對另一個人無效。因此，只有根據自己的實際情況出發，才能得到澈底的恢復。

如果想擺脫憂鬱，改變自己的命運。那麼不妨根據自己的情況，試試以下三種方法。

（一）合理安排日常生活。

憂鬱的人對日常必須參與的活動常常會感到力不從心。因此，我們應對這些活動進行合理安排，以使它們能一件一件的完成。以臥床為例，如果躺在床上能使我們感覺好些，躺著無疑是一件好事。但對憂鬱的人來說，事情往往並非這麼簡單。他們躺在床上，並不是為了休息或恢復體力，而是一種逃避的方式，因為沒有應當做的事。我們會為這種逃避而感到內疚、自責。床看起來是安全舒適的地方，然而，長此以往，憂鬱者會更加糟糕。因此，最重要的是，努力從床上爬起來，按照計畫每天做一件積極的事情。

有時，一些憂鬱者常常帶著這樣的念頭強制自己起床：「起來，你這個懶蟲，你怎麼能整天躺在這裡呢？」其實，與之相反的策略也許會有幫助，那就是學會享受床上的時光，每週至少一次，我們可以

躺在床上看報紙，聽聽音樂，並暗示自己：這多麼令人愉快。自己應當學會，在告訴自己起床做事情的時候，不再用簡單的「強迫自己起床」，而是鼓勵自己起床。因為躺在那裡想像自己所面臨的困難，會使自己感覺更糟糕。

（二）換一種思維方式。

對抗憂鬱的方式，就是有步驟的制訂計畫。儘管有些麻煩，但請記住，這正是在訓練自己換一種方式思考。如果腿斷了，我們將會逐漸的替傷腿加力，直至完全康復，有步驟的對抗憂鬱也必須是這樣的。現在，儘管令人厭倦的事情沒有減少，但我們可以計劃做一些積極的活動，即那些能為自己帶來快樂的活動。例如，如果我們願意，可以坐在花園裡看書、外出訪友或散步。有時，憂鬱的人不善於在生活中安排這些活動，他們把全部的時間都用在痛苦的掙扎中，一想到衣服還沒洗就跑出來，便會感到內疚。其實，我們需要積極的活動，否則，就會像不斷提領銀行的存款卻不儲蓄一樣。積極的活動相當於我們銀行裡有存款，哪怕我們所從事的活動，只能為我們帶來絲絲快樂，我們都要告訴自己：我的存款又增加了。這樣，我們就會擁有一個良好的心態了。

（三）豁達的人生態度。

不幸的人只記得不幸的內容，幸福的人則只記得一生中高興的事。

三伏天，禪院的草地枯黃了一大片。「快撒點草種子吧！好難看啊！」小和尚說。師父揮揮手：「隨時！」中秋，師父買了一包草籽，叫小和尚去播種。秋風起，草籽邊撒邊飄。小和尚喊：「不好了！好多

假象快樂
七大性格改變自我，跟負能量 SAY NO！

種子都被吹走了。」師父說：「沒關係，吹走的多半是空的，撒下去也發不了芽。」撒完種子，跟著就飛來幾隻小鳥啄食。小和尚急得喊道：「種子都被鳥吃了！」師父說：「沒關係！種子多，吃不完！」半夜一陣狂雨，小和尚一大早便衝進禪房說：「師父，這下可完了，好多草籽被雨沖走了！」師父說：「沒關係，沖到哪裡就在哪裡發芽了。」一個星期過去了，原本光禿禿的地面，居然長出許多青翠的草苗。一些原本沒有播種的角落，也泛出了綠意。

在漫長的旅途中，失意並不可怕，受挫折也無須憂傷。用豁達的態度去迎接它，把艱難險阻當成是人生對我們的另一種形式的饋贈，坑坑窪窪也是對我們意志的磨礪和考驗。有了這種思維，才不會終日鬱鬱寡歡，才不覺得人生太壓抑。懂得了這一點，我們才能挺起剛勁的脊梁，披著溫柔的陽光，找到充滿希望的起點。憂鬱者的自責是徹頭徹尾的。在不幸事件發生或衝突產生時，他們認為這全是他們自己的錯。當我們犯有過錯，或僅有一點過錯時，我們會出現承擔全部責任的傾向。然而，生活事件是各種情境的組合體。當我們憂鬱的時候，跳出圈外，找出造成某一事件的所有可能的原因，會對我們有較大的幫助。我們應當學會考慮其他可能的解釋，而不是僅僅責怪自己。

性格測試：你的克制力有多強？

測試攻略

測試意義：★★★★

準確指數：★★★

測試時間：十五分鐘

測試搭檔：朋友、同事

測試情景

人與動物的區別，最重要的一點就是人有克制力，這種克制力大大超出了動物的本性。而在很多時候，人與人的差別，正是展現在克制力上。

測試問答

1. 當你正要去上班時，你的朋友打來電話，讓你幫助他解決心中的苦悶，你怎麼做？

　　A. 耐心的聽，寧可遲到。

　　B. 在電話中忍不住埋怨道：「喂，你知道我必須去上班呀！」

　　C. 告訴他你願意聽他說，不過遲到要受到責罵，可能還要扣錢。

　　D. 向他解釋上班要遲到了，不過答應他午飯時間打電話給他。

2. 在星期天，你忙了一整天把房間打掃乾淨，可是你的伴侶一回家就問晚飯準備好了沒，你怎麼辦？

　　A. 雖然你心裡想出去吃飯，但是仍然很勉強的煮了這頓晚飯，然後責怪他太不體貼人。

　　B. 大發雷霆，命令他自己煮飯。

　　C. 氣得當晚不吃飯。

　　D. 對他說：「我實在很疲倦，我們到外面吃飯吧。」

3. 中午感覺肚子非常餓，一下班就到員工餐廳裡點了一份便當，但是菜的味道太鹹，你怎麼辦？

　　A. 向同桌的人發牢騷。

　　B. 破口大罵，粗魯的責備廚師無用。

　　C. 默默的吃下去，然後把碗筷丟得亂七八糟。

　　D. 平靜的告訴服務生，然後吃下去。

4. 你的朋友向你借新買的照相機，而你自己尚未好好用過，你怎麼辦？

　　A. 借給他，但是滿腹牢騷。

　　B. 提醒他有一次你向他借，他不肯借，當時你的心情如何。

　　C. 騙他說已經借給別人了。

　　D. 告訴他你想先用一個星期，然後再借給他。

5. 你辛苦了一天，自認為對今天的工作相當滿意，不料你的主管卻大為不滿，你怎麼辦？

　　A. 不耐煩的聽他埋怨，心中滿是委屈，但不作聲。

　　B. 拂袖而去，認為自己不應該受委屈。

　　C. 把責任推向他人。

　　D. 注意自己做得不夠的地方，以便今後改正。

6. 在電影院裡不准吸菸的，但你臨座的人偏偏吸菸。正好，你是相當討厭菸味的，你應該怎麼辦？

　　A. 很反感，希望其他人會向這個人提出意見。

B. 大叫吸菸是令人討厭的習慣，並揚言要叫服務人員來干涉。

C. 用手摀住臉部，露出一副不贊同的樣子。

D. 問此人是否知道電影院是不准吸菸的，並指給他看「嚴禁吸菸」的牌子。

7. 一位熱情的售貨員沒完沒了想使你買到滿意的東西，介紹很多的產品給你，但你都不滿意，你怎麼辦？

A. 買一件你並不想買的東西。

B. 粗魯的說這些產品的品質不好。

C. 向他道歉，說是你的朋友託你幫他買東西，不能買朋友不喜歡的東西。

D. 說一聲謝謝，然後離去。

8. 你的伴侶說你最近胖了，你怎麼辦？

A. 偏偏吃得更多一些。

B. 回敬他幾句，不要他管閒事。

C. 告訴他如果他少買一些雞蛋、肉，你就不會變胖了。

D. 認真對待這個問題，開始減肥。

測試解析

評分標準：選擇答案多數為 A，屬於 A 型；選擇答案多數為 B，屬於 B 型；選擇答案多數為 C，屬於 C 型；選擇答案多數為 D，屬於 D 型。

A 型：過分有克制力。

你是個非常有克制力的人，但有時你過於委曲求全，對一切事情總習慣採取消極被動的態度，對任何心存異議的事都放棄發表意見。

所以，你應該盡快學會讓自己快樂。適時的彰顯一下個性，對你是很有必要的。

B 型：克制能力較差。

你幾乎是個「好戰分子」，克制能力比較差，往往一件小事都會讓你暴跳如雷。實際生活中，你在表面看來似乎很有權威，但在身後卻可能有不少人在抱怨，甚至憎恨你。

C 型：相當有克制力。

你相當有克制能力，善於隱藏心中的好戰情緒，而以相對緩和的方式處理日常矛盾。只是有時表現的心機過重，不夠坦率，不讓人能完全理解和信任。

D 型：非常優秀。

在控制力方面，你無疑是很優秀的，且張弛有度。你完全清楚如何安排自己的生活，你真誠坦率、尊重他人，這些都讓你有不錯的人際關係。

測試啟發

歌德說：「誰不能克制自己，他就永遠是個奴隸。」在我們的生活中，學會善於克制自己，才有可能走向成功，擁有完美無憾的人生。而克制不住激情和欲望的魔力，被它們所牽制，揚其波，逐其流，就難以成就事業，甚至走向自取滅亡的可悲境地。但是有些時候，不能讓自己的克制變成了消極被動的態度。

第三個性格要素：目標堅定的性格

　　性格堅定的人通常都有一個特點，他們具有明確的目標，知道自己想要什麼，並堅持不懈的追求。而這一特點，幾乎是高效能人士必備的素養。例如我們知道自己想去哪裡，有了明確的目的地之後，無論是坐飛機還是坐火車，開小車還是騎單車，哪怕是走路，終有一天能夠到達目的地。如果對自己的目標很不明確，朝令夕改，那終究是很難實現夢想的。

只要不迷失方向，我們離目標會越來越近

作家王小波被譽為「浪漫騎士」，他曾在自己的散文《工作與人生》中誠懇的對年輕人提過忠告：「年輕的時候，對一個人最重要的就是確定自己的一生要做什麼，這是最重要的。」二十幾歲的王小波就把寫作確定為自己的人生追求。他踐行著自己的夢想與追求，他是「沉默的大多數」之一，但他是當代最「特立獨行」的人。他的文學作品閃耀著智慧的光芒，他明確自己的生命是為寫作而生的，找到了自己的人生航向。

我們要思考適合自己的人生航向在哪裡，要進行抉擇，明白什麼是適合自己的。法國作家貝爾納曾參加過一次報紙的有獎答題競賽。報紙上的問題是這樣的：「如果羅浮宮失火了，你只有一個機會選擇一幅畫，你會選擇哪一幅？」報社收到了成千上萬種答案，其中，貝爾納的回答被認為是最佳答案，贏得了該題的獎金。他的回答是：「我選擇離出口最近的那幅畫。」是的，成功的目標不是最大、最遠的那個，而是最有可能成功的那個。人生的航向要駛向何方？我們能找到自己的最佳成功點嗎？

如果我們試圖找到自己的人生目標，就要先明白自己的專長。臺灣著名漫畫家朱德庸曾被老師喻為「一個四季豆」，永遠不會發芽。原因是這樣的，從上小學開始，朱德庸的語言學習就非常吃力，別的孩子花一小時就能學會的東西，朱德庸要花比別人多三四倍的時間才能學懂。為此，朱德庸的父母經常被叫到學校裡會談，也帶著朱德庸求校長老師，使他得以升入國中。然而，就是這個「四季豆」，卻被父母發現有繪畫的天賦，父母盡量為他創造機會，讓他獨立創作。於

第三個性格要素：目標堅定的性格
只要不迷失方向，我們離目標會越來越近

是，有了後來的《雙響炮》等優秀的漫畫作品。回憶過去，朱德庸不無感慨的說，如果當時拚命的去學習語言，那人們可能也就只能在貧民窟裡找到他。朱德庸是幸運的，因為他找到了自己的人生方向，於是，勇敢啟航，直至走到了成功的彼岸。

年輕的我們，了解自己嗎？興趣是最好的老師，現在的你如果對什麼事情感興趣，那就可能是你的專長，趕快發現自己的專長，然後「術業有專攻」吧。

如果你確定了自己的人生目標，接著要做的就是專注。

我們不是無限的擁有時間，我們所能做的事情也不是無限的，所以，我們在不斷探索世界的過程中讓自己專注起來，一心一意學一個專長，一心一意讀幾本書，一心一意做一個事業，未嘗不是一件幸福的事情。

曾有這樣一個哲理故事：

一位年輕人問一位老者：「我怎樣才能成功的攀登到夢想的山巔？」老者臉上微微一笑，從地上撿起了一張紙，摺成小船放在身邊的小河裡。小船不急躁，不喧譁，藉著水流，一聲不吭的駛向遠方。途中，鮮花、蝴蝶向它搔首弄姿，它不為所動，默默前行……。

老者說：「人的一生，金錢、美色、地位、名譽等誘惑太多。選定了奮鬥目標，途中因貪戀美色而沉淪，因思謀金錢而駐足，因渴求名譽而浮躁，因攫取地位而難眠，故難以像小船一樣，不為誘惑所動，向著既定的目標默然前行。這就是有些人做事半途而廢，不能成功的原因。」年輕人恍然大悟。

你願意做故事中的那艘小船嗎？專注於自己的夢想，一意前行，那成功之帆已經向你展開。

一個有明確目標的人，行動起來更有力量

　　一個有明確目標的人，生活會更有熱情，行動起來也就更有力量，成功的希望也更大。鼠目寸光是不行的，不能看見樹葉就忽略了整片森林。只有辛勤的工作和一顆善良的心，還不足以使一個人獲得成功，因為，如果一個人並未在他心中確定他所希望的明確目標，那麼，他又怎能知道他已經獲得了成功呢？

　　在選好工作上的一項明確目標之前，這個人就會把他的精力和思想浪費在很多項目上，這不但使他沒有辦法獲得任何能力，而且反過來會使他變得優柔寡斷。當他把所有能力組合起來，向著生命中一項明確目標前進時，那麼，他就充分利用了合作或凝聚的方法，從而產生龐大的力量。

　　有一位年輕的墨西哥女孩名叫阿蜜莉雅，她十六歲就結婚了。在兩年當中她生了兩個兒子，不久後丈夫離家出走了，阿蜜莉雅只好獨自支撐著整個家庭。但是，她決心謀求一種令她自己和兩個兒子感到體面和自豪的生活。

　　於是，她把自己的全部財產用一塊普通披巾包起來，跨過了里奧蘭河，在德克薩斯州的艾爾帕索安頓下來，並在一家洗衣店找到了工作，一天只賺一美元。工作雖然很苦，但她從沒忘記自己的夢想，即要在貧困的陰影中創建一種受人尊敬的生活。於是，口袋裡只有七美元的她，帶著兩個兒子搭乘公共汽車來到洛杉磯尋求更好的發展。

　　剛到洛杉磯，她做的是洗碗的工作，後來找到什麼工作就做什麼。她拚命存錢，後來，她便和她的阿姨共同買下一家擁有一台烙餅機及一台烙玉米餅機的店鋪。

第三個性格要素：目標堅定的性格
一個有明確目標的人，行動起來更有力量

她與阿姨共同製作的玉米餅非常成功，後來還開了幾家分店。直到最後，阿姨感覺到工作太辛苦了，阿蜜莉雅便買下了她的股份。

不久，她成為全國最大的墨西哥食品批發商，擁有員工三百多人。

在全家人的生活和經濟上有了保障之後，這位勇敢的年輕婦女便將精力轉移到提高她美籍墨西哥同胞的地位上。

「我們需要自己的銀行」，她想。後來，她便和許多朋友在東洛杉磯創建了「泛美國民銀行」，這家銀行主要是為美籍墨西哥人所居住的社區服務。

她與夥伴們在一個小拖車裡創辦起了他們的銀行。可是，到社區銷售股票時卻遇到另外一個麻煩，因為人們對他們不是很了解，對他們沒有一點信心，於是她向人們兜售股票時遭到拒絕。

他們問道：「妳怎麼可能辦得起銀行呢？」「我們已經努力了十多年，總是失敗，妳知道嗎？墨西哥人不是銀行家呀！」

但是，她始終沒有放棄自己的夢想，一直努力不懈。如今，銀行資產已成長到兩千兩百多萬美元，她取得偉大成功的故事在東洛杉磯已經傳為佳話。

這位年輕婦女的成功確實來之不易。你能想像得到她會成功嗎？一名默默無聞的墨西哥移民，卻胸懷大志，後來竟成功的創辦了銀行。

所以，人要想取得成功，發展自己，就要有自己的目標，目標是你前進時的動力。愛迪生曾說過：「一心向著自己目標前進的人，整個世界都為他讓路。」舉凡古今中外，無一例外，那些成就大業、名留青史的人都是有目標的人，目標會為人帶來希望，帶來成功。

沒有最好的，只有最適合的

　　人生是個不斷探索的過程，失敗有時並不是由於你的能力、學識的不足，而是由於你錯誤的選擇了目標，而失敗正給予了你一個重新思考，並從錯誤中解脫的良機，從錯誤中得到衝破人生難關的條件。對於真正能夠衝破人生難關的人而言，他所依靠的目標不是別人的，而是自己的。認知到這一點非常重要。

　　有這樣一位年輕人叫安平，他的第一份工作是葡萄酒推銷員，因為他不知道自己還能做什麼，於是，他認為自己的目標就是「賣葡萄酒」。剛開始，他是為一個賣葡萄酒的朋友做事，接著為一名葡萄酒進口商工作，最後，他與另外兩個人合作辦起了自己的進口業務。生意越來越糟，可是安平還是拚命抓住最後一根稻草，直到公司倒閉。他一直沒有改行，因為他不知道自己還能做什麼。

　　事業的失敗迫使他去參加了社會上所謂的「創業」培訓。他的同學有藝術家、網路專家、汽車修理工人等等，這些人都不認為他只是個「賣葡萄酒的」，反而認為他是個有才能的人，甚至叫他「全方位人才」，他們對他的看法使他拋棄了原來的目標。

　　他開始重新評估自己，仔細分析、探索其他行業，思索自己到底能做什麼。最後，他選擇了和伴侶一起發展房地產業務，這使他取得了「推銷葡萄酒」永遠不能為他帶來的成功。

　　很多職業專家認為，人的一生當中至少要經過兩三次轉變，才能最終找到適合自己特長的事業，而確定自己合理的目標，則需要同樣長的一段時間。

　　在這個世界上，如果是經過了解以及正確的追求而仍然無法得到

沒有最好的，只有最適合的

的東西，那麼這種東西對我們毫無益處可言。所以，無法付諸實現的事物，是不值得我們去追求的。

日復一日，年復一年，永遠要有屬於你自己的目標，而不是別人強加在你身上的目標。否則的話，你的努力便對你沒有好處了。你必須除去不相干的事件，澄清思緒，並深入內心，看清楚自己要實現的目標是什麼。

一個目標是否恰當，是否正確，往往需要在實踐中不斷完善。對於能夠把握的東西，進行仔細的分析；對還不能把握的東西，就必須先嘗試實踐，再不斷完善。

社會上的工作有千百萬種，人的才能也是千差萬別，任何人都不能成為包打天下、什麼都行的英雄。每個人都必須能確立自己的優勢目標，在你確定自己的優勢目標時，可參考以下幾點經驗：

（一）要全面衡量。

走向成功的重大起步就是設立目標，必須配合行動計畫做充分的思考，捨得花時間，目標是你行動的指南。否則，你就會做無用功，走錯路，浪費你的寶貴時間和生命。因此，無論如何，你不能在設立目標時草率行事。

設定目標，要在自己的閱歷、氣質與社會環境條件等方面反覆琢磨，論證比較，仔細推敲，一定要把它作為人生最重要的事情來做，切勿草率，否則會貽害自己。

（二）中短期目標要有明確性、限時性。

所謂中短期目標，或者三五年，或者一兩年，有的甚至可以短至幾個月。這種短期目標，如果還不明確、具體的話，那就等於是沒有

任何目標。

只有具體、明確而有時限的目標，才具有引導行動的激勵的價值。你強迫自己在一定的時限內完成一定的任務，就會集中精力，開掘潛能，激發自己和他人的積極態度，為實現目標而奮鬥。

否則的話，整日只是懶懶散散的去做一些工作，將一個月該完成的事拖到兩個月後完成，或者想的只是完成就行，時間無所謂，那麼永遠談不上成功。

（三）中短期目標要有可行性、挑戰性。

心理學實驗證明，太難或是太容易的事，都不容易激起人的興趣和熱情，只有具備一定的挑戰性，才會使人有衝動的熱情。

中短期的目標是現實行動的指南，如果大大的低於自己的實際水準，根本不能發揮自己的能力，那麼，是沒有人願意去做的，即使勉強的做，也不會有很好的成績，說不定還不如普通的人做得好。

但是反過來，如果要做的事要求太高，遠遠超過了自己的能力，望塵莫及，不能在一段時間內顯出成效，也會大大挫傷積極態度。

那麼，適度掌握便是一個關鍵，情況因人而異，個人經驗、心理素養和現實環境的許可是決定你中短期目標的依據。

（四）目標需要做必要的調整。

無論是遠大目標，還是中短期目標，你一旦把它們設立起來，就是為了指導規劃自己走向成功。所以，如果你設立的目標已經不太符合實際情況，就必須迅速做出調整和修改，千萬不能將自己定出的目標作為一成不變的教條，以僵化保守的心態來對待。

因此，每年至少要做一次檢查校正，對你制定的各種目標做出一

些必要的調整修改。

事物總是在不斷發展變化的，當時制定的目標是在當時的環境條件下形成的，如果環境情況變了，難道你還能死板的固守在同一個目標上嗎？如果你始終僵化保守，你就很難發揮潛能，很難利用環境走向成功。

（五）在實踐中完善目標。

制定目標是對未來的設計，一定有許多難以掌握的因素，如果你不勇敢的進行試驗、實踐，就很難知道目標是否正確。

你要學會如何設定你的目標、你的美夢和你的願望，學會如何能夠保持志向和促其實現。就好像玩拼圖遊戲，如果你在人生中沒有清楚的目標，就好像不知整體的全貌，胡亂的拼湊生命。當你知道了自己的目標，就能在腦海裡描繪出一幅圖畫，讓神經系統得以按圖索驥，找到最需要的資料。

你得先建立個美夢，尤其是得全心全意的去做。如果你只是隨手翻翻，不會對你有什麼幫助。希望你能夠坐下來，手裡拿支筆和一張紙，寫下自己未來的目標和計畫。

找一個讓你覺得最舒服的地方，不管是你喜愛的書桌，或是角落裡照得到陽光的椅子，只要能讓你靜下心的地方，花一點時間好好計劃一下自己未來的希望。看些什麼？說些什麼？成為什麼？做些什麼？相信這會是你一生中最寶貴的時光。你要去學習如何設定目標和預測結果，你要畫出一張人生旅程的地圖，你要勾勒出自己的方向和前進的路徑。

向榜樣學習，努力做到最好

　　年輕氣盛的我們難免有些迷茫，有時候即使擁有了夢想，也不知道應該怎樣去實現。這時候，如果我們能找到一位榜樣，透過榜樣的成功軌跡，或許就能找到夢想實現的方法。人的一生不可能沒有榜樣，有了榜樣我們才有努力的標竿、學習的目標、前行的方向。學習榜樣，是要學習他們如何做人，而不是要學習他們如何賺錢，而如何處世，如何成就事業。有了榜樣，努力就能做到最好。

　　安藤忠雄被譽為世界三大建築師之一，他從小就立志成為一名偉大的建築師。然而，他家裡特別貧窮，沒能如願進入大學，學習自己喜愛的建築專業。他高中畢業後就進入了社會，依然無法忘卻自己的夢想。就在他孤獨迷茫的時候，他從一本書上看到了瑞士著名建築師勒‧柯比意的作品，安藤忠雄知道，這正是自己喜歡的建築師和建築風格。

　　如何才能實現自己的夢想？怎樣才能成功呢？他想，既然勒‧柯比意的建築作品那麼讓自己著迷，為什麼不學學他呢？於是，他開始了解勒‧柯比意的生平事蹟，得知勒‧柯比意小時候也沒有受過良好教育，是自學成才的。這對安藤忠雄來說是個天大的好消息，他明白，自己的這位偶像可以成功，自己也完全可能成功。

　　從此以後，他照著勒‧柯比意的方式，學習了世界上優秀的建築模式，最後，他成功了。

　　榜樣的力量如此龐大，如果沒有勒‧柯比意，很難想像，安藤忠雄會是什麼樣子。人們常說榜樣的力量是無窮的，樹立榜樣，其實是讓自己的心中有一個對照表，能讓自己有更好的追求，支持自己為夢想

第三個性格要素：目標堅定的性格
向榜樣學習，努力做到最好

行動。學習榜樣，積極行動，對照自身，我們將取得成功。

榜樣的力量是無限的，劉翔很早就知道阿蘭·詹森的名字。在一百一十公尺欄二十個快於十三秒的成績中，有九個是他創造的，他是當之無愧的「跨欄王」！他是劉翔的榜樣，是劉翔的偶像。在一篇文章中，劉翔這樣寫道：

「二〇〇一年在艾德蒙頓舉行的國際田徑錦標賽，我清楚的記得，那是我和詹森的第一次碰面。比賽一結束，我就找到了詹森，請他替我簽名，然後，我又和他照了一張相。詹森對我很客氣，也很友好。我知道，找他簽名和要求合影，其實是他的 FANS 才會做的舉動，而我是他的對手，這樣做並不是很有『面子』。但我欣賞強者，詹森就是我所在的跨欄世界裡的強者。　「二〇〇四年五月八日，日本大阪國際田聯大獎賽。我跑了十三點零六秒，而詹森的成績是十三點十三秒。我第一次面對面的戰勝了詹森。」

劉翔把詹森當作自己的榜樣，他之所以能取得優異的成績，既是劉翔自己努力的結果，同時也告訴了我們，確定一個榜樣，以榜樣為目標向前邁進，並最終爭取成功，是完全有可能實現的。

其實，透過樹立榜樣爭取成功和其他成功之路一樣，同樣需要長期不懈的堅持與努力。或許不同之處在於，人們可以藉此迅速的找到一條適合自己的路，並沿著這條已被前人證明可行的道路，更加堅定的走下去。

年輕的我們趕快定下自己的榜樣，向榜樣學習，還等什麼呢？也許我們可以像劉翔一樣超過榜樣，創造自己的輝煌。

大膽嘗試，夢想一些不可能的事情

很多事情，要做，就去做那些沒把握的事情——你覺得沒把握，別人一樣覺得沒把握。然而，不做，就永遠只能看著別人成功；你做了，就有成功的可能。對待夢想，我們也可以這樣，夢想一些不可能的事情，成功的可能性或許會更大一些。

在美國的老一代企業家中，安德魯‧梅隆是一個「熱衷於機會」的人，他只做沒把握的事。梅隆的一生曾經營過很多不同的行業，比如銀行、石油、鋼鐵等，其中有兩件事，人們記憶深刻。

西元一八八九年的一天，三位不知姓名的年輕人來到梅隆的辦公室，他們手裡拿著一塊銀蠟色的金屬，告訴梅隆這是鋁，並且聲稱他們找到了一種可行的電解生產法，只是沒有資本，以致他們在到處尋找資助人。不知道梅隆是否願意替他們償還銀行的一筆欠款。梅隆憑藉自己敏銳的眼光，認為這項事業非常有發展前途。於是，他爽快的答應幫助他們還清債務，並資助他們成立了匹茲堡電解鋁公司。果然，僅僅過了不到三年時間，這家公司就控制了北美洲的鋁生產業務。

另外一件事情發生在西元一八九五年，一位曾與愛迪生共事多年的發明家愛德華‧艾奇遜找到了梅隆，手裡拿著一塊閃光的「碳化矽」，但是由於資金不足，請求梅隆資助。梅隆也憑藉直覺預感到這一發明的商業前景，就答應了艾奇遜的請求，後來，這項生產得到了迅速發展。

梅隆屢次成功的祕訣就是做沒把握的事。適度的做沒把握的事，才有可能實現自己的夢想。

第三個性格要素：目標堅定的性格
大膽嘗試，夢想一些不可能的事情

我們每個人來到這個世界上，每個人都期盼生命燦爛如星河，光芒熠熠照亮整個夜空。那我們就要反思自己走過的人生之路，規劃未來的人生之路。說到底，做他人沒把握的事，意味著一種冒險。冒險就是拒絕中庸，拒絕穩妥。做沒把握的事，不意味著盲目做事，相反的，這是我們審時度勢之後的理智選擇，是對自己和所做事情的負責態度。勇於冒險能開創出一片新的天地，沒有冒險，何來生命中的大喜悅、大收穫？

有一點我們必須謹記，當一切都準備妥當的時候，機會可能已經遺失了。在沒把握的時候率先出手，實現夢想的機率要大很多。同時，要有「只問耕耘，不問收穫」的精神。既然我們已經上路了，那就沒有後路可退。你經過了春的播種，夏的耕耘，難道會害怕沒有秋的收穫嗎？

做沒把握的事，就是抓住了萬分之一的機會去爭取實現夢想，獲得成功。

凱文·勞倫斯是美國伊利諾州的百貨業鉅子，他曾談到自己的經歷。有一次，當地經濟蕭條，很多工廠和商店開始倒閉，被迫廉價拋售堆積如山的百貨，價格低得讓人吃驚，一美元可以買一百雙襪子。

當時，凱文只是一家織造廠的小技師，他馬上把自己的所有積蓄都用來收購低價貨物。大家都嘲笑他的收購行為，認為太傻了。然而凱文不為所動，依然收購被拋售的貨物，並租了一個很大的倉庫來存貨。他的妻子勸說不要這麼做，這麼多年的積蓄有可能毀於一旦。凱文微笑著說：「三個月後我們就可以依靠這些廉價貨物發大財。」十多天過去了，那些工廠廉價拋售的貨物因找不到買主，最後只能燒掉，以穩定市場物價。終於，政府採取了緊急行動，穩定了當地的物價，

並且大力支持那裡的廠商復興。這時，當地由於市場缺貨，物價一天天上漲。凱文馬上把積存的貨物拋售出去，因而大賺了一筆。後來，凱文成了全美的商業鉅子。

凱文·勞倫斯正是因為抓住了萬分之一的機會，才取得了成功。那些沒有把握的事情，對於我們更應該具有非凡的吸引力。試想，如果所有人都千篇一律，永遠按部就班，沒有推陳出新，穩重拘謹，那怎麼可能成功呢？

勇敢做些沒把握的事，在我們要努力實現夢想的時候，不管能否成功，努力嘗試的經歷都會成為人生的一筆財富。當然，做沒把握的事要注意兩點：第一，目光要放在長遠，鼠目寸光，忽略整片森林是行不通的；第二，要鍥而不捨，擁有百折不撓的毅力和持之以恆的信心，才會事半功倍。

讓我們一起行動，勇於做些沒把握的事，是我們明智的選擇。

不能游移不定，對目標要專一

荀子有云：「鍥而捨之，朽木不折；鍥而不捨，金石可鏤。」一個鍥而不捨、鎖定目標的人，一定會成功，不僅是形式上的成功，更是實質上的成功。

也許有人會說，為什麼同樣有目標的人，有的人失敗了，有的人成功了。那是因為在為一件事做準備時，不但要制定明確的目標，更重要的是要始終專注於這個目標，不能因為其他事情的出現而分散自己的注意力。如果你今天想成為一名管理專家，明天想成為一名行銷高手，後天又想當一名出色的設計師。最終的結果只能是得不償失，

第三個性格要素：目標堅定的性格
不能游移不定，對目標要專一

你的準備工作很可能前功盡棄。這樣，顯然無法把接下來本應該做得很好的工作完成得令人滿意。請相信這樣一句話：一個好獵人的眼中只有獵物。

在一望無際的大草原上，有一位獵人和三個兒子。有一天，老獵人帶著三個兒子去草原上獵野兔。一切準備就緒，四個人來到草原上，這時，老獵人向三個兒子提出一個問題：「你們看到了什麼？」

老大回答道：「我看到了我們手裡的獵槍，草原上奔跑的野兔，還有一望無垠的草原。」

父親搖搖頭說：「不對。」

老二的回答是：「我看到了爸爸、弟弟、大哥、野兔、獵槍，還有茫茫無垠的草原。」

父親又搖搖頭說：「不對。」

老三的回答只有一句話：「我只看到了野兔。」

這時父親才說：「你答對了。」

果然，一天下來，老三打到的獵物最多。

不能游移不定，對目標要專一。眼中只有獵物的老三能獵到最多獵物，就是最好的佐證。但事實證明，大多數人都有一個共同的悲哀：他們今天是這樣一個目標，明天是那樣一個目標，後天又是一個目標，目標游移不定，最後一事無成。

目標游移不定，實際上是沒有目標。如果說他們有目標，那只能算為一種小打算。

有這樣一位年輕人，他每次下田用犁耕作時，由於沒有經驗，所以走得歪歪斜斜，他的父親告訴他：「你應該選定一個目標，然後朝著目標走，這樣就不會歪啦。」於是，他以遠處的另一頭牛作為目標，

假象快樂
七大性格改變自我，跟負能量 SAY NO！

他認為應該沒有問題了，但是耕出來的田仍然不直。沒辦法，他再次跟父親請教，父親對他說：「第一次是你缺乏目標，所以不直。第二次是錯在目標的移動，當然就會走歪。所以，你應該找一個固定的目標，並且要看準這個目標才行。」第三次，他選擇了遠方的一棵樹作為目標，果然犁出來的田直直的。

因此，如果目標游移不定，實際上就是三心二意，這不但會消耗精力，而且也浪費青春，最終是竹籃子打水一場空。一位女大學生講述了她的苦惱：第一次大學入學考試，她考上了師範大學，雖然學校不錯，但她對科系不是很感興趣。後來，不到一年她就退了學，她想準備重考。第二年，她雖然考上了大學，但不是知名大學，而是一所普通大學，這次雖然科系不錯，不過她又認為這個學校沒名氣，太差了，她又想退學再考。母親知道了她的想法後，堅決不同意她退學，為此，她感到非常苦惱。

這又說明了一點，你必須設定一個固定目標，這個目標必須是清晰而切實可行的，而不是虛無縹緲的。另外，目標一旦確定，就要付諸行動，並執著的為之追求。

當代著名作家史鐵生，他在二十歲的時候卻遭受了人生最沉痛的打擊──雙腿萎縮，餘生要與輪椅為伴了。當時，年輕氣盛的他，根本無法接受這一現實，以後很長的一段時間裡，他都一個人坐在地壇公園的輪椅上發呆。他細心觀察著地壇裡萬物的生長，看到一隻螞蟻都在忙碌著自己的工作。而自己呢？從此以後將是一個廢人了，一個百無一用的廢人。他連寫作的勇氣都沒有了。他非常絕望痛苦，感覺著周圍人那些冷冷的目光，想著關心著自己的母親，覺得自己淒慘無比。然而，也是在與地壇的相處中，他發現了自然萬物的生長規律，

第三個性格要素：目標堅定的性格

不能游移不定，對目標要專一

想透了人生的生死命題。最後，他明白了，上天就是要他來世上完成自己的人生使命的。澈底醒悟的史鐵生，重新勇敢的拿起了筆，書寫著自己的人生體驗，成為了現代的心靈醫師。讀他的作品，我們體會到了他精神世界的博大和人類思想的可貴，他是自己的心理治療者，也治癒了許多的精神「殘障者」。寫作，透過寫作來表達自己是史鐵生的夢想，也永遠是他的信仰。

當夢想成為信仰，那些曾經的或者正在經歷承受的遺憾、挫折、失敗，都不會令我們感到絕望，我們擁有過更多的只會是對未來更多的期許和更熱切的期盼。那矢志不移的夢想追求，怎麼會承受不住一時的失意呢？一位演員現在已然成為了專業表演者，取得了自己事業上的成功。但是，你知道他只有高中學歷的背景嗎？在成名之前，他的生命中只有一個信念和夢想——要演戲，做演員。為此，他讓自己堅決的行走在跑龍套的隊伍中。終於，他有了一個角色，後來就有了更多的角色，最後，他成功了。這位演員的夢想就是他的信仰，他堅定不移的行進，也用自己的事例告訴我們，只要有夢想，沒有什麼不可以。

由此我們可以看出，人生只要有固定的目標，然後，堅持不懈，鍥而不捨，成功才會有希望。目標不能游移不定，每個人面對目標都不能三心二意，誰遊戲人生，人生就將會遊戲你，到時候只會落得個「老大徒傷悲」的結局。

著名導演李安在成名之前，大約從一九八三年起，經過了長達六年多的漫長而無望的等待，大多數時候是幫劇組看器材、做點剪輯助理劇務之類的雜事。最痛苦的經歷是，他曾經拿著一個劇本，在兩個星期的時間裡跑了三十多家公司，一次次面對別人的白眼和拒絕。

那時候，李安已經將近三十歲了。古人說：三十而立。而他連自己的生活都還沒法自立，李安無數次的思慮：怎麼辦？繼續等待，還是就此放棄心中的電影夢？

那個時候，李安除了看電影、寫劇本外，還包攬了所有家務，負責買菜做飯帶孩子，將家裡收拾得乾乾淨淨。他常常在做好晚飯後，跟兒子坐在門口，一邊講故事給兒子聽，一邊等待「英勇的獵人媽媽帶著獵物（生活費）回家」。然而，就是這麼無望的等待，都沒能阻止李安繼續自己的電影夢想。皇天不負苦心人，後來，李安的劇本得到基金會的贊助，開始自己拿起攝影機，再到後來，一些電影開始在國際上獲獎。現在的他，已然是國際大導演，憑藉《斷背山》拿到了奧斯卡小金人。正是在最黑暗時刻的堅守，永不放棄的電影夢想，支持出了一個優秀的導演。也讓我們明白了黑暗中堅守夢想的可貴。

鎖定目標就是你朝著你確定的目標前進。這個目標不是三心二意的，是相當固定的，而且還是一個較高層次的。但鎖定目標，並不是說你一生就只能有這個目標，如果你今後感覺這個目標不適合於你，或你有更高層次的目標，你可以更改。

先實現小目標，再實現大目標要

有一個看似非常難回答的問題：「如何吃掉一隻大象？」而實現一個大目標就像吃掉一隻大象一樣，有很大的難度。

這裡可以告訴你，吃掉一隻大象的方法就是「一口一口的去吃」。同樣，把一個大目標分解成一個個小目標，然後從第一個小目標開始做！世界上沒有任何捷徑能夠一步登天，只有腳踏實地，才能走得

第三個性格要素：目標堅定的性格
先實現小目標，再實現大目標要

高，走得穩。

也就是說，結合你的實際情況，確立自己的目標，在實現這一目標的過程中，可以把這一目標分解成一個個小目標，實現一個小目標，會使你產生成就感和自信。在實現小目標的過程中，你應該制定一個詳細的時間表，嚴格按計畫執行。正如建造房子一樣，先由建築設計師繪出一幅藍圖，再由建築團隊建造。在藍圖上，家中的各個擺設都要清楚的畫出，一切都要設計得井然有序。

一九八四年，在東京國際馬拉松邀請賽中，名不見經傳的日本選手山田本一奪得了世界冠軍，這個結果很讓人出乎意料。當記者問他為什麼能取得如此驚人的成績時，他說了這麼一句話：憑智慧戰勝對手。

馬拉松賽是體力和耐力的運動，只要身體素養好又有耐性，就有望奪冠，爆發力和速度都還在其次，說用智慧取勝確實有點勉強。所以，很多人都認為這個偶然跑到前面的矮個子選手是在故弄玄虛。

又過了兩年，義大利國際馬拉松邀請賽在義大利北部城市米蘭舉行，山田本一代表日本參加比賽。這一次，他又獲得了世界冠軍。記者又請他談談經驗。

山田本一是一個性情木訥，不善言談的人，他回答的還是上次那句話：用智慧戰勝對手。這回記者在報紙上沒有再挖苦他，但仍然對他所謂的智慧迷惑不解。

十年後，這個謎終於被解開了，他在自己的自傳中這樣寫道：「每次比賽之前，我都要搭車把比賽的路線仔細的看一遍，並把沿途比較醒目的標誌畫下來，比如第一個標誌是一棵大樹；第二個標誌是一棟紅色房子；第三個標誌是銀行……這樣一直畫到賽程的終點。比

假象快樂

七大性格改變自我，跟負能量 SAY NO！

賽開始後，我就以百米的速度奮力的向第一個目標衝去，等到達第一個目標後，我又以同樣的速度向第二個目標衝去。四十多公里的賽程，就被我分解成這麼幾個小段路程輕鬆的跑完了。剛開始，我並不懂這樣的道理，我把我的目標定在四十多公里外終點線上的那面旗幟上，結果我跑到十幾公里時就疲憊不堪了，前面那段遙遠的路程把我嚇倒了。」

分段實現大目標，確實有振聾發聵的啟迪。聰明的人為了達成主要目標，常會設定「次要目標」，這樣會比較容易於完成主要目標。很多人會因目標過於遠大，或理想太過崇高而易於放棄，這是非常可惜的。若設定「次要目標」，便可較快獲得令人滿意的成績，而能逐步完成「次要目標」，心理上的壓力也會隨之減小，主要目標總有一天也能完成。

雖然大目標被我們分解成一個個小目標，但最終還是為了實現大目標。因此，千萬不能只追求那些小目標，千萬不能滿足於小目標的實現之中。

報紙上曾報導過某海域發生三百條鯨魚死亡的消息。原來，這些鯨魚為追逐小利，想吃掉沙丁魚，不知不覺被困在一個海灣而暴斃。人有時也是如此，如果你只追求小目標，就會空耗自己的青春，而一無所獲。

的確，追求小目標會使你鼠目寸光，只顧及眼前利益，最終，你依然一無所獲，無法成就出色的人生。

那些沒有解決溫飽問題的人，一心想著如何去解決溫飽，一旦溫飽問題解決，他就知足常樂，不再去繼續奮鬥，最後，回過頭一看，後面的人卻跑到前面去了，而自己依然只是一個小人物，依然默默無

聞，可有可無。

每天做好一點點，每天進步一點點

　　實現夢想是我們每個人的理想，然而如何實現，沒有其他的祕訣可言，需要的就是力爭做到每天進步一點點，每天有所進步。「每天進步一點點」的價值還在於對「一點點」的珍視上，我們「每天進步」就是永不停止向前邁進的腳步 。阻礙一個人成功的通常不是那些顯而易見的大問題，而是一些平時不注意的小事。正是這些看似微不足道的小事，如果不用心解決，就會無休止的消耗我們的精力。「天下難事必成於易，天下大事必作於細。」不凡見於細微，永恆藏於瞬間。一個人的境界就展現在那「一點點」的小事上，做好了「一點點」，成功自然就會水到渠成。之所以有人在生活中不成功，不是因為他做不到，而是因為他不願意做簡單而重複的事情。很多時候，越容易的事情，越簡單，人們越輕易將它忽略。

　　每天如果都能進步一點點，哪怕只有百分之一的進步，試想，還有什麼能阻擋我們最終實現夢想？事實上，生活中打敗我們的往往就是我們自己，忘記了每天進步一點點。我們應當明白，成功者並不是比我們聰明很多，而是每天比我們多進步一點點。　　　或許我們做不到一步登天，但我們絕對可以做到一步一個腳印的行走；我們可能做不到一鳴驚人，但我們絕對可以做到凝聚成一股力量的做好一件事。每天進步一點點，聽起來好像沒有立刻可摘的誘人碩果，沒有衝天的氣魄，也沒有轟動一時的聲勢，但細細琢磨一下：如果每天都能進步一點點，那簡直就是在不動聲色中醞釀真實感人的神話，在默默的創

假象快樂
七大性格改變自我，跟負能量 SAY NO！

造意想不到的奇蹟。我們不要小看這「一點點」。智慧，就多那麼一點點，使我們於危機中發現轉機；勇氣，就多那麼一點點，使我們於怯懦中萌生起幹勁；靈感，就多那麼一點點，使我們於混沌中豁然開朗。每天進步一點點，在平和的心境下一定可以創造奇蹟。如果能讓自己每天都心底踏實，那麼迎接明天的將不再只有等待。

每天進步一點點，需要我們每天認真規劃，具體設計，既不能保守，又不能急躁。每天進步一點點，是出於嚴以律己的人生態度和自強不息的進取精神，是為了讓自己進步。每天完美一點點，每天勤奮一點點，每天主動一點點，每天學習一點點，每天創造一點點……只要堅持不懈，並每天進步一點點，那麼有一天我們就會驚奇的發現，在不知不覺中，我們已經脫穎而出了，具備了承擔更多責任的能力。任何人在追尋夢想的過程中都應該堅持到底，永不放棄，哪怕只是每天進步一點點。因為只有這樣，一切才會由量變轉化成質變，只有這樣，我們才會從容的邁向成功的彼岸。每天進步一點點，終將使我們一生厚重而充實。

然而有時候，我們明明知道應該做什麼，卻沒有堅持下去的力量。道理每個人都懂，但是很少有人將這些道理付諸行動，而成功的人，往往是那些將道理變成行動的人。這裡或許可以借用一句話：在一個行業裡最終成功的人，往往不是最聰明的人，而是堅持到最後的人。

每天我們要為自己積蓄能量，堅持讓自己每天都走出小小的一步，每天都告訴自己比昨天進步了。或許有時候，前進是一種孤獨，但是前進的感覺無法比擬。我們得到了心靈的充實，使自我得到了提升，我們慢慢學會了獨立與世界相處，學會了讓自己更強大，那種成

長的力量會讓我們感覺一切都值得。

心懷夢想的我們，要每天進步一點點，或許那夢想的大門，已經向你敞開。

不想當元帥的士兵，不是好士兵

我們共同生活在一個地球上，為什麼有人貧窮有人富？其實，人與人之間並沒有多大的區別。有心理學專家指出，其原因在於人的「心態」。有一位偉人說：「要麼你去駕馭生命，要麼就是生命駕馭你。你的心態決定誰是坐騎，誰是騎師。」 還有一位哲人說：「你的心態就是你真正的主人。」

拿破崙曾經靠著他自己的一句名言，「不想當元帥的士兵，不是好士兵」，帶領著鐵騎踏遍大半個歐洲。這句名言是對所謂一個人想成就夢想的最好說明。成功就需要這樣一種心態，世上有所作為者，都是因為自己有了一顆「想要當元帥」的野心而最終如願以償。所謂野心即是雄心，也就是進取之心。

一個人的心有多大，他人生的舞台就有多大。成功者總是能激發自己的進取之心，並把這種進取心貫徹到每一個行動、每一天當中。從心理學的角度來說，成績有增強自信心、提升自我評價的作用，所以，強大的進取心或許是靠成績隱藏自卑感的心理反映，能夠以獲得好成績的誘惑來鞭策人們進取。

勒羅伊是法國的媒體大亨，年輕時靠推銷裝飾肖像畫起家，他只用了不到十年的時間，就迅速躋身於法國五十大富翁之列，於一九九八年罹患前列腺癌去世。

假象快樂
七大性格改變自我，跟負能量 SAY NO！

在臨終之時他寫下遺囑：「我以一個窮人的身分來到人世，卻是以一個富人的身分走進天堂。在我走進天堂之前，我不想把我成為富人的祕訣一起帶進去。我已經把我成功的祕訣寫在了紙上，就鎖在中央銀行的一個保險箱內。誰若能透過回答「窮人最缺少的是什麼」而猜中我的祕訣，他將能得到我的賀禮一百萬元。」

在他死後不久，遺囑被刊出，很多人寄來了這個問題的答案。有一部分人認為，窮人最缺少的是機會；超過半數的人認為，窮人最缺少的是金錢；還有人認為，窮人最缺少的是技能，或者是幫助和關愛等等……。

到了勒羅伊逝世的週年紀念日，律師和代理人打開那只保險箱，在四萬六千八百五十一封來信中，有一位叫貝拉的九歲小女孩猜對了勒羅伊的祕訣：窮人最缺少的是成為富人的野心。

歐美國家被勒羅伊的成功祕訣引起了不小的震撼，電台就此話題進行採訪時，很多「有錢有閒」的大亨都毫不掩飾的承認：野心是永恆的特效藥，是所有奇蹟的萌發點；有些人之所以貧窮，大多是因為他們有一種無可救藥的弱點，即缺乏進取之心。

曼德爾在二戰期間以造船速度和效率而享譽全世界，他的成就著實引人注目，完全是因為他所做的符合於戰爭的需求。在起家之前，他根本沒有絲毫造船經驗，他之所以能夠成就大業，就是他個人奔放強勁的進取心發揮了重要作用。

一次，他訂購了整整一火車的鋼料，這批料要求必須在確定日期在他的船塢交貨，於是首先確保鋼料生產線不出狀況，同時確定鐵路運輸安全不拖時，並且他的員工對接受這批鋼料的準備上充分有餘。

他派人到工廠探查並匯報生產進度，熟悉生產第一線，他親自監

督出貨，以力求鋼料在運輸上不發生任何差錯。正是曼德爾對於細節的慎重，教育並感染了他的員工，使得員工行動上可以確實遵循這一特質。他說若在途中發生任何差錯，員工必須採取一切必要手段，來控制問題的蔓延，將在時間上的損失降到最低，並在最大程度上彌補可彌補的一切。曼德爾堅強的個人進取心，已成為許多人日常生活的模範。

進取心沒有止境，它是人類行為的推動力，人類透過擁有進取心，可以有力量攫取更多的資源。沒有進取心的人，就會安於現狀，就沒有追逐欲望的動力，在激烈的競爭中碌碌無為的過一輩子，即便天賜良機，也未必會抓得住。

在生存發展中確定目標，並堅定的走下去

許多人不知今生所求為何，懵懵懂懂的生存在世間，更不清楚自己在人生道路上期望什麼樣的成功。

我們每個生活在社會中的人，都要根據自己的實際情況尋找自己生存的目標，因為每個人不可能一生下來就有明確的目標，而需要在自己的實際生活變化過程中，逐漸發現，逐步明確，最後堅定下來的。所以，為自己尋找生存目標就是一個人生存的第一個任務。

在生活中沒有明確目標的人，他們總是迷惑不解，而且會隨波逐流，為什麼自己在事業上總不能知道自己到了何處？如果一個人不清楚自己要去哪裡，就當然不可能到達任何一個地方。一個人必須做出清醒、明確的抉擇：我一生中要達到什麼目標。如果你疏於計劃，你就是在計劃失敗。你的下意識只被一種清晰、集中的畫面所啟動。當

假象快樂
七大性格改變自我，跟負能量 SAY NO ！

你對一項目標做出抉擇的時候，你就啟動了你內心中下意識領域裡目標搜尋系統的控制功能，它便推動你向目標前進，同時，目標也就會向你靠攏過來。在地球上的所有生物中，只有人類不具備先天的內建成功軟體系統，這使得人類可以隨意想像他們的贏或輸、成功或失敗、積極或消極。當然，你所獲得的，正是你經常看到和想到的。你可以透過確定你的明確的願望的途徑，培養和發展你的目標意識，並開始採取具體的步驟去實現這些願望。

對於自己的未來，很多人懷著模糊的希望，因為目標不明確且太遙遠，常不了了之。殊不知當時的小希望，常常是達成明確目標的跳板。馬拉松比賽時，不是一心想著遙遠的終點，而是把注意力放在下一個轉角、電線桿等短期目標上。每越過一個短期的目標，就會為自己設定下一個「看得見」的目標。

人生的目標，總之是在社會生活發展變化中產生的，人也是在這種發展變化中尋找到自己的目標，並且使自己的生存變得有價值、有意義。

目標一旦設定，它就會在你的下意識裡扎根，它一旦扎根，你就再也不可能忽略它的存在。你做一切事情的時候，都必須為實現這個目標而努力，直到你最終實現它。下意識將始終不渝的指引你，向著你的目標奔跑，並持續不斷的提醒你：「不要去做那件事」，「該做這件事了」。下意識還會讓你注意和接近與你的目標相一致的人和事，忽略和拒絕那些與你的目標不一致的。

有了發展目標的人生才會是成功的人生。有什麼樣的發展目標，就有什麼樣的人生。發展目標是對於我們所期望成就的事業的真正決心。目標比幻想好，因為它可以實現。

第三個性格要素：目標堅定的性格
在生存發展中確定目標，並堅定的走下去

如果沒有發展目標，就不可能發生任何事情，也就不可能採取任何行動。一個人如果沒有發展目標，就只能在人生的旅途上徘徊，永遠到不了任何一個地方。

發展目標對於成功也有絕對的必要，正如空氣對於生命一樣。如果沒有空氣，沒有人能夠生存；如果沒有發展目標，沒有任何人能夠成功。所以，對想要達到的人生目標也首先要有一個清晰的藍圖，對你想去的地方，首先要有個清楚的範圍。

發展目標是我們成功路上的里程碑，它的作用是很大的。明確的發展目標，不僅僅是界定人生的最終結果，它會在你整個人生的發展過程中都發揮作用。

世界上，沒有任何一個成功者是在自己糊里糊塗、渾渾噩噩、沒有目標的情況下發展成功的。有句成語「渾渾噩噩」，就是形容那些心中沒有目標的人的生活態度。是的，一個沒有目標的人就像一艘沒有舵的船，永遠漂流不定，只會到達失敗、失望和沮喪的淺灘。

當你有了發展目標之後，目標就會在你的生活中發揮很大作用。它是你努力的方向，就像射擊運動員面對的靶子，像長跑運動員面對的終點。隨著你努力去實現這些目標，隨著目標的一點一點臨近，隨著小目標的一個一個實現，這時的你就會有一種成就感。而這種成就感又促使你朝著新的發展目標努力衝刺。如果你這樣做了，你就會發現，你的思維方式和行為方式都會發生很大的變化，你會發現你的人生觀比以往更加積極，也更加有活力。

制定和實現發展目標，對於我們的人生來說，實際上就是一場比賽。目標是你努力的依據，因為你的人生有了方向，同時，目標又不停的激勵著你、鞭策著你，它好比是我們在道路兩旁看到的加油站，

使你在發展的漫漫征途上產生無窮無盡的動力。

我們必須要謹記：你的發展目標一定要是可以實現的，是具體的。你人生的目標越是含糊不清，你實現它的機會也就越是渺茫，道理很簡單，目標不具體，也就是說，你無法衡量它是否實現了，那只會降低你努力的積極程度，因為你不知道你要求什麼，這跟人生沒有目標，在某種意義上其實是相同的。

有了發展目標，你的階段性發展目標實現了，你就會朝著目標而努力。對你來說就是一種激勵，你就會更努力的朝著終極的成功發展目標奔去，直至達到成功的彼岸！

放棄短視，把目光盯在遠處

有一個這樣的故事：

有一個年輕人叫少波，他在離警局不到一百公尺的地方，被兩個歹徒截住。歹徒讓少波交出身上所有值錢的東西，少波什麼都沒有說，默默的把一條金項鍊交給了歹徒。

歹徒仍不甘心，把少波的渾身上下搜了很多遍，也沒有再搜到什麼。於是，歹徒惱羞成怒，把少波打昏在地。路過此地的一名警察救起了少波，問道：「你被搶的地方，離警局那麼近，你當時為什麼不大聲喊救命呢？」

少波答道：「因為我怕一張開嘴巴，連我嘴裡的五顆金牙，也會一起被歹徒搶走！」

這個故事告訴我們：真正的盲人，並非雙目失明的人，而是那些對問題短視、缺乏遠慮的人。

第三個性格要素：目標堅定的性格
放棄短視，把目光盯在遠處

要想成功，不能沒有遠見，要把目光盯在遠處，用遠大之志激發自己，並咬緊牙關、握緊拳頭，頑強的朝著自己的人生方向走下去。沒有這種品性的人，是絕對不可能成大事的，甚至連小事都做不成。

成大事者是具有遠見的人，因為只有把目光盯在遠處，才能有大志向、大決心和大行動。那麼，遠見是一種什麼東西呢？

華特‧迪士尼是一個有遠見的人。他想像出一個這樣的地方：那裡想像力比一切都重要，孩子們歡天喜地，全家人可以一起在新世界探險，小說中的人和故事在生活中出現，都能觸摸得到。

這個遠見後來成為事實，首先是在美國加州迪士尼樂園，後來又擴展到美國的另一個迪士尼公園，還有一個在日本、一個在法國……。

作家喬治‧巴納說：「遠見是在心中浮現的，將來的事物可能或者應該是什麼樣子的圖畫。」

世界上最窮的人並非身無分文者，而是沒有遠見的人。沒有遠見的人只看到眼前的、摸得到的、手邊的東西。而有遠見的人，心中裝著整個世界。「遠見」跟一個人的職業無關，他可以是個貨車司機、銀行家、大學校長、公司職員、農民……。

「遠見」不是天生的，它是一種可以培養出來的本領。這種本領也可能被壓抑，它受到「過去的經歷」、「當前的壓力」、「種種問題」、「缺乏洞察力」、「當前的地位」五種情況的限制。

那麼，我們如何使自己的遠見變為現實呢？下面的幾個原則對你或許會有幫助。

第一，做大事之前要能確定你的努力方向。

這個觀點簡單到讓人幾乎不好意思提出來，但實現遠見總得由確

定遠見這一點開始。對有些人來說，這實在是太容易了。因為他們似乎生來就有一種遠見卓識。而另一些人則需要經過長時間的沉思、考慮，才能獲得這種本領。

如果你想成大事，就必須確定你人生的遠見。你的遠見不能由別人給你，如果那樣就不是你自己的遠見，你就不會有實現它的決心與衝動。遠見必須以你的才能、夢想、希望與熱情為基礎，遠見是了不起的東西，它還會對別人產生積極的影響——特別是當一個人的遠見與他的命運不謀而合時。

第二，做大事之前要分析你的實際情況，從而成就自己。

將遠見變成現實不是一蹴而就的事，這是一個過程，跟進行一次旅行十分相似。你決定去旅行之後，首先要做的事情之一，就是決定出發點。沒有這個出發點，你就不可能規劃旅行路線和目的地。

考察當前生活的另一個目的是規劃行程並估算此行的費用。一般來說，你離自己的遠見越遠，所花的時間就越多，代價就越大。

第三，做大事時要能捨棄小利益，專注獲取大目標。

所有夢想都是有代價的。為了實現你的遠見，就要做出犧牲，其中必然涉及你其他的選擇。你不可能一面追求你的夢想，一面保留著你其他的種種選擇。

多種選擇是好事，可以提供機會，但對於想成功的人而言，有時必須放棄種種小選擇來交換那個唯一的夢想。

這情形有點像一個人來到交岔路口，面臨幾種前進的選擇。他可以選擇一條能通往目的地的路，他也可以哪一條都不走，可是這樣就永遠到達不了目的地。

第四，頂住各種壓力，堅持自己做大事的積極態度。

必須保持積極態度的另一個原因，是你肯定會碰到反對的意見。那些沒有夢想的人是不會理解你的夢想的，他們覺得你的夢想不可能實現。他們會對你說，你的夢想一文不值。或者即使他們明白到它的價值，他們也會說，這是可以實現的，但不會由你實現。碰到別人反對時，你不必驚慌，而應有心理準備，抱著永不消沉的積極態度。

第五，不管發生什麼，做大事的長遠計畫都不能改變。

實現自己的遠見包含著必須選定一條個人發展的道路，並在這條路上走下去。以為自己可以從生活的一個階段向另一個階段進步而無須改變自己，是在自我欺騙。人生的任何積極轉變，必定需要個人成長。

因為個人成長是實現自己遠見的必經之路，所以你能定出的最具策略性的計畫，就是按照你的遠見來規劃你的成長道路。想一想，要實現理想，你必須做些什麼，然後確定你需要學習些什麼，或參考一下別人的成長過程。

如果你能做到策劃一生，那麼你必將成功一生

所謂「一等人計畫明天的事，二等人處理現在的事，三等人解決昨天的事」，養成事前計劃的習慣，確實是所有出色人士的共同特色。在企業界有這樣一句名言：在計劃上多花一分鐘，執行時便可節省十分鐘。我們每個人都可以運用這句話，事前良好的計劃，加上養成按照計畫執行的習慣，通常可以在最短的時間內完成目標，因此，可以說計畫是實現目標最重要的工具。

計畫是實現目標的唯一手段。有目標，人生才不會盲目；有追

求，人生才會有動力；有策劃，人生才會與成功有約。人的一生需要一個整體計畫，人生中的每一階段也需要各個具體計畫。如果你能做到策劃一生，那麼你必將成功一生。

馬上就要高中畢業了，馬修·所羅門立志要成為一名商人。他的父親是洛克菲勒集團的一名高階主管人員，在商界打拚了很多年，對經商事務瞭若指掌，深諳其中奧妙。

正由於父親的薰陶和影響，使年少的馬修也一心渴望做一位生意人。他的父親也已經發現兒子有商業天賦，機敏果斷，勇於創新；但同時，他也感到兒子受的磨練太少了，知識也不夠豐富，更缺乏經驗。

於是，所羅門父子進行了一次長談，共同制訂了計畫，描繪人生的藍圖。

根據父親的建議，馬修在升大學時並沒有直接去選讀貿易，而是選了工科中最基礎、最普通的科系——機械製造。這招棋非常絕妙，因為做商業貿易的人必須具備一定的專業知識。在貿易中，工業商品占據相當大的比例，如果不了解產品的性質和生產製造的情況，就很難保證做貿易業務能取得成功。另外，工科學習不僅能夠培養知識技能，還有助於使人建立起一套嚴謹求實的思維體系，訓練人的分析、推理能力，培養人對工作具有一種腳踏實地的態度。

就這樣，馬修·所羅門在麻省理工學院學習了四年。當然，他並沒有局限於學習本科系知識，還廣泛接觸對經營商業貿易很有用的其他課程。

四年大學畢業後，馬修沒有立即投身商海，而是按照原來的計畫，開始攻讀經濟學的碩士學位。他在芝加哥大學學習了三年的經濟

第三個性格要素：目標堅定的性格
如果你能做到策劃一生，那麼你必將成功一生

課程，在這段學習期間，他掌握了經濟學的基本知識，深入了解了經濟規律，並特意認真學習了經濟法律。與此同時，他沒有把主要精力用來研究理論經濟學課程，而是側重於學習個體經濟活動及管理知識，尤其對財務管理非常精通。

這樣，幾年學習下來，馬修就在知識方面完全具備了經商素養。

更令人意外的是，馬修在拿到碩士學位後，居然沒有立即投身商海，而是做了國家公務員，去政府工作。他為什麼會做出這種「意外」的選擇呢？

原來，他的父親——那位老謀深算的商業人士深知，經商必須具有很強的社會交際能力，人際關係在商業活動中非常重要；要想在商業上獲得成功，就必須充分了解人的心理特徵，熟悉處世規則，善於與人交往，讓人留下良好印象，使人信任自己、願意與自己進行合作。這些能力，在任何學校裡都是很難學到的，只有在社會上、在工作中、在日常人際交往中才能鍛鍊出來，而鍛鍊的最佳去處就是政府部門。在複雜的政府部門裡，為人處世都要格外小心謹慎。

馬修在政府部門工作了五年，在這五年期間，他從一個稚嫩的熱血青年成長為一名世故、老成、圓滑、不動聲色的公務員，並結識了一大批各界人士，建立起了屬於自己的一套關係網路。

五年的政府工作結束後，馬修已經具備了成功商人所需的各種條件，羽翼逐漸豐滿。於是，他決定辭職下海經商，去了父親為他引薦的一家公司熟悉業務。

後來，又過了兩年，馬修熟練掌握了商業運作技巧，成績斐然。這時候，他不願再耽誤更多時間，婉言謝絕了公司的高薪挽留，跳出來自創了所羅門貿易公司，開始了夢寐以求的商業計畫。

假象快樂

七大性格改變自我，跟負能量 SAY NO！

由於馬修的準備工作做得非常充分，所以他的生意進展堪稱神速。二十年後，所羅門公司的資產從最初的二十萬美元發展到兩億美元；馬修本人也躋身於受人尊敬的成功商人之列。

一九九四年十月，馬修率領代表團到各地進行商業考察，在某家飯店接受記者採訪時，他談起了自己的經歷。他認為，自己的成功應感謝父親的指導，正是因為父親幫他策劃、設計了一個重要的人生規畫方案，才使他最終功成名就，一生無憂。

根據馬修的述說，這個人生方案的策劃軌跡，如下所示：

工科學習，工學學士——經濟學學習，經濟學碩士——到政府部門工作，鍛鍊處世能力，熟悉並建立人際關係——大公司工作，熟悉商業環境——獨立創辦公司，展開經營業務——發展事業，創造財富。

這個人生方案策劃得非常成功，它脈絡清晰，步驟合理，充分考慮了個人興趣、個人能力，著重強調了職業技能的培養。有了這個方案，加上馬修堅持不懈的努力，他人生的成功就變得順理成章了。

有這麼一句名言：出色人生的關鍵在於預算你的時間和資源。許多成功人士能夠出色、成功的重要原因，就是好好利用了工作的三分之一，甚至經常把另外三分之二的時間也加以利用。人生就是利用個人的時間和資源來謀求出色的一生。

有這樣一句發人深省的話：你今天站在哪裡並不重要，但是你下一步邁向哪裡卻很重要。當人們站在十字路口，茫然不知所措的時候，非常希望有人來指點迷津；當人們舉棋不定、環顧左右而難以決斷的時候，非常希望有人來助上一臂之力。正確、合理、行之有效的計畫，就是這樣的一個超人，能夠將你前進路上的風險減到

最低限度。

性格測試：看看你的抱負有多大

測試攻略

測試意義：★★★

準確指數：★★

測試時間：二十分鐘

測試情景

　　人不能沒有抱負，沒有抱負的人，就如一具行屍走肉，生活就毫無意義而言。只是抱負大了，就會把目標放在某一塊地方，就會事事、時時爭強，到最後，就會忽略身邊的人，為自己和身邊的人造成了無法彌補的傷害。而你的抱負有多大呢？它會不會讓你迷失方向呢？

測試問答

1. 積極參加相關學習和訓練，努力增強自己的競爭力。

　　A. 是　　　　　B. 很難說　　　C. 否

2. 經常在節假日工作。

　　A. 是　　　　　B. 很難說　　　C. 否

3. 認為自己是個對輸贏很在意的人。

　　A. 是　　　　　B. 很難說　　　C. 否

4. 和自己資歷相同的人卻比自己成功，你對此感到氣憤。

假象快樂

七大性格改變自我，跟負能量 SAY NO！

A. 是　　　　　B. 很難說　　　　C. 否

5. 認為人的野心越大，工作的動力就越大。

A. 是　　　　　B. 很難說　　　　C. 否

6. 認為什麼事都做不好的人沒有出息。

A. 是　　　　　B. 很難說　　　　C. 否

7. 經常想著盡快獲得更高的職位、更大的成績。

A. 是　　　　　B. 很難說　　　　C. 否

8. 認為自己的業績受到重視是非常重要的事。

A. 是　　　　　B. 很難說　　　　C. 否

9. 出人頭地比其他任何事情都重要。

A. 是　　　　　B. 很難說　　　　C. 否

10. 如果你是參賽選手，絕不想參加拿不了名次的比賽。

A. 是　　　　　B. 很難說　　　　C. 否

11. 只有在成績優異時，你才對自己感到滿意。

A. 是　　　　　B. 很難說　　　　C. 否

12. 總想在團隊中當領導者。

A. 是　　　　　B. 很難說　　　　C. 否

13. 想比父母、家人更成功。

A. 是　　　　　B. 很難說　　　　C. 否

14. 當你解決難題或獲得成功後，會有強烈的興奮感和快感。

A. 是　　　　　B. 很難說　　　　C. 否

15. 總是不知疲倦的為實現自己的目標而奮鬥。

A. 是　　　　　B. 很難說　　　　C. 否

16. 始終有一個希望可以達到的目標。

    A. 是　　　　　B. 很難說　　　　C. 否

17. 能充分享受解決難題的樂趣。

    A. 是　　　　　B. 很難說　　　　C. 否

18. 喜歡拿自己的成績和別人做比較。

    A. 是　　　　　B. 很難說　　　　C. 否

19. 很在乎自己是否受到批評。

    A. 是　　　　　B. 很難說　　　　C. 否

20. 日常遊戲或比賽的樂趣在於獲勝，否則就沒有什麼意思。

    A. 是　　　　　B. 很難說　　　　C. 否

21. 對自己的知識、能力和成績總感到不滿。

    A. 是　　　　　B. 很難說　　　　C. 否

22. 不願從事穩定但發展機會少的工作，而喜歡有冒險性但發展機會多的職業。

    A. 是　　　　　B. 很難說　　　　C. 否

23. 如果你是董事長，會努力勝過公司所有員工。

    A. 是　　　　　B. 很難說　　　　C. 否

24. 恨不得一下子就擁有很多的成功。

    A. 是　　　　　B. 很難說　　　　C. 否

25. 渴望成為人群中最出色、最富有、最成功的人。

    A. 是　　　　　B. 很難說　　　　C. 否

測試解析

評分標準：選A為2分，選B為1分，選C為0分，最後計算總分。

假象快樂

七大性格改變自我，跟負能量 SAY NO！

一般來說，分數越高，成就動機越強烈，抱負也就越大；反之，分數越低，成就動機越弱，抱負就越小。

從下表中可以找到你所在的年齡段及相應分數的含義。

成就動機年齡段分布表				
14～16 歲	17～21 歲	22～30 歲	31 歲以上	成就動機
40～50 分	35～50 分	42～50 分	40～50 分	很強
36～39 分	31～34 分	32～41 分	35～39 分	較強
23～35 分	22～30 分	26～31 分	28～34 分	一般
19～22 分	14～21 分	20～25 分	23～27 分	較弱
6～18 分	0～13 分	0～19 分	0～22 分	很弱

1. 很強：有極強的成就動機。

你的抱負心很大，並且很想出人頭地，做一番大事業，你追求刺激和冒險。但是由於你的野心過於明顯、強烈，期望值過高，往往欲速則不達，過強的動機阻礙了你才能的有效發揮，最終使得事與願違。

2. 較強：成就動機較強。

你有較大的抱負心，也有所作為，你的工作動機就是要取得成就。你與眾不同，很注重成績，對自己的能力有客觀的評價。可以說，你是個很現實的人，透過分析自己所處的環境及自身的情況，會做出合理的安排。

3. 一般：成就動機一般。

你有一定的抱負，但對此的態度比較隨意。你不是為了獲得成就而工作，工作在你的生活中只占有部分位置。你對自己有較為客觀的

評價，進取心一般，很可能是你的主要興趣不在工作上，也可能是你努力了，但經常碰壁，而使你失去了信心，或壓抑了你的上進心。

4. 較弱，成就動機較弱。

你的抱負不大，你缺乏上進的目標和動力，很滿足於現狀，缺乏競爭性。這些對工作會產生不利影響，一旦你對工作缺乏野心，就很難獲得成功。

5. 很弱，幾乎完全缺乏成就動機。

你的抱負很小，或者說沒有，你缺乏獲得好成績的衝動和積極態度，也可能完全缺乏活力和上進心。對生活沒有什麼奢望和憧憬，不想做太多的努力。

測試啟發

法國一位年輕人很窮，後來，他以推銷裝飾肖像畫起家，在不到十年的時間裡，迅速躍身於法國五十大富翁之列。不幸的是，他因患上前列腺癌，在醫院去世了。他去世後，法國的一份報紙刊登了他的一份遺囑。在這份遺囑裡，他說：我曾經是一位窮人，在以一個富人的身分跨入天堂的門檻之前，我把自己成為富人的祕訣留下，誰若能透過回答「窮人最缺少的是什麼」而猜中我成為富人的祕訣，他將能得到我的祝賀，我留在銀行私人保險箱內的一百萬元，將作為睿智的揭開貧窮之謎的人的獎金，也是我在天堂給予他的歡呼與掌聲。

遺囑刊登出來之後，有很多人寄來了自己的答案，這些答案，五花八門，應有盡有。絕大部分的人認為，窮人最缺少的當然是金錢了，有了錢，就不會再是窮人了；另有一部分認為，窮人之所以窮，

假象快樂
七大性格改變自我，跟負能量 SAY NO！

最缺少的是機會；又有一部分認為，窮人最缺少的是技能，一無所長所以才窮，有一技之長才能迅速致富；還有的人說，窮人最缺少的是幫助和關愛，是漂亮，是名牌衣服，是總統的職位等等。

在這位富翁逝世週年紀念日，他的律師和代理人在公證部門的監督下，打開了銀行內的私人保險箱，公開了他致富的祕訣，他認為：窮人最缺少的是成為富人的野心。而在所有答案中，有一位年僅九歲的女孩猜對了。眾人很想知道這個女孩為什麼能說出準確的答案。在她接受一百萬元的頒獎之日，她說：「每次，我姐姐把她十一歲的男朋友帶回家時，她總是警告我說不要有野心！不要有野心！於是我想，也許野心可以讓人得到自己想得到的東西。」

謎底揭開之後，震撼法國，並影響了英美。一些新貴、富翁在談論此話題時，均毫不掩飾的承認：野心是永恆的「治窮」特效藥。是所有奇蹟的萌發點，窮人之所以窮，大多是因為他們有一種無可救藥的弱點，也就是缺乏致富的抱負。

第四個性格要素：處事果斷的性格

　　不具備果斷性格的人，是不能有什麼成就的，正如《聖經》上所說：「只有信心而不付諸行動，無異於無信心。」所以如果你對自己有信心，相信自己一定可以成為自己想要做的人，那麼就付諸行動吧。只有具備果斷性格的人，才能在制定目標後就開始著手透過行動去實現自己的目標。所以在目標制定好之後，我們就要馬上付諸行動去實現它。否則，等事過境遷之後，就一切都來不及了，那樣成功已經與你擦肩而過。

行動是致勝的根本，成功是靠行動而不是靠夢

事實上，一個實際行動比一打綱領還要重要。成功是靠行動而不是靠夢才實現的。許多人把不成功歸結到當時沒有去行動。為了避免類似的事情發生，就必須在有了創意時馬上執行。行動才是致勝的根本。

行動是我們敲開成功之門的有力手段，或者說，只坐在那裡想打開人生局面，無異於癡人做夢，只有靠自己的雙手行動起來，才能有成功的可能性。

一位古希臘的雄辯家，有人問他：雄辯術的第一要點是什麼？「行動。」

第二點呢？「行動。」

第三點呢？「仍然是行動。」

生活中常有人做事計劃來計劃去，總覺得構想不完美，時機不成熟，結果一拖再拖，萬事皆蹉跎。其實，再好的新構想也會有缺陷，即使是很普通的計畫，如果確定執行並且努力做好，都比沒有開始好得多。局面要靠行動來打開，坐等機會成熟，很可能永遠也等不到，或者機會一旦成熟，如白駒過隙，很快就逝去，我們根本就抓不住。

在遠古的時候，有兩個朋友相伴一起去遙遠的地方，尋找人生的幸福和快樂。一路上風餐露宿，在即將到達目標的時候，遇到了風急浪高的大海，而海的彼岸就是幸福和快樂的天堂。關於如何渡過這片海，兩個人產生了不同的意見，一個建議採伐附近的樹木造成一艘木船渡過海去，另一個則認為無論哪種辦法都不可能渡過海，與其自尋煩惱和死路，不如等海水乾了，再輕輕鬆鬆的走過去。

第四個性格要素：處事果斷的性格

行動是致勝的根本，成功是靠行動而不是靠夢

於是，建議造船的人每天砍伐樹木，辛苦而積極的製造船隻，並順便學會了游泳；而另一個則每天躺下休息睡覺，然後到水邊觀察海水流乾了沒有。直到有一天，已經造好船的朋友準備揚帆出海的時候，另一個朋友還在譏笑他的愚蠢。不過，造船的朋友並不生氣，臨走前只對他的朋友說了一句話：「去做每一件事不一定見得都成功，但不去做每一件事則一定沒有機會得到成功！」能想到等到海水流乾了再過海，這確實是一個「偉大」的創意，可惜這卻僅僅是個註定永遠失敗的「偉大」創意而已。

大海終究沒有乾枯，而那位造船的朋友經過一番風浪也最終到達了彼岸，依靠行動實現了自己的目標。這兩人後來在海的兩個岸邊定居了下來，也都衍生了許多自己的子孫後代。海的一邊叫幸福和快樂的沃土，生活著一群我們稱為勤奮和勇敢的人，海的另一邊叫失敗和痛苦的原地，生活著一群我們稱之為懶惰和懦弱的人。

當我們備好行囊，準備向目標進發時，下一個關鍵就是——開始行動。

麥可‧戴爾說：「如果你認為自己的主意很好，就去試一試！」戴爾如今是美國第四大個人電腦生產商，也是《財富》雜誌所列五百大公司的首腦中最年輕的一個。戴爾是在德克薩斯州的休士頓市長大的，有一兄一弟，父親亞歷山大是一位齒顎矯正醫生，母親羅蘭是證券經紀人。三個孩子當中，戴爾在少年時期就已顯出勤奮好學、幹勁十足的優勢。

戴爾是德克薩斯大學的一名學生。像大多數學生那樣，他需要自己想辦法賺零用錢。那時候，大學裡人人都談論個人電腦，沒有的人都想買一台，但由於售價太高，許多人承擔不起。一般人所想要的，

假象快樂
七大性格改變自我，跟負能量 SAY NO！

是能滿足他們的需求且又售價低廉的電腦，但市場上沒有。戴爾心想：「經銷商的經營成本並不高，為什麼要讓他們賺那麼厚的利潤？為什麼不由製造商直接賣給用戶呢？」戴爾知道，IBM 公司規定經銷商每月必須拿取一定數額的個人電腦，而多數經銷商都無法把貨全部賣掉。他也知道，如果存貨積壓過多，經銷商會損失很大。於是，他按成本價購得經銷商的存貨，然後在宿舍裡加裝配件，改進性能。這些經過改良的電腦十分受歡迎。戴爾見到市場的需求龐大，於是在當地刊登廣告，以零售價的八五折推出他那些改裝過的電腦。不久，許多商業機構、醫生診所和律師事務所都成了他的客戶。

一次戴爾放假回家時，坦白的告訴父母：「我決定退學，自己創辦公司。」「你的目標到底是什麼？」父親問道。「和 IBM 公司競爭。」和 IBM 公司競爭？他的父母大吃一驚，覺得他太好高騖遠了。但無論他們如何勸說，戴爾始終堅持己見。終於，他們達成了協定：他可以在暑假時試辦一家電腦公司，如果辦得不成功，到九月他就要回學校去讀書。

戴爾回到奧斯汀後，拿出全部積蓄創辦戴爾電腦公司，當時他十九歲。他以每月續約一次的方式，租了一個只有一間房的辦事處，僱用了第一位員工——一名二十八歲的經理，負責處理財務和行政工作。在廣告方面，他在一只空盒子底上畫了戴爾電腦公司第一個廣告的草圖。朋友按照草圖重繪後拿到報社去刊登。戴爾仍然專門直銷經他改裝的 IBM 公司個人電腦。第一個月營業額便達到十八萬美元，第二個月二十六萬五千美元，不到一年，他便每月售出個人電腦一千台。

積極推行直銷、按照客戶的要求裝配電腦、提供退貨還錢以及對

失靈電腦「保證翌日登門修理」的服務項目，為戴爾公司贏得了廣闊的市場。到了麥可‧戴爾本應大學畢業的時候，他的公司每年營業額已達七百萬美元。

戴爾停止出售改裝電腦，轉為自行設計、生產和銷售自己的電腦。今天，戴爾電腦公司在全球十六個國家設有附屬公司，每年收入超過百億美元，員工約五千五百名。

戴爾的成功告訴我們：成功的根本在於行動。三十歲以後，你應該去嘗試實現自己的夢想，嘗試去做你內心真正喜歡的事，行動是通向成功的唯一途徑。

拿不定主意和優柔寡斷，是一種致命的弱點

有一個令人尊敬的婦女，也是個優柔寡斷的人。當她要買一樣東西的時候，她一定要把當地所有出售這樣東西的購物中心都跑遍。當她走進了一家商店，便從這個櫃檯，跑到那個櫃檯，從這個區域，跑到那個區域。她從櫃檯拿起貨物時，會從各方面仔細打量，看了又看，心中還是不知道喜歡的究竟是什麼。她看了又看，還會覺得這個顏色有些不同，那個樣式有些差異，也不知道究竟要買哪一種好。結果，她通常是一樣東西也沒買，空手而歸。

她要買一頂取暖的毛帽，不喜歡穿戴起來太笨重，又不喜歡過分暖熱。她要買一件衣物，既便於夏天，又便於冬天，既適用於高山，又適用於海濱，不僅可用於禮拜堂，又可用於電影院。心中帶著這幾種不符合現實的苛求，還能從哪裡買到這樣的東西呢？萬一碰巧讓她買到了這樣一件物品，她心中還是懷疑所買的東西是否真的不錯？是

133

否要帶回去詢問他人的意見，然後再到店中調換？無論買哪一樣東西，她總要調換兩三次，最後還是感到不滿意。

還有這樣一個人，他從來不把事情做完，無論做什麼事情，他都替自己留著重新考慮的餘地，比如他寫信的時候，如果不到最後一分鐘，就絕不肯封起來，因為他總擔心還有什麼地方要改動。他時常在把信都封好了，郵票也貼好了，正預備要投入郵筒之時，又把信封拆開，再更改信中的語句。最令人可笑的是，有一次他寫了一封信給別人，然後又打電報去叫人家把那封信原封不動的立刻退回。這個人是個社會名人，在許多方面有著非常出色的才能與品格，但正是由於他這種猶豫不決的習慣，使他很難得到其他人的信賴。所有與他相識的人，都為他的這一項弱點感到可惜。

拿不定主意和優柔寡斷，對於一個人來說，實在是一種致命的弱點。有此種弱點的人，從來不會是有毅力的人。這種性格上的弱點，可以破壞一個人的自信心，也可以破壞他的判斷力，並大大不利於他的事業。

如果做事沒有果斷的決心與勇氣，總是優柔寡斷，猶豫再三也下不了決心，不能迅速的做出正確的決斷，那麼，這個人一輩子註定一事無成。比方說賺錢的機會，它往往是瞬間閃現，稍縱即逝的。有些人在別人看來是非常幸運的，財運特別好。其實，這並不是天上掉下來的餡餅，只不過這種人有異乎常人的特質：遇事果斷。

在股票市場上，不管是買進還是賣出，猶豫是萬萬不行的。該買進的時候便果斷買進，該賣出的時候就果斷賣出，這樣才是炒股高手。

一個人有優柔寡斷的習慣，最後只會兩手空空，成不了大事。因

第四個性格要素：處事果斷的性格
拿不定主意和優柔寡斷，是一種致命的弱點

為這種習慣能讓時機立即從你身邊跑掉，讓別人得到先機！

　　世間最可憐的人就是那些舉棋不定、猶豫不決的人。有些人一旦遇到了事情，就一定要去和他人商量，這種主意不定、意志不堅的人，既不會相信自己，也不會為他人所信賴。

　　有些人簡直優柔寡斷到了無可救藥的地步，他們不敢決定種種事情，不敢擔負起應負的責任。而他們之所以這樣，是因為他們不知道事情的結果會怎樣——究竟是好是壞，是凶是吉。他們常常對自己的決斷產生懷疑，不敢相信他們自己能解決重要的事情。因為猶豫不決，很多人使他們自己美好的想法陷於破滅。

　　果斷決策的能力，與一個人的才能有著密切的關係。如果沒有果斷決策的能力，那麼你的一生，就像深海中的一葉孤舟，永遠漂流在狂風暴雨的汪洋大海裡，永遠到達不了你理想的目的地。

　　具有猶豫不決、優柔寡斷習慣的人，在生活中最典型的表現就是辦事拖拉，無論是做決策還是辦事情，都不果斷。美國知名大學人才學家哈瑞克說：「世上有百分之九十三的人都因拖延的陋習而一事無成，這是因為拖延能殺傷人的積極性。」

　　我們每個人在自己的一生中，都有著種種的憧憬、理想和計畫，如果我們能夠將這一切迅速的加以執行，那麼我們就能取得事業上的成就。然而，人們往往有了好的計畫後，不去迅速的執行，而是一味的拖延，以至於讓一開始充滿的熱情冷淡下去，使幻想逐漸消失，到最後計畫破滅。

　　被稱為女性跨國大亨的熱比婭，在生意場上就是非常果斷的商人。

　　這位如今擁有億萬資產的女老闆，在發跡之前只是個普通的家庭

婦女。她十四歲時，便由父母作主嫁了人，十二年之中，生下了六個子女，那時她的丈夫每月薪水僅七十元。為了養家糊口，她果斷的做起了小買賣。幫人洗衣服，賣鞋子、服裝等各種日用品。

熱比婭真正邁上成功之路是在一九八〇年。那時，熱比婭已經經歷了四次生意場上的挫折。失敗的經歷使她學會了果斷，學會了做任何生意都應有果斷的特質與決心。她毅然決定走出家鄉，隻身直闖他鄉。就是這次異乎尋常的果斷行動，改變了熱比婭一生的命運。

一九八一年，熱比婭從跌倒之處重新爬起來，從頭做起。先是賣菜，有了一點小積蓄，半年之後經營一家小飯館。不久，勇於進取的熱比婭又租了一個小攤位，代銷服裝、雜貨、布匹。或許是熱比婭經營有方吧，不久她已擁有一筆可觀的自有資金，這時的熱比婭已是熟門熟路，藝高膽大。她將各地的時髦服裝、家電用品等販運到偏遠地方銷售，又把偏遠地方的特產銷往熱鬧的地區。一來一往，她的生意越做越大。

熱比婭之所以能從失敗中崛起，完全得益於驚人的果斷。所以，對於成大事者來說，猶豫不決，優柔寡斷是一個陰險的仇敵，在它還沒有傷害你、破壞你、限制你的機會之前，就要立刻把這一敵人置於死地。不要再等待、再猶豫，絕不要等到明天，今天就應該開始。要逼迫自己具備一種遇事果斷堅定的能力、遇事迅速決策的心態，對於任何事情都切記不要猶豫不決。

具備當機立斷的個性，才能成大事

高效能人士必須要具備這樣一種性格：當機立斷，臨難不慌，

第四個性格要素：處事果斷的性格
具備當機立斷的個性，才能成大事

以此來解決眼前難題。機勇者，臨危不懼，臨難不驚，機勇沉著，鎮定自如。三國時期，諸葛亮的「空城計」，即顯示出策略家的膽略和個性。

西元二〇八年，曹操占領荊州後，統率水、陸兩軍數十萬，揮師南下，企圖一舉消滅東吳。東吳與劉備聯軍，共同抗擊曹操。周瑜和魯肅審時度勢，指出曹操冒險用兵有四患，並親率吳軍與劉備聯軍大破曹操於赤壁，這就是歷史上著名的赤壁大戰。大戰勝利後，諸葛亮便乘機占領了荊、益兩州，協助劉備建立蜀漢政權，形成了魏、蜀、吳三國鼎立的局面，他自己也官拜丞相。二二三年，劉備死後，他便輔佐劉禪，主持軍國大事。

馬謖是蜀國的將領，深得諸葛亮器重，遷任為參軍。二二九年，諸葛亮興兵攻魏，命令馬謖督諸軍為前鋒，與魏將張郃大戰於街亭。馬謖因為違背了諸葛亮的布署，指揮失宜，最後為張郃所敗。諸葛亮的興兵計畫遭到破壞，被迫退兵漢中，將馬謖下獄，死於獄中。

馬謖失街亭，諸葛亮很惱火。但魏兵在大將軍司馬懿的率領下，卻窮追不捨。諸葛亮畢竟是少有的政治家、軍事家，他一方面將馬謖抓捕入獄，以振軍威，以嚴軍紀，同時又冷靜的思考對策。

他想，以自己的兵力直接迎戰司馬懿，毫無勝利的希望，如果倉皇逃跑，司馬懿肯定繼續追殺，可能要當俘虜。在此千鈞一髮之際，左思右想，諸葛亮迅速做出軍事布署：急喚關興、張苞，吩咐他倆各引精兵三千，急投武功山，並鼓譟吶喊，虛張聲勢。命令張翼引兵修劍閣，以備退路，命令馬岱、姜維斷後，伏於山谷之間，以防不測。命令將所有旌旗隱匿起來，諸軍各守城鋪。命令將城門大開，不要關閉，每一城門用二十軍士，脫去軍裝，打扮成一般的平民百姓，手持

工具，灑掃街道。其他行人進進出出，沒有一點緊張的表現。

吩咐完畢，諸葛亮自己身被鶴氅，頭戴華陽巾，手拿鵝毛扇，引二小童攜琴一張，來到城樓上憑欄而坐，然後命人焚香操琴，顯得若無其事，安然自得。司馬懿前鋒部隊追到城下，卻不見城內一點動靜，只見諸葛亮在城樓上彈琴賞景，感到莫名其妙，「丈二金剛摸不著頭腦」，不知諸葛亮葫蘆裡賣的是什麼藥，不敢貿然前進，便暫停下來，急速回報給司馬懿。大將軍司馬懿以為這是謊報，便命令三軍原地休息，自己則騎馬飛馳而來，要看個究竟。果然，諸葛亮坐於城樓之上，笑容可掬，焚香操琴，悠閒自在，根本沒有什麼恐懼和驚慌的表情。所以，怕中諸葛亮之計，不敢攻城，只好收兵回營。

可見，一個人具備當機立斷的個性，才能謀大事、成大事，否則猶豫不決就會一事無成。有些人總是前怕狼後怕虎，最後耽誤的還是自己。

該出手時就出手，勇敢的邁出第一步

邁出第一步是很重要的，但更重要的是在邁出第一步之前就下定決心，用行動而不是用害怕和猜疑去面對事實，不要懼怕失敗，該出手的時候就要出手。如果行動受到猶豫遲疑的阻礙，哪怕是一丁點的小事情也不會圓滿的完成。

西元一八七五年春季的某一天，美國企業家傑佛瑞像往常一樣在辦公室裡看報紙，一則一則的小標題從他的眼中溜過去。突然，他的眼睛發出光芒，他看到了一則幾十個字的新聞：墨西哥可能出現了豬瘟。

第四個性格要素：處事果斷的性格
該出手時就出手，勇敢的邁出第一步

　　他立即想到：如果墨西哥出現豬瘟，就一定會從加州、德州傳入美國，一旦這兩個州出現豬瘟，豬肉價格就會飛快上漲，因為這兩個州是美國肉類生產的主要基地。

　　他的腦子正在運轉，手已經抓起了桌子上的電話，問他的家庭醫生是不是要去墨西哥旅行。家庭醫生一時之間弄不清楚什麼意思，滿頭的霧水，不知怎麼回答。傑佛瑞只簡單的說了幾句，就又對他的家庭醫生說：「請你馬上到野餐的地方來，我有要事與你商議。」

　　原來那天是週末，傑佛瑞已經與妻子約好，一起到郊外去野餐，所以，他把家庭醫生約到了他們舉行野餐的地方。傑佛瑞和他的妻子以及他的家庭醫生很快聚集在一起了，他滿腦子都是錢，對野餐已經失去了興趣。他最後說服他的家庭醫生，請他馬上去一趟墨西哥，證實一下那裡是不是真的出現了豬瘟。

　　醫生很快證實了墨西哥發生豬瘟的消息，傑佛瑞立即動用自己的全部資金，大量收購佛羅達州和德克薩斯州的肉牛和豬隻，運到美國東部的幾個州。

　　不出傑佛瑞的預料，瘟疫很快蔓延到了美國西部的幾個州，政府相關部門下令所有食品都從東部的幾個州運往西部，傑佛瑞的肉牛和豬隻自然在運送之列。由於美國國內市場肉類產品短缺，價格猛漲，傑佛瑞抓住這個時機狠狠的發了一筆大財，在短短的幾個月內，就足足賺了一百萬美元。傑佛瑞之所以能夠賺到這樣一大筆別人沒有賺到的錢，就是因為他比別人更懂時機，更能準確的把握商機，一旦發現商機就果斷出擊，絕不手軟。

　　商場如戰場，當商機出現的時候，優柔寡斷和瞻前顧後也許能使我們避開風險，但也往往使寶貴的商機從身邊迅速溜走。成功是和機

會成正比的，機會一旦來臨，揮舞「果斷」這把利劍，當斷則斷，劈開的也許就是一條成功之路。

　　一個心動的想法，一個果敢的行動，也許前面就是我們人生成功的坦途。

　　在現實生活中，那些有雄心的人在開始工作時，總是抱著必須取得成功的自信，擁有戰勝一切危險的決心；而沒有雄心的人在動手之時，卻缺乏明確的目標與志向，也沒有那種無論如何必須獲勝的堅強決心作為後盾。很顯然，這兩類人的結果和境遇會有很大的差異。

　　當一個人將自己的全部精力貫注於自己全部生命的大目標時，在把他生命的火光義無反顧的直投向自己的事業時，他就能產生一種偉大的力量，這種力量簡直是無法抵禦的。

　　當我們能全神貫注於自己克服危機的目標，以至於沒有其他因素能使自己消極時，我們會看不見也遇不到那些目標不定、意志游移的人所遭遇的困難與阻礙。我們堅毅的雄心會嚇退那些迷惑阻礙自己心靈的魔鬼，會撫平許多困難與阻礙。懷疑與恐懼，在如此堅定的靈魂面前早已逃之夭夭。因而一切妨礙勝利的仇敵，被我們掃蕩乾淨是何等容易！

　　凡是那種懷著戰勝一切危險的雄心、抱著一往無前氣概的人，他們不但能引起別人的敬佩，而且還能獲得別人的敬仰。因為人們知道，凡是擁有這種態度的人，一般來說都會成為一個勝利者。

行動起來，切勿躊躇不前

　　年輕人想奔向自己的目標，追求自己的成功，那麼現在就立即行

第四個性格要素：處事果斷的性格

行動起來，切勿躊躇不前

動吧，不要躊躇不前。立即行動，應是自我激勵的警句，是自我激發的信號，它能使我們勇敢的做出決定行動的想法，幫我們抓住寶貴的時間，去做自己所不想做而又必須做的事。

世上沒有任何事情比下決心、立即行動更為重要，更有效果。因為人的一生，可以有所作為的時機只有一次，那就是現在。

從前西方有位哲學家，年輕的時候，整日埋頭於哲學研究。有一天，一位漂亮的女孩對他說：「我想嫁給你。」哲人想，我一個人生活還滿好的，要結婚，得讓我想想。於是哲人就猶猶豫豫，思考來比較去的在那裡琢磨。猶豫了十年，然後他對女孩的父親說，請把你的女兒嫁給我。女孩的父親說：「親愛的先生，你來得太遲了。我的女兒已是三個孩子的媽媽了。」哲人回家後，後悔不已，結果就鬱悶而亡。臨死的時候，他焚掉所有的書稿，只留下兩句話——前半生不猶豫，後半生不後悔。

躊躇不決，幾乎是每個人都必須克服的共同敵人。有人曾將兩千五百位遭受失敗的男女加以分析，揭開這樣一個事實：「躊躇不決」在失敗的三十一項重大因素中，名列前茅。

誠然，因循觀望或者坐在那裡說大話，總比行動起來要容易得多，正如《威尼斯商人》中的波西亞所說的那樣：「倘若做一件事情就跟知道應該做什麼事情一樣容易，那麼小教堂都要變成大禮拜堂，窮人的草屋都要變成王侯的宮殿了。」正因為做一件事要比知道應該做什麼以及應該怎麼做困難得多，所以人們總是願意坐在那裡侃侃而談，而不願意迎著現實的困難起步前行。

可是如果我們一味的坐在那裡侃侃而談，那麼事情就永遠不會取得任何一絲一毫的進展，倘若人人都只知道空談或是空想，而不採取

實際行動，那麼整個社會都無法繼續向前進步。所以，我們一定要馬上行動，不斷行動，這是一切事業得以成功的保障。

某業務員前去拜訪一位房地產商人，想把《推銷與商業管理》課程介紹給這位房地產商人。

業務員到達房地產經紀人的辦公室時，發現他正在一台古老的打字機上打著一封信。業務員自我介紹一番，然後介紹他所推銷的這個課程。房地產商人聽得津津有味，聽完之後，卻遲遲不表示意見。

業務員只好單刀直入了：「你是否想參加這個課程？」房地產商人無精打采的回答說：「哎呀，我自己也不知道是否想參加。」

他說的是實話，因為像他這樣難以迅速做出決定、優柔寡斷的人並不少。

業務員站起身來，準備離開，但接著他採用了一種多少有點刺激的談話技術。他的話讓房地產商人大吃一驚。「我決定向你說一些你不喜歡聽的話，但這些話可能對你很有幫助。先看看你工作的辦公室，地板髒得嚇人，牆壁上全是灰塵。你現在所使用的打字機看來好像是大洪水時代諾亞先生在方舟上所用過的。你的衣服又髒又破，你臉上的鬍子也未刮乾淨，你的眼光告訴我，你已經被打敗了。「在我的想像中，在你家裡，你太太和你的孩子穿得也不好，也許吃得也不好。你的太太一直忠實的跟著你，但你的成就並不如她當初所期望的。在你們剛結婚時，她本以為你將來會有很大的成就。「請記住，我現在並不是向一位準備進入我們學校的學生講話，即使你用現金預繳學費，我也不會接受。因為，如果我接受了，你將不會擁有去完成它的進取心，而我們不希望我們的學生當中有人失敗。「現在，我告訴你你為何失敗。那是因為優柔寡斷的你，沒有做出一項決定的能

第四個性格要素：處事果斷的性格

行動起來，切勿躊躇不前

力。在你的一生中，你一直養成一種習慣：逃避責任，無法做出決定。錯過了今天，即使你想做什麼，也無法辦得到了。」

房地產商人呆坐在椅子上，下巴往後縮，他的眼睛因驚訝而膨脹，但他並不想對這些尖銳的指控進行答辯。業務員道聲再見，走了出去，隨後把房門輕輕關上，但隨即再度把門打開，走了回來，帶著微笑，在那位吃驚的房地產商人面前坐下來，又說：「我的批評也許傷害了你，但我倒是希望能夠觸怒你。現在讓我以男人對男人的態度告訴你，我認為你很有智慧，而且我確信你有能力。你不幸養成一種令你失敗的習慣，但你可以再度站起來。我可以扶你一把，只要你原諒我剛才所說過的那些話。你並不屬於這個小鎮。這個地方不適合從事房地產生意。趕快替自己找一套新衣服，即使向人借錢也要買來。我將介紹一個房地產商人和你認識，他可以給你一些賺大錢的機會，同時還可以教你關於這一行業的注意事項，你以後投資時可以運用。你願意跟我來嗎？」

聽完這些話，那位房地產商人竟然抱頭哭了起來。最後，他努力的站起來，和業務員握握手，感謝他的好意，並說他願意接受他的勸告，但要以自己的方式去進行。他要了一張空白的報名表，答應報名參加《推銷與商業管理》課程，並且先繳交了第一期的學費。

三年之後，這位改正了優柔寡斷弱點的房地產商人，開了一家擁有六十名業務員的公司，成為最成功的房地產商人之一。

行動才有結果，行動是夢想的開始，成功須用實際行動來換取。如果我們想有所收穫，那麼最起碼要先付出行動，問題就是如此簡單。

一位愛爾蘭女作家曾經說過：「沒有任何一個時刻像『現在』這樣

重要，不僅如此，沒有『現在』這一刻，任何時間都不會存在。沒有任何一種力量或能量不是在現在這一刻發揮作用。如果一個人沒有趁著熱情高漲的時候採取果斷的行動，以後他就再也沒有實現這些願望的可能了。所有的希望都會淹沒在日常生活的瑣碎忙碌中，或者會在慵懶閒散中消耗掉。」

生活中，有美麗的願望當然是好事，但一味的空想、觀望，非但不會有所收穫，反而會耽誤了你的進取。世界上從來沒有不勞而獲的人或事，你也不要在這上面存有幻想。

人們總是希望得到美好的生活，但是他們卻不願意為此付出代價。很多人甚至連一丁點的行動都不願意付出，只是盼望著天上能夠掉下餡餅，多麼愚蠢而可悲的事情啊！

坐而言不如起而行，趕快啟動你的機器，馬上行動，不斷行動，開始人生的航程。只有持之以恆，才能將理想與現實畫上等號。螢火蟲不斷的飛舞才會讓人發現其光芒，而人就是由於不斷行動，才展現出自身的生命力及活力。

人生沒有機會讓你等待觀望。你要選定目標，做出決定，然後不斷行動！不斷行動才會產生結果，不斷行動是一切成功的保證。我們只要一步步的去做，自己也會驚嘆自己的智慧和勇氣。

想做的事情，不要拖延

生活就像一盤棋賽，坐在我們旁邊的就是「時間」。只要我們猶豫不決，我們就將被淘汰出局。像圍棋比賽中一樣，每一步都有時間限制的，超時了，我們就自動出局。

第四個性格要素：處事果斷的性格

想做的事情，不要拖延

當拿破崙決定把他的軍隊移向某一個目標之後，他絕不允許任何事情來改變他的這項決定。如果他的行進路線碰到了一道鴻溝——這是敵軍所挖掘的，目的是要阻止他的前進，他仍會下令他的部隊向前衝鋒，直到溝中堆滿了死人和死馬，而讓他的軍隊能夠從死人堆上走過去為止。

拿破崙知道一旦在這個時候拖拉，就會死更多的人，就會輸掉這場戰爭。「絕不拖延」在他的心中是作戰的行動標準，這使他戰勝了一個又一個的敵人。

同樣的，「絕不拖延」是沃爾瑪、通用汽車、德國電信、蘇黎世金融服務、英特爾等知名大公司嚴格執行的員工行為準則。

二〇〇三年度美國哪家公司最賺錢？不是零售業巨擘沃爾瑪，也不是在 IT 行業裡的某個大型企業，而是傳統企業埃克森美孚石油公司。二〇〇三年，公司利潤為兩百一十五億美元，比二〇〇二年成長百分之九十一，股東權益報酬達到一百一十五億美元。在二〇〇四年四月五日《商業週刊》評出的五十家標準普爾表現最佳公司中，埃克森美孚排名第二十三位，並在《財富》評出的全球五百大企業當中排名第二。

埃克森美孚石油公司躍升為全球利潤最高的公司，是因為它擁有一支絕不拖延的員工團隊。這家公司的實踐告訴我們：員工克服拖延的毛病，培養一種簡便高效的工作風格，可以使公司的績效迅速提升，使每一位員工的工作乃至生命都更加富有價值。「想做的事情，馬上動手，不要拖延！」這是成功者的親身經驗。凡事留待明天處理的態度就是拖延和猶豫，這不但阻礙事業上的進步，也會加重生活的壓力。猶豫和拖延的習慣最能損害和削弱人們做事的能力，因此你應

假象快樂
七大性格改變自我，跟負能量 SAY NO ！

該今天的事情今天完成，堅持不讓今天的事情「過夜」，否則你可能無法做大事，也不可能成功。所以應該經常抱著「必須把握今天去做完它，一點也不可懶惰」的想法去努力才行。

拖延並非人的本性，它是一種惡習，一種可以得到改善的壞習慣。這個壞習慣，並不能使問題消失或者使解決問題變得容易起來，而只會製造問題，為工作造成嚴重的危害。成功者從不拖延，而他們之中的大多數人只是發揮了本身潛在能力的極少部分，因為他們對工作的態度是立即執行，所以掌握了成功。那麼，為什麼我們還要逃避現實，還要忍受拖延造成的痛苦呢？

要知道，從現在開始用「立即執行」的好習慣取代「拖延」，我們同樣可以擁有成功。

馬上行動可以應用在人生的每一階段，幫助我們做自己應該做卻不想做的事情。對不愉快的工作不再拖延，抓住稍縱即逝的寶貴時機，實現夢想。很顯然，要能馬上行動，就要克服一種許多人常有的拖延習慣。拖延是一種習慣，行動也是一種習慣，不好的習慣要用好的習慣來代替。仔細思考一下，拖延的事情遲早要做，為什麼要推到後面再做？立即做完以後就可以休息，而現在休息，也許往後要付出更大的代價。想一想，在日常生活當中，有哪些事情是你最喜歡拖延的？現在就下定決心，將它改善。從最簡單的事情開始，當我們可以激發自己的行動力的時候，我們就會非常有衝勁，會非常想去完成一件事情。

拖延是行動的死敵，也是成功的死敵。拖延使我們所有的美好理想變成幻想，拖延使我們丟失今天，而永遠生活在「明天」的等待之中，拖延的惡性循環使我們養成懶惰的習性、猶豫矛盾的心態，這樣

就成為一個永遠只知抱怨嘆息的落伍者、失敗者、潦倒者。那麼，我們如何擺脫這一惡習呢？

下面是幾種克服拖延的實用小技巧，對我們可能會有很大幫助的。

（一）在工作中態度要主動積極。

要勇於實踐，做個真正做事的人，不要做個不做事的人。一個人只有以積極而主動的態度去面對自己的工作，才會產生自信的心理。這樣，在處理事務時，頭腦才會保持清醒，內心的恐懼和猶豫便會煙消雲散。只有如此，才能夠有效的找到處理這些事務的最佳方法。

（二）要學會立刻著手工作。

假如在工作中接到新任務，要學會立刻著手工作。這樣，才會在工作中不斷摸索、創新，一步步排除困難。如果一味的拖延、猶豫，只會在無形中為自己增加更多的問題，這將不利於自己在工作中做出新成績。

（三）要善始善終，而不要半途而廢。

做事善始善終才會有結果，如果對每一個目標都半途而廢，是沒有任何成績的。在工作的過程中，即使很普通的計畫，如果有效執行，並且繼續深入發展，都比半途而廢的「完美」計畫要好得多，因為前者會有所收穫，後者只是前功盡棄。

（四）永遠不要為自己製造拖延的藉口。

「明天」、「後天」、「將來」之類的句子，跟「永遠不可能做到」的意義相同。所以，我們要時刻注意清理自己的思維，不要讓消極拖

延的情緒影響了我們行動的意願。

（五）要把創意和行動結合起來。

創意本身不帶來成功，但是，它一旦和行動結合起來，將會使我們的工作顯得卓有成效。在工作的過程中，我們需要把創意和實踐結合起來，付諸於行動之中，這樣，才會為我們的人生和事業打開新的局面。

（六）永遠不要等到萬事俱備的時候才去做。

不要等到萬事俱備以後才去做，永遠沒有絕對完美的事。預期將來一定有困難，一旦發生，就立刻解決。永遠都沒有萬事俱備的時候，這種完美的想法只是一種幻想。

（七）用行動來克服恐懼，同時增強你的自信。

愛默生說：「永遠做你害怕的事！」怕什麼就去做什麼，你的恐懼自然會立刻消失。

（八）有計畫、有策略的完成任務。

我們可以列出立即可以做的事情。我們可以在每天早上工作開始之前就完成這項步驟，通常從最簡單和耗時最少的事情開始。切割自己的工作任務。把工作分割成幾個小部分，分別詳細列在紙上，然後把每一個部分再分成幾個步驟，使得每一個步驟都可在一個工作日之內完成。「想做的事情，馬上動手，不要拖延！」這是很多成功者的成功經驗，這種經驗，同樣適合於任何人。

邁向成功需要冥思，更需要行動

試試就能行，爭爭就能贏！試一試，就是嘗試、體驗，對願望有所行動。「一等二靠三落空，一想二做三成功」是一句簡單的諺語，卻也說明了一個道理：邁向成功需要冥思，更需要行動。

一個醉漢深更半夜跌跌撞撞的往家裡走，可是他連方向都弄錯了，竟走到一片墓地裡。有一家人明天要替親人送葬，提前挖了個大深坑。醉漢一不留神掉進了坑裡。他費了九牛二虎之力仍然爬不上來。正當他準備稍事休息再往上爬時，突然有人冷不防的在他肩上拍了一下，陰陽怪氣的說：「別費力氣了，我試過了，你爬不上去的……」這一驚嚇非同小可，他以為遇到了鬼，嘩！一下子躍出坑外，撒腿跑了個無影無蹤。原來拍他的人也是個掉到坑裡的醉漢。

我們之所以還僅僅只是在想成功，是因為現狀還沒有把我們逼上絕路，我們還得混下去。所以我們必須讓自己強烈的恐懼自己現在的樣子。

決心，強烈的決心，只有我們決定改變的心，才能幫助我們迎向成功。

試一試不同於想一想。小馬過河的故事眾所周知，未踏進河，我們將永遠不知河水的深淺，做任何事都應有試一試的幹勁，別因為一點困難而退卻，人最難得的就是能夠迎難而上。魯迅說過，人最可貴的是跨出第一步，坐而等待平安，等著前進，如果能夠可以的話，那自然是很好的，但有些人卻等到頭髮花白，什麼也沒有等到，那又如何呢？

有個人很懶，看著別人的田裡今年又是大豐收了，他做白日夢的

假象快樂
七大性格改變自我，跟負能量 SAY NO！

想：「要是我田裡種的玉米今年是大豐收，那該多好呀！留一些吃，拿一些去賣，換來的錢可以買回一隻狗，買新衣，還買……」可是當別人忙於耕種施肥時，他在睡覺；別人忙於鋤雜草，整理田裡種的莊稼時，他還是在睡覺。

結果可想而知，當別人獲得大豐收，他還是望著田裡的雜草做美夢。

那句話說得好，願望只是美麗的彩虹，行動才是澆灌果實的雨水。試一試又要有想一想作為指導的前提。不加思索埋頭苦幹，那是盲目的舉動；漫不經心的蜻蜓點水般的做事，那將事倍功半。俗話說，說到不如做到，但做到首先要想到，必要時還須三思而後行。成功不是唾手可得的，不是努力一次即可邁向終點。有的同學臨近考試時挑燈夜讀，結果沒考好，憤憤的說：「太不公平了，我都苦戰幾個日日夜夜了，結果才得到這一點分數。」可是你捫心自問，平時不努力，幾天的努力就能彌補以前的懶怠嗎？愛迪生發明電燈，他試了多少次？熬了多少個日日夜夜？記住了：「雲彩有更多霞光才越美麗，從雲翳中外露的霞光，才是璀璨多彩的。」

行動會增強自信心，猶豫只會帶來恐懼。克服恐懼的唯一辦法就是立即行動。

跳傘的人拖得越久越害怕，就越沒有信心。「等待」甚至會折磨各種專家，並使他們變得神經質。有經驗的教師站在講台上，長時間不開口也會緊張得不行。著名播音員巴特萊‧貝克在坐到麥克風之前總是滿頭大汗，一開始播音以後，所有的恐懼立即「煙消雲散」了。行動可以治療恐懼，許多老演員也有這種經驗，立即進入狀態，可以解除全部的緊張、恐怖與不安。一般人則不了解這個道理，他們應付

第四個性格要素：處事果斷的性格
除非我們付諸行動，否則將平庸一生

恐懼的常用辦法就是迴避。多數推銷員就經常這樣，他們經常怯場，結果是越來越糟。克服恐懼的最佳辦法，就是立刻就做。不管做什麼事，一經決定，就立刻進入狀態。

著名的科幻小說家安東尼奧·巴特常被問到，該如何克服在寫作上所遇到的種種障礙與瓶頸？他說：「當發現自己陷入困境時，就先寫些粗糙的草稿。先不管它有多麼粗糙、缺點多麼多。之後，再回頭來慢慢改寫。「這樣的方法幫了我不少的忙，使『障礙』不再無限期的延續下去。我只需要硬著頭皮做下去，不管想到什麼可能的思路，都把它寫在紙上。如果過後覺得那些東西不好，我隨時都可以修改。而與此同時，我也就前進了一步。「不要幻想自己寫得確實『很精采』。你所要做的就是把它寫下來，然後，你就能有一個明確的東西，可供你去改寫、修正、提高水準。」真正的成功者不會在一開始付出努力的時候，就希冀得到傑出的成果，或在一開始就達到十全十美。他們也不會因為害怕出差錯或被人視為愚蠢、被人批評，就放棄心中的理想、目標，或拒絕去嘗試新的東西。

成功者知道，如果他們不去嘗試，就永遠實現不了、接近不了自己的目標。他絕不會等待情緒良好、一切順利才開始著手。因此，只要有一個不完備的計畫、一個粗糙的想法、念頭、草案，他們就會開始去嘗試、發展、實驗，並且在嘗試、付出的進程中，不斷的自我學習、充實，並且修正改進。

除非我們付諸行動，否則將平庸一生

生命中充滿了許多的機會，足以使我們功成名就或一蹶不振。是

假象快樂
七大性格改變自我，跟負能量 SAY NO ！

否要主動爭取，好好利用機會，就得看我們自己的決定了，除非我們付諸行動，否則我們將註定平庸一生。

有一個六歲的小男孩，一天在外面玩耍時，發現了一個鳥巢被風從樹上吹掉在地，從裡面滾出了一隻嗷嗷待哺的小麻雀。小男孩決定把牠帶回家餵養。當他托著鳥巢走到家門口的時候，他突然想起媽媽不允許他在家裡養小動物。於是，他輕輕的把小麻雀放在門口，急忙走進屋去請求媽媽。在他的哀求下，媽媽終於破例答應了。小男孩興奮的跑到門口，不料小麻雀已經不見了，他看見一隻黑貓正意猶未盡舔著嘴巴。小男孩為此傷心了很久，但從此他也記住了一個教訓：只要是自己認定的事情，絕不可優柔寡斷。這個小男孩長大後成就了一番事業，成為了一位有影響力的名人。

在人生中，思前想後、猶豫不決，固然可以免去一些做錯事的可能，但可能會失去更多成功的機會。

很多人在決定了一件事後，不敢馬上去做，而是思前想後，仔細考慮到底是不是還不夠穩當，害怕萬一失敗了該怎麼辦，甚至不相信這是個最好的決定，仔細考慮還有沒有其他的決定。就這樣，他一直在決定中，從來沒有付諸實際行動，當別人都已經向前行進時，他還在原地踏步不動。這樣的人就算有再聰明的頭腦，再豐富的想像力，但卻不能付諸實踐，那又有什麼用呢？

思想與行動同等重要。如果你每天都在想著做什麼，而不付諸於實際行動，那只能是空想，永遠也不會成功。

很多人的失敗不是因為沒有信心而跌倒，而是因為不能把信念化作行動，並且不顧一切的堅持到底。

人有兩種能力，思維能力和行動能力，沒有達到自己的目標，往

往不是因為缺乏思維能力，而是因為缺乏行動能力。

我們讀過這樣一個故事：

在偏遠地區有兩個和尚，其中一個貧窮，一個富有。

一天，窮和尚對富和尚說：「我想到南海去，你看怎麼樣？」

富和尚說：「你憑藉什麼呢？」

窮和尚說：「我有一個水瓶、一個飯缽就足夠了。」

富和尚說：「我多年來就想買船沿著長江而下，現在還沒做到呢，你就憑這些去？」

第二年，窮和尚從南海歸來，把去南海的事告訴富和尚，富和尚深感慚愧。

窮和尚與富和尚的故事說明一個簡單的道理：光說不動是達不到目的的。

作家克雷洛夫說：「現實是此岸，理想是彼岸，中間隔著湍急的河流，行動則是架在河上的橋梁。」行動才會產生結果。行動是成功的保證。任何偉大的目標，偉大的計畫，最終只有落實到行動上才能得到實現。拿破崙說：「想得好，聰明；計畫得好，更聰明；做得好，是最聰明又最好。」成功開始於一個好的習慣，成功要有明確的目標，這都沒有錯，但這只相當於替你的賽車加滿了油，弄清楚了前進的方向和路線，要抵達目的地，還得把車發動起來，並保持足夠的動力。

你採取多大行動，才會有多大的成功，而不是你知道多少，就會有多大的成功。不管你現在決定做什麼事，不管你設定了多少目標，你一定要立刻行動。唯有行動才能使你成功。

現在做，馬上就做，是每個想要有所作為的人必備的品格。

行動才有希望，行動才能抓住機會

平庸的人相信命運，因而隨波逐流，最終被命運的漩渦扼住了咽喉。

成大事的人相信機會並把握它，將它變成現實的行動，唯有行動才能抓住機會。

德國的一家報紙上有這樣一則廣告：「有一輛 BMW 跑車，八成新，售價一歐元。」凡是看到這則消息的人都在暗笑，怎麼會有這種事，絕對是商家的圈套。但偏偏有一位年輕人，按照廣告當中的地址，找到了售車的主人。

女主人笑道：「你肯定是美國人，而不是德國人。」小夥子很是奇怪，心想：她怎麼會知道我是美國人？女主人接著說：「德國人太刻板、嚴謹，而美國人則喜歡追求刺激，富有冒險精神和創新精神。」原來，這位女主人的丈夫去世前在遺囑中說，財產分配時要給他情人一輛 BMW 跑車，八成新。於是，女主人出於嫉恨就想出了這麼一個辦法，將跑車變成現金送給那位「第三者」。

因此，這位勇於嘗試的小夥子，用一歐元便買到了一輛 BMW 跑車。

「機不可失，時不再來。」人人都會說這句話，但很多人只有等到機會從身邊溜走之後，才恍然大悟，如夢初醒，急得上蹦下跳。

「那天晚上碰到了不幸的『中美洲號』，」一位船長講述道，「天正漸漸的變黑。海上風很大，海浪滔天，一浪比一浪高。我向那艘破舊的船發了一個信號，問他們需不需要幫忙。『情況正變得越來越糟糕。』科林船長朝著我喊道。『那你要不要把所有的乘客先轉到我的

154

第四個性格要素：處事果斷的性格
行動才有希望，行動才能抓住機會

船上來呢？』我大聲的問他。『現在不要緊，你明天早上再來幫我好不好？』他回答道。『好吧，我盡力而為，試一試吧。可是你現在先把乘客轉到我船上不是更好嗎？』我回答他。『你還是明天早上再來幫我吧。』他依舊堅持道。我曾經試圖向他靠近，但是，你知道，那時是在晚上，夜又黑，浪又大，我怎麼也無法固定自己的位置。後來我就再也沒有見到過『中美洲號』。就在他與我對話後的一個半小時，他的船連同船上那些鮮活的生命，就永遠的沉入了海底。船長和他的船員以及大部分的乘客，在海洋的深處為自己找到了最安靜的墳墓。」科林船長在曾經離他咫尺卻被他忽略了的機會變得遙不可及的時候，才意識到這個機會的價值，然而，在他面對死神的最後時刻，他那深深的自責又有什麼用呢？他的盲目樂觀與優柔寡斷使得多少乘客成為了犧牲品！其實，在我們的生活當中，又有多少像科林船長這樣的人，他們在最歡樂的時刻又多麼的盲目，在命運的面前又是多麼的軟弱無力啊！只有在經歷過之後，他們才頓然清醒的明白那句古老的格言：機不可失，時不再來。然而，這時已經遲了。

這種人在他們著手的事情上總是不能好好的把握時機，要麼是太早了，要麼是太遲了。「這些人都有三隻分開的手。」迪恩·戴文這麼說，「一隻左手，一隻右手，還有一隻遲到之手。」在他們還是孩子的時候，他們就老是遲到，做家庭作業和交作業也總是比別人要晚。就這樣，他們遲到的習慣慢慢的養成了。

到了現在，需要他們承擔責任的時候，他們才開始後悔，他們想如果能再回到從前，讓生命再來一次的話，他們一定會好好的把握住機會，也許他們還會有一個嶄新的明天。他們又回憶起以前，自己曾經白白浪費了多少可以賺錢的機會，或是白白放過了多少可以彌補這

些損失的機會，而現在卻是已經無法彌補了。他們懂得該如何在將來改善自己的生活，完善自身，或是幫助別人。然而，他們卻看不到此時此刻有什麼機會。他們永遠無法抓住機會，無法把握機會。

千里之行，始於足下

成大事者從來不因為小事而懈怠，相反的，會把小事認認真真做好。他們會把做好小事看作是一種成大事的磨練。

雖然，沒有人能夠知道未來的結果是什麼樣子。但是請記住，古代聖人說過的「千里之行，始於足下」。雖然以後想做的事，對於你來說是夢想般的事情，但是這一點一滴的累積會把夢想變為現實。

很多時候，成功在常人眼中是力不能及的事情，其實成功就是你身邊的那些「瑣碎小事」。

曾經有這樣一個故事：

美國西部是一個充滿誘惑力的地方，為此，很多人都跑到那裡打工，夢想從那裡撈到一桶金，闖出一片天地。當然亞當與安迪也不例外。

亞當與安迪在前往美國西部的路上偶然相遇了，二人提起去打工的事情，雙雙勾勒起對未來美好的藍圖。到了美國西部後，他們就開始不斷的尋找機會。

有一天，兩人同行時，發現地上有一枚硬幣，亞當看也不看，抬著頭徑直走過去了，而安迪卻低下頭將硬幣撿拾了起來。亞當用鄙夷的目光看著安迪想：「一個硬幣都要撿，真沒出息，這樣的人怎麼能成大事？」而安迪卻這樣想：「看著錢在自己的腳下溜走，這樣的人怎麼

第四個性格要素：處事果斷的性格

千里之行，始於足下

能成就事業呢？」

一次偶然的機會，兩個人被同一家公司錄用了。由於公司規模不是很大，所以分工也就沒有那麼細，時常一個人要做三個人的事，可是薪水卻不高。亞當對這份工作不太滿意，不屑做下去，就走了，而安迪卻快樂的接受了，並且努力的工作著。

亞當離開後又進了一家公司，他依然在不斷的努力尋找機會。兩年後，亞當與安迪在街上邂逅了，這時的安迪已經闖出了自己的一片天地，自己辦公司當了老闆，可是亞當仍然一事無成，兩年來沒有一個固定的工作。

亞當不理解的問安迪：「你連一個硬幣都撿，我認為很沒出息，可是為什麼你能做出一番大事呢？」

安迪回答道：「路要一步一步的走。不肯從小事做起的人註定不能成功。看不起小錢，只是一味的盯著大錢。可是大錢從何而來呢？」

許多具有「成功訊息」的東西，就隱藏在隨處可見的小事中。其實，幫助你成功的路徑就擺在你面前，而你卻一次次漠視它，昂首闊步的從它面前走過。你總以為自己重任在身，總是習慣抬頭遠望，做一些自己達不到的事情。

反過來說，「成功訊息」也會裝扮成聖誕老人，來考驗那些不做小事的人，看著你撿了芝麻，然後捧出西瓜。

你可以仰仗一些準則，比如勤勉、謙虛、刻苦、誠實、認真等來幫助自己從「量變到質變」中完成人生的一次次成功。

比如反反覆覆思考著一個問題，前前後後背誦著一個單字，你覺得你幾乎筋疲力盡快要崩潰了，卻還是不得其精髓。然而，第二天一早起來，你再度思考它們的時候，忽然有一種舉重若輕的美妙感覺，

你好像獲得了新生。

如果你好高騖遠，那就在做事上犯了一個大錯誤。你以為可以不經過程而直奔終點，不從卑俗而直達高雅，捨棄細小而直達廣大，跳過近前而直達遠方。

你心性高傲、目標遠大固然不錯，但目標好像靶子，必須在你的有效射程之內才有意義。如果目標太偏離實際，反而無益於你的進步。

同時有了目標，還要為目標付出努力，如果你只是空懷大志，而不願為理想的實現付出辛勤勞動，那「理想」永遠只能是空中樓閣，一文不值的東西。

性格測試：你有拖延症嗎

注意下面的問題，選「是」得 1 分，選「否」不得分。

1、不到最後期限不交工作： 是（ ） 否（ ）

2、上班時間總在網路上瞎逛，快到下班才開始忙工作：
是（ ） 否（ ）

3、沒工作計畫，不懂時間管理： 是（ ） 否（ ）

4、總是「偽加班」，白天可做完的事，總是拖到下班後加班做：
是（ ） 否（ ）

5、總是認為時間還夠用，不急： 是（ ） 否（ ）

6、懶散，日復一日，總想著明天再做： 是（ ） 否（ ）

7、每當同事或上司詢問工作進展時，經常說「讓我再看看」：
是（ ） 否（ ）

8、辦公室裡零食一大堆，上班時間經常吃零食：

是（　）　否（　）

9、要做事時，腦子裡能冒出各種理由：現在先做別的事，這個再等等：　　　　　　　　　　　　　是（　）　否（　）

10、自我麻痺：還來得及，不行就通宵趕工：

是（　）　否（　）

11、處理問題不分主次，忙了半天，最重要的事沒做：

是（　）　否（　）

12、經常因為時間過於緊迫，草草交差，結果被同事或老闆責怪：　　　　　　　　　　　　　　　是（　）　否（　）

13、厚臉皮，別人怎麼催，也定力十足，習以為常了：

是（　）　否（　）

14、從不主動匯報工作：　　　　　是（　）　否（　）

15、團隊合作時，同事都面露難色，不願和你合作：

是（　）　否（　）

結果分析

0～4分：輕度拖延，要當心了，快點找到原因，將它扼殺在萌芽中。

5～11分：中度拖延，它可能已經成為你的一種工作習慣，改變需要時間和耐力。

12～15分：重度拖延，建議重新審視自我，進行職業定位，找一份自己興趣和能力特長所在的工作。

假象快樂

七大性格改變自我，跟負能量 SAY NO ！

第五個性格要素：堅韌頑強的性格

　　每個人都渴望成功，每個人都想得到成功的祕訣，但是成功並不是唾手可得的。我們常常忘記，即使是最簡單最容易的事，如果不能堅持下去，成功的大門絕不會輕易的開啟。除了堅持不懈，成功並沒有其他祕訣。所以，一個人要想獲得成功，就必須具備堅韌頑強的性格，只有在堅韌頑強的性格的推動下，你才會在通往成功的道路上，不被困難和挫折所嚇倒。也只有這樣，成功才會在不遠的地方向你招手。

堅持下去，繼續前進

生活中，很多有目標、有理想的人，他們工作，他們奮鬥，他們用心去想，他們祈禱……但是由於過程太艱難，他們越來越倦怠、洩氣，終於半途而廢，從而最終失去改變自己命運的「野心」。到後來他們會發現，如果他們能再堅持久一點，如果他們能更向前瞻望一下，他們就會達到目標。許多成功者，他們與失敗者的唯一區別，往往不是更多的努力，或是更聰明的大腦，只在於他們多堅持了一刻──有時是一年，有時是一天。

堅定不移的追求自己的志向，是晉朝宋武帝劉裕的人生信條。正是有了這個信條，無論在何時何地，無論遭受了多少挫折，他的精神始終是昂揚的，正是這份昂揚的鬥志，讓他的命運有了轉折的機會。

劉裕小的時候雖然調皮搗蛋，喜好打架賭博，但對待繼母很孝敬。懂事之後，他經常去圩上賣履，以補貼家用。在一次賣履的時候，他看到了班師回京的謝玄大將軍，當時謝玄騎著高頭大馬，銀盔亮甲，十分威風的從他身邊經過，劉裕見狀，發出了一句類似劉邦見秦始皇的豪言：「大丈夫當如此也！」

有了這個想法後，劉裕辭別家人去投軍，希望在戰場上一展鴻圖。

這一去就是十年。說起劉裕這十年來的遭遇，常人是無法想像的。

劉裕投軍當了一個普通士兵後，一直得不到提拔，於是憤而出走，四處漂泊。

後來，由於窮困潦倒走投無路，劉裕不得不回到家中。休息了一

第五個性格要素：堅韌頑強的性格

堅持下去，繼續前進

段時間後，出人頭地的想法又重新縈繞在他腦中，每天晚上他都睡不著覺，反覆的對自己說：「難道說我的一生，就要這樣碌碌而終了嗎？」

太元十八年，劉裕三十歲了。三十歲的劉裕一事無成，既完成不了他那猶如海市蜃樓般的「遠大抱負」，也無法踏踏實實的找點事做。他的二弟幾次想讓他幫忙做買賣，但劉裕始終不願做。這樣一來，三十歲的劉裕仍整天遊手好閒，無所事事，又回到了十年前那種賭博打架的生活狀態。起初只是幾十文、幾百文的輸錢，沒想到手氣越來越壞，連著幾天輸下來，賭債居然累計到了三萬錢。「哎，你別再賭了，先想想怎樣拿出三萬錢來吧！」賭場的夥計不讓劉裕繼續賭錢，要他先付清欠款。「沒錢。」劉裕回答說，「只要再來幾局，我一定能連本帶利贏回來！」

夥計不答應他的要求，於是讓人看管住劉裕，連忙向賭場老闆通報。賭場的老闆刁逵聽到賭場下人的稟報，便下令手下將劉裕綁在馬槽上鞭打，以懲戒其他欠債不還的賭徒。

正當惡奴鞭打劉裕時，有一位名叫王謐的士人恰好經過此地。這位王謐，是東晉開國功臣王導的孫子，襲封武岡侯之爵，從少年時代起就頗有美譽，此時擔任侍中之職。

當他看見被綁在馬槽上的那位大漢時，心中不禁暗暗稱奇。因為劉裕雖然身受毒打惡罵，仍氣宇軒昂，毫無畏懼之態。這樣的人物，王謐還是第一次遇見。「怎能折辱如此一位壯士！」王謐大聲喝斥住夥計，然後把劉裕救下來，並與劉裕交談起來。

一開始，王謐只是出於好奇心詢問劉裕為什麼遭到鞭打，但與劉裕講了幾句話之後，他覺得劉裕不是一般的人物，當即回在車上，拿

163

起隨身攜帶的筆墨，修書一封，寫下一封推薦劉裕前往北府軍任職的書信，並驅車直奔刁逵府邸，為劉裕償還了三萬錢的賭債。

王謐之所以會對劉裕大力相助，正是看中他有凌雲之氣，從這一天開始，劉裕扭轉了頹敗的命運，開始了他「金戈鐵馬，氣吞萬里如虎」的王者生涯。

人有了想成大事的「野心」，才會去創造。「前途是光明的，道路是曲折的。」這是人們常說的一句話。事實也的確如此，不經歷風雨，怎麼能見彩虹。前行的路必然不會一路平坦，但只要方向正確，只要還有毅力，還能堅持下去，就要繼續前進，唯有這樣才能創造屬於自己的奇蹟，才能實現我們的「野心」。

堅持二字說起來容易，做起來沒那麼簡單

堅持二字說起來容易，做起來就沒那麼簡單了。實際上，成功的祕訣在於執著，成功偏愛執著的追求者和「野心家」。世界上許多名人的成功都來自於克服千辛萬苦，持之以恆的努力，只有這樣，我們才會漸漸接近輝煌。

稍有困難便更改航向，或經不起外界的誘惑，恐怕會永遠走不到成功的盡頭。

對那些拒絕停止戰鬥的人來說，他們永遠都有勝利的可能。

如果我們發現自己所處的情勢似乎與勝利無緣，那麼，我們可以展開一些對自己動機有利的行動。如果正面的攻擊無法攻占目標，那麼試著以側面進攻。生命中很少有解決不了的難題，再困難的障礙也阻礙不了一個有決心、有動機、有計畫，並且有足夠的彈性來對抗情

164

第五個性格要素：堅韌頑強的性格
堅持二字說起來容易，做起來沒那麼簡單

況變化的「野心家」。

許多失敗，其實如果肯再多堅持一分鐘，或再多付出一點努力，是可以轉化為成功的。

成功會帶來成功，失敗亦會接連不斷。

物理上，異性會相吸而同性則相斥，但人類彼此的關係則恰好相反。

消極的人只會與消極的人在一起，具有積極心態的人會吸引具有類似想法的人。我們也會發現，當我們成功以後，其他的成就也會不斷來到，這就是疊加的道理。

當事情越來越困難，大多數人都會放手離開，只有意志堅決的人，除非勝利，絕不肯輕言放棄。

迪士尼在上學的時候，就對繪畫和描寫冒險生涯的小說特別著迷，並很快就讀完了馬克·吐溫的《湯姆歷險記》等探險小說。一次，老師安排了繪畫作業，小迪士尼就充分的發揮自己的想像力，把一盆花朵都畫成了人臉，把葉子畫成人手，並且每朵花都以不同的表情來表現自己的個性。按理說，這對孩子來說應該是一件非常值得肯定的事，然而，無知的老師根本就不理解孩子心靈中的那個美妙的世界，竟然認為小迪士尼這是胡鬧，說：「花朵就是花朵，怎麼會有人形？不會畫畫，就不要亂畫了！」

並當眾把他的作品撕得粉碎。小迪士尼辯解說：「在我的心裡，這些花朵確實是有生命的啊，有時我能聽到風中的花朵在向我問好。」老師感到非常氣憤，就把小迪士尼抓到講台上狠狠的毒打一頓，並告誡他：「以後再亂畫，比這次打得還要狠。」

值得慶幸的是，老師的這頓毒打並沒有改變他「亂畫的毛病」，

假象快樂

七大性格改變自我，跟負能量 SAY NO！

小迪士尼一直在努力的追求著成為一個漫畫家的夢想。

第一次世界大戰美國參戰後，迪士尼不顧父母的反對，報名當了一名志願兵，在軍中做了一名汽車駕駛員。閒暇的時候，他就創作一些漫畫作品寄給國內的一些幽默雜誌，他的作品竟然無一例外的被退了回來，理由就是作品太平庸，作者缺乏才氣和靈性。

戰爭結束後，迪士尼拒絕了父親要他到自己擁有一些股份的冷凍廠工作的要求，他要去實現他童年時就立誓實現的畫家夢。他來到了堪薩斯市，拿著自己的作品四處求職，經過一次又一次的碰壁之後，終於在一家廣告公司找到了一份工作。然而，他只做了一個月就被辭退了，理由仍是缺乏繪畫能力。

一九二三年十月，迪士尼終於和哥哥羅伊在好萊塢一家房地產公司後院的一個廢棄的倉庫裡，正式成立了屬於自己的迪士尼兄弟工作室，不久，公司就更名為「華特迪士尼公司」。

雖然歷盡了坎坷，但他創造的米老鼠和唐老鴨幾年後便享譽全世界，並為他獲得了二十七項奧斯卡金像獎，使他成為世界上獲得該獎項最多的人。他死後，《紐約時報》刊登的訃告這樣寫道：「華特‧迪士尼一開始時幾乎一無所有，僅有的就是一點繪畫才能，與所有人的想像不相吻合的天賦想像力，以及百折不撓一定要成功的決心，最後他成了好萊塢最優秀的創業者和全世界最成功的漫畫大師……」

失敗並不可怕，可怕的是你面對失敗時的態度。華特‧迪士尼面對失敗，面對別人的批評，沒有否定自我，沒有放棄，而是堅強的走了下去。

也許，無論我們怎樣奮鬥，都不會有迪士尼那樣的輝煌成就，可是，如果你沒有迪士尼不怕失敗、百折不撓的精神，註定不會成功。

第五個性格要素：堅韌頑強的性格

堅持二字說起來容易，做起來沒那麼簡單

堅持就是勝利，執著走向成功。還有一則故事值得一讀。

一九七七年美國一家園藝所在報上公布，要重金求購白色金盞菊，一位老人看到這則消息，第一個反應就是要讓金盞菊改變它原來的本色，這實在令人難以置信，然而仔細琢磨，又覺得或許真有這種可能，於是想試一試。

子女們得知母親要培育白色金盞菊，都覺得是異想天開。一個孩子潑冷水說：「這件事連專家都無能為力，妳不懂種子遺傳學，又這麼大年紀了，怎麼可能呢？」子女們都不願做無效的嘗試，老人沒有找到幫手，只好一個人做起來。

金盞菊有淡黃和橘黃兩種顏色，老人滿懷熱切的希望，選擇了淡黃色的進行培育。經過精心的照料，金盞菊一株株冒出地表，一朵朵應時綻開。老人從中選出顏色最淺的做上標記，待其枯萎後，選用這株金盞菊的種子。用這種方式遴選含色素少的花，年復一年的培育，老人終於使金盞菊的顏色一年年泛白。

其間女兒遠嫁他鄉，丈夫撒手人寰，生活發生了許多變故，都未能動搖老人讓鮮花變色的信念。終於有一天，老人所培育的金盞菊已不染一絲雜色，呈現出一片聖潔的雪白。驀然回首，已送走了二十個春秋。老人抑制不住成功的喜悅，欣然將花種寄給懸賞的那家園藝所。

等待了將近一年，也就是種子育出芳姿的時候，老人接到園藝所所長打來的電話：「我們見識了妳培育的金盞菊，花朵的顏色確實潔白如雪。不過由於時間太久，過去許諾的獎金已無從兌現，妳還有什麼別的要求嗎？」老人興致不減的說：「我只想問一下，你們要不要黑色的金盞菊？如果要的話，我也能把它種出來。」

　　自信源於過去的成功經驗，成功的過程中會遇到許多艱難、困苦、挫折、失敗，戰勝它們的最基本法則就是心理上先做好準備。成大事者要有敏銳的目光，看清成功背後的真相，要有持續的毅力，堅持到困難逐漸退縮，要有勇氣和行動，當發現困難的弱點後，不失時機的給它致命一擊。

抓住逆境背後的機會，在絕境中創造奇蹟

　　在溫室裡成長的花朵，一旦將它放到屋外，受點風吹雨打，它就會喪失生命力。而長期生存在野外的花朵，則經得起風霜，耐得住嚴寒。每個人都想成就一番輝煌的事業，但成就大事業並不是一帆風順的，要經過一番磨練，才可能到達豁然開朗的境界，獲得功成名就的成績。

　　隆納‧雷根被認為是美國歷史上最偉大的總統之一，他年輕時的一段經歷讓他終生難忘，也教會了他如何面對挫折。「最好的總會到來。」每當他失意時，他母親就這樣說，「如果你堅持下去，總有一天你會得到好運。並且你會了解到，要是沒有從前的失望，好運是不會發生的。」

　　母親是對的，一九三二年從大學畢業後，雷根發現了這點。他當時決定試試在電台找份工作，然後再設法去做一名體育播音員。於是他搭便車去了芝加哥，敲遍了所有電台的門，但都失敗了。在一個播音室裡，一位很和氣的女士告訴他，大電台是不會冒險僱用一名毫無經驗的新手的。「再去試試，找家小電台，那裡可能會有機會。」她說。雷根又搭便車回到了伊利諾州的迪克遜。雖然迪克遜沒有電台，

第五個性格要素：堅韌頑強的性格
抓住逆境背後的機會，在絕境中創造奇蹟

但他父親說，蒙哥馬利·沃德開了一家商店，需要一名當地的運動員去經營體育專櫃。由於雷根少年時在迪克遜中學打過橄欖球，於是他提出了申請，那工作聽起來正合適，但他沒能如願。

雷根感到十分失望和沮喪。「最好的總會到來。」他母親提醒他說。父親借車給他，於是他駕車行駛了七十英里來到了愛荷華州。他試了試愛荷華州達文波特的 WOC 電台。節目部主任是位很不錯的人，叫艾斯·奧德里奇，他告訴雷根說他們已經僱用了一名播音員。當雷根離開這個辦公室時，受挫的心情一下子發作了。雷根大聲的喊道：「要是不能在電台工作，又怎麼能當上一名體育播音員呢？」說話的時候，他正在那裡等電梯，突然聽到了奧德里奇的叫聲：「你剛才說體育什麼來著？你懂橄欖球嗎？」接著他讓雷根站在一架麥克風前，叫他憑想像播一場比賽。雷根腦中馬上回憶起去年秋天時，他所在的那個隊在最後二十秒時以一個六十五公尺的猛衝擊敗了對方。在那場比賽中，他打了十五分鐘，他便試著解說那場比賽。然後，奧德里奇告訴他，他將被選為轉播星期六的一場比賽。

雷根在回家的路上，就像自那以後的許多次一樣，他想到了母親的話：「如果你堅持下去，總有一天你會得到好運，並且你會了解到，要是沒有從前的失望，好運是不會發生的。」

在人生奮鬥中，不慎跌倒並不表示永遠的失敗，唯有跌倒後，失去了奮鬥的勇氣才是永遠的失敗。我們若以平常心觀之，失敗本身也就不足為奇。

一個人若沒有經歷過失敗，他就難以嘗到人生的辛酸和苦澀，難以認識到生命的底蘊，也就不可能進入真正寧靜祥和的境界。

司馬遷生活在西漢王朝的鼎盛時期，伺候的是雄才大略的漢

假象快樂

七大性格改變自我，跟負能量 SAY NO！

武帝劉徹。

司馬遷的父親是一名史官。在司馬遷小的時候，父親就對他灌輸成大事的思想，說：「每五百年就會出現一部偉大的作品，現在距離孔子作《春秋》已經有五百年了，又該出現偉大的人物和作品了。」

司馬遷牢記著父親的話，也是這句話孕育著他想成為那位偉大人物的雄心壯志。

漢武帝大力興修水利，發展農業，養兵征戰開拓疆域，使華夏版圖空前遼闊，這些都成了司馬遷成就《史記》的歷史背景。

為了寫這部鴻篇巨制的史書，司馬遷實地巡訪名山大川，考察古代流傳下來的趣聞軼事，了解和搜集各種散失的歷史資料，歷經數年，行程幾萬里，為寫作《史記》搜集了大量的資料。西元前一〇八年，司馬遷被正式任命為太史令，開始了《史記》的編撰工作。西元前九十八年，名將李廣的後人李陵率兵攻打匈奴，陷入重圍，兵敗投降。朝臣們譖言主將李廣利的無能（李廣利是皇親國戚，他妹妹是漢武帝的寵姬），將敗北責任都推到李陵身上，而司馬遷這時候卻為李陵辯護。他認為李陵是名將李廣之後，絕對不會無緣無故投降的，就是因為這件事，他落了個「誣罔主上」的死罪。按漢律規定，繳五十萬錢或受宮刑可以免除死罪，司馬遷家貧，繳不出錢贖罪，但為了實現編寫《史記》的雄心，只好蒙受宮刑的奇恥大辱。

兩年後，司馬遷遇大赦出獄。他被漢武帝任命為「中書令」（在皇帝身邊掌管文書機要的宦官），繼續《史記》的撰寫工作。

受刑後的司馬遷，遭受著世人百般誹謗和恥笑，終日冷汗滲背，神情恍惚，苦不堪言。縱然如此，他仍是筆耕不輟，歷經十幾個春秋，大約在西元前九十三年，完成了第一部融史學、文學於一體的紀

傳體通史——《史記》，理清了中國從遠古到漢武帝的歷史，實現了自己的鴻鵠大志。

現實生活中，能經受住像司馬遷一樣苦難的人並不多，而隨便的小小打擊就使人一蹶不振的事例卻屢見不鮮，這的確該使人警醒。

自古英雄多磨難。一個平凡人成為一個領域的英雄，或者成為一個時代的英雄，是挫折和磨難使然，因為英雄和平凡人的區別就在於，英雄在逆境中抓住了逆境背後的機會，在絕境中創造了奇蹟。而平凡人在逆境中選擇了隨波逐流，在絕境中選擇了放棄。

那些有所作為、能成大事的人，在身居陋巷、歷盡人世滄桑的過程中，形成了應付挫折的心理承受能力，能夠輕鬆的對付過去，不會被嚇倒。

不要氣餒，跌倒了再爬起來

世界上的事不可能盡如己意，遇到困難和挫折是難免的。如果遇到意外事件就悲觀，這是懦夫的表現。真正的成功者、真正的強者不會整天憂心忡忡，他們會頑強的衝破前進路上的障礙，他們也能心平氣和的做自己應該做的事情。

連自己的名字都不會寫的田中光夫，曾在東京的一所高中當校工。儘管週薪只有五十日圓，但他十分滿足，很認真的做了幾十年。就在他快要退休時，新上任的校長以他「連字都不認識，卻在校園裡工作，太不可思議了」為由，將他辭退了。

田中光夫戀戀不捨的離開了校園。像往常一樣，他去為自己的晚餐買半磅香腸。但快到山田太太的食品店門前時，他猛的一拍額

假象快樂

七大性格改變自我，跟負能量 SAY NO！

頭——他忘了，山田太太已經去世了，她的食品店也關門多日了。而不巧的是，附近街區竟然沒第二家賣香腸的。忽然，一個念頭在他幽閉的心田一閃——為什麼我不自己開一家專賣香腸的小店呢？他很快拿出自己僅有的一點積蓄，接手了山田太太的食品店，專門經營起香腸來。

因為田中光夫靈活多變的經營，五年後，他成了名聲赫赫的熟食加工公司的總裁，他的香腸連鎖店遍及東京的大街小巷，並且提供產、供、銷「一條龍」服務，頗有名氣的「田中光夫香腸製作技術學校」也應運而生。一天，當年辭退他的校長得知後，便十分敬佩的打電話稱讚他：「田中光夫先生，您沒有受過正規的學校教育，卻擁有如此成功的事業，實在是太了不起了。」

田中光夫卻由衷的回答：「那得感謝您當初辭退了我，讓我摔了個跟頭後，才了解到自己還能做更多的事情。否則，我現在肯定還只是一位週薪五十日圓的校工。」

是呀，只要決心和毅力不倒，跌倒了又怎樣呢？爬起來，一切都可以重來。拿破崙說過：「人生的光榮不在永不失敗，而在於能夠屢敗屢戰。」成功的人不是從未被擊倒過，而是在被擊倒後，還能夠積極的往成功之路不斷邁進。跌倒了再爬起來，這才是能夠實現自我的人生態度！

美國人約瑟夫·霍希哈在第一次世界大戰即將結束時，用低價買下了雷卡瓦那鋼鐵公司，結果由於戰爭迅速結束，導致雷卡瓦那鋼鐵公司的股票狂跌，他也賠得只剩下四千美元了。本想做一次聰明的投資生意，不料聰明反被聰明誤，約瑟夫已趨於破產邊緣了。但他並沒有放棄股票生意，而是分析失敗的原因，尋找新的機會。

第五個性格要素：堅韌頑強的性格
有勇氣去嘗試，才會有收穫

　　一九二四年的一天，他很偶然的發現未列入證券交易所買賣的某些股票，實際上是有很大利潤可圖的，而這些股票並不被金融大亨們所看重，但風險卻極小。於是，他立即放棄了證券的場外交易，開始做起未列入證券交易所買賣的股票生意來。

　　經過一年的努力，他終於開辦了自己的證券公司——霍希哈證券公司。到一九二八年，約瑟夫已成為了一個成功的股票經紀人，他的公司每月利潤都能達到二十萬美元左右，在當時的美國金融界擁有了令人羨慕的一方領土，並由此最終成為世界金融領域的驕子。

　　許多名垂青史的成功者，他們人生的成敗，並不是得益於旗開得勝的順暢，馬到成功的得意，反而是失敗造就了他們。這就正如孟子所說的「天將降大任於斯人也，必先苦其心志，勞其筋骨，餓其體膚，空乏其身，行拂亂其所為，所以動心忍性，曾益其所不能。」成大事者，在失敗面前，不要氣餒，把它轉變成對自己有利的經驗及能力，這樣就會協助自己創造更大的成績。

有勇氣去嘗試，才會有收穫

　　利奧·巴士卡力曾經說過，有希望就有失望的危險，但是不嘗試如何能有收穫？不嘗試怎麼能有進步？不去嘗試也許可以免於受挫折，但也失去了學習或愛的機會。一個把自己陷入牢籠的人，是生活的奴隸，無異於喪失了生活的自由。只有勇於嘗試的人，才能擁有生活的自由，才能衝破人生的難關。

　　在我們的人生路上，總會經歷無數的選擇，在每一個決定人生去向的轉捩點，都有著很大的風險。雖然眼前可能有幾條路，可是不管

假象快樂
七大性格改變自我，跟負能量 SAY NO！

選擇哪一條都是一種冒險，一種嘗試。如果選擇原地不動，就等於放棄，等於失敗。只有走出去，才會有收穫，才會進步。

很多人都有貪圖安逸、墨守成規的習慣，殊不知這是成功路上最大的絆腳石。養成了這種習慣，意味著我們主觀上對成功的放棄，要麼半途而廢，一事無成；要麼小有成就而沾沾自喜，終究成就不了大業，只能選擇一條平庸之路走到人生的盡頭，永遠也不能成為「人上人」。與此相反，一個有冒險勇氣的人，一個具有克服恐懼的力量的人，才有機會成就一切。

巴特二十歲時，在德國的哥廷根大學完成了學業，不久便到紐約華爾街的鄧肯商行去當學徒。一次，他去古巴的哈瓦那為老闆採購了魚、蝦、砂糖等貨物，當輪船停泊在紐奧良港口時，一個咖啡船的船長拉巴特去酒館談生意。原來船長從巴西運來一船咖啡，但買主臨時出了變故，只好自己推銷。

只要有人願意出現金，他將半價出售。巴特考慮了一會兒，決定買下咖啡。

他的朋友都勸他要小心謹慎，因為船裡的貨品與樣品不一定一致，另外，曾經發生過很多次船員欺騙買主的事。巴特卻決定冒險賭上一把，買下了大量咖啡。幸運的是，在他買下咖啡不久，巴西咖啡受寒減產，價格大幅度上漲，巴特因此大賺一筆。後來，巴特的冒險投機活動簡直是無孔不入，從小商品到食品，從黃金到軍火，只要有利可圖，便迎頭而上。巴特一生經歷了無數次風險，這也為他帶來了豐厚的回報。

發明家往往要在做千萬次的實驗之後，才獲得一次成功，而正是這千萬分之一的機會，值得人們為它嘔心瀝血。對發明家來說，那些

第五個性格要素：堅韌頑強的性格

有勇氣去嘗試，才會有收穫

失敗只不過是黎明來臨之前的黑暗，終究會消失在曙光中。世界上任何領域的一流高手，都是靠著勇敢的面對新事物，冒險犯難，最終出人頭地。生活中，似乎隱藏著這樣一條不成文的規矩：處處小心謹慎，則難以有成，沒有冒險的精神，夢想永遠只能是夢想。捨棄一時的安逸，才能享受燦爛的人生。

一九八九年，在溫布頓舉行的網球錦標賽女子組半決賽中，十六歲的南斯拉夫女選手莎莉絲與美國女選手對壘。隨著比賽的進行，人們越來越清楚的發現，莎莉絲的最大對手並非別人，而是她自己。賽後，莎莉絲垂頭喪氣的說道：「這場比賽中雙方的實力太接近了，因此，我總是穩紮穩打，只敢打安全球，而不敢輕易向對方進攻，甚至在對方第二次發球時，我還是不敢扣球取勝。」而對方卻恰恰相反，她並不只打安全球。「我暗下決心，鼓勵自己要勇於險中求勝。」對方賽後談道，「即使失了球，我至少也知道自己是盡了力的。」結果，對方在比賽中先是領先，繼而勝了第一局，後來又勝了一盤，最終贏得了全場比賽。

人應該勇於冒險，只有發揮勇於冒險的精神，我們才能比自己想像的做得更多更好。在勇冒風險的過程中，我們就能使自己的平淡生活變成激勵人心的探險經歷，這種經歷會不斷的向我們提出挑戰，不斷的獎賞我們，也會不斷的使我們恢復活力。

利益蘊藏在風險之中，危機蘊藏在安逸之中，有的人因為貪圖安逸而終身擺脫不了思維的束縛，只能眼睜睜的看著別人成功，唯有那些勇於冒險，勇於開拓的人，才能領略生活中最險峻奇瑰的風光。對每一個人來講，生活是一種光榮的冒險事業。一早從床上跳下來就充滿著戰鬥力，面對可能使自己沮喪的人或環境，採取積極的態

度，那麼問題就已經解決了一半。只要付出更大的努力，勝利就會
提早來臨。

恆心，成功者必備的特質

　　人在奮鬥的過程中吃盡了苦頭，而最後的笑聲才是最甜的，最後
的成功才是有決定意義的成功，起初的成就和痛苦都是為最後勝利而
設的奠基石。

　　西元一八六四年九月三日這天，寂靜的斯德哥爾摩市郊，突然爆
發出一陣震耳欲聾的巨響，滾滾的濃煙霎時衝上天空，一股股火花直
往上竄。僅僅幾分鐘時間，一場慘禍發生了。當驚恐的人們趕到出事
現場時，只見原來屹立在那裡的一座工廠已蕩然無存，無情的大火吞
沒了一切。火場旁邊，站著一位三十多歲的年輕人，突如其來的慘禍
和過分的刺激，已使他面無血色，他渾身不住的顫抖著……這個大難
不死的青年，就是後來聞名於世的阿佛烈·諾貝爾。

　　諾貝爾眼睜睜的看著自己所創建的硝化甘油炸藥的實驗工廠化為
灰燼。人們從瓦礫中找出了五具屍體，其中一個是他正在大學讀書的
活潑可愛的小弟弟，另外四人也是和他朝夕相處的親密助手。五具燒
得焦爛的屍體，令人慘不忍睹。諾貝爾的母親得知小兒子慘死的噩
耗，悲痛欲絕。年老的父親因太受刺激引起腦溢血，從此半身癱瘓。
然而，諾貝爾在失敗和痛苦面前卻沒有動搖。

　　慘案發生後，警察當局立即封鎖了出事現場，並嚴禁諾貝爾恢復
自己的工廠。人們像躲避瘟神一樣避開他，再也沒有人願意出租土地
讓他進行如此危險的實驗。困境並沒有使諾貝爾退縮，幾天之後，人

176

第五個性格要素：堅韌頑強的性格

恆心，成功者必備的特質

們發現，在遠離市區的梅拉倫湖出現了一艘巨大的平底駁船，駁船上並沒有裝什麼貨物，而是擺滿了各種設備，一個年輕人正全神貫注的進行一項神祕的實驗。他就是在大爆炸中死裡逃生、被當地居民趕走了的諾貝爾。大無畏的勇氣往往令死神也望而卻步。在令人心驚膽戰的實驗中，諾貝爾沒有連同他的駁船一起葬身魚腹，而是碰上了意外的機會——他發明了雷管。雷管的發明是爆炸學上的一項重大突破，隨著當時許多歐洲國家工業化進程的加快，開礦山、修鐵路、鑿隧道、挖運河都需要炸藥。於是，人們又開始親近諾貝爾了。他把實驗室從船上搬遷到斯德哥爾摩附近的溫爾維特，正式建立了第一座硝化甘油工廠。接著，他又在德國的漢堡等地建立了炸藥公司。一時之間，諾貝爾生產的炸藥成了搶手貨，源源不斷的訂單從世界各地紛至沓來，諾貝爾的財富與日俱增。

然而，獲得成功的諾貝爾並沒有擺脫災難。不幸的消息接連不斷的傳來：在舊金山，運載炸藥的火車因震盪發生爆炸，火車被炸得七零八落；德國一家著名工廠因搬運硝化甘油時發生碰撞而爆炸，整個工廠和附近的民房變成了一片廢墟；在巴拿馬，一艘滿載著硝化甘油的輪船，在大西洋的航行途中，因顛簸引起爆炸，整個輪船全部葬身大海……一連串駭人聽聞的消息，再次使人們對諾貝爾望而生畏，甚至把他當成瘟神和災星，如果說前次災難還是小範圍內的話，那麼，這一次他所遭受的已經是世界性的詛咒和驅逐了。諾貝爾又一次被人們拋棄了，不，應該說是全世界的人都把自己應該承擔的那份災難給了他一個人。面對接踵而至的災難和困境，諾貝爾沒有一蹶不振，他身上所具有的毅力和恆心，使他對已選定的目標義無反顧，永不退縮。在奮鬥的路上，他已習慣了與死神朝夕相伴。

假象快樂

七大性格改變自我，跟負能量 SAY NO ！

炸藥的威力曾是那樣不可一世，然而，大無畏的勇氣和矢志不渝的恆心最終激發了他心中的潛能，他最終征服了炸藥，嚇退了死神。諾貝爾贏得了很大的成功，他一生共獲專利發明權三百五十五項。他用自己的巨額財富創立的諾貝爾科學獎，被國際科學界視為一種崇高的榮譽。

諾貝爾成功的經歷告訴我們，恆心是實現目標過程中不可缺少的條件，恆心是發揮潛能的必要條件。恆心與追求結合之後，就形成了百折不撓的龐大力量。恆心是每個成功人士都必須具備的一種特質。在人的一生中，不免會遇到各式各樣的困難，但我們要像諾貝爾一樣，樹立起恆心，拿起希望，放下悲傷，走向自己的人生目標。

堅韌的意志力，是克服漫漫人生路上數不盡的艱難困苦的利器，是成功者必備的特質。沒有堅韌與毅力，一遇困難，便會半途而廢，成就不了任何事情，人生怎能出色？

在追尋夢想的道路上，永遠不說不可能

高效能人士永遠不說不可能。挫折絕不等於失敗。遇到困境，要勇於面對它，並且戰勝它，這才是正確的人生態度。人應該明白，任何成功的人在到達成功之前，均遭遇過不同程度的失敗。

或許我們不是什麼偉大的人，但是我們可以擁有偉人的精神，經歷過挫折，但永遠不說不可能。

愛迪生經歷無數次的失敗，才發明了燈泡。沙克也是在試用了無數介質後，才培育出小兒麻痺疫苗。曾有人說：「有許多人一生之偉大，來自他們所經歷的大困難。」困難之下，我們覺得就要失敗了，

第五個性格要素：堅韌頑強的性格
在追尋夢想的道路上，永遠不說不可能

永遠不可能成功了，但是有太多的例證告訴我們事實恰好相反。

溫特沃思·米勒在讀小學的時候，曾經跟父親一起觀看過一部反映「二戰」的影片，從此他愛上了演員這個職業，從普林斯頓大學畢業後，他選擇進入好萊塢做一名演員。然而剛開始的一年裡，沒有一個劇組給過米勒機會。他常常需要幫別人做雜事來維持基本的生活。在多年的歷練中，他更加深深的明白了什麼是生活，明白自己真正需要的是什麼。

是的，一個經過十年還在守著一個夢想，可是卻看不到希望的人的確少見，甚至有人勸他離開好萊塢。終於，二〇〇三年，他參與了《人性的汙點》的演出，他和奧斯卡影帝安東尼·霍普金斯分別飾演了斯爾克這個人物的年輕時期和老年。本以為憑藉這個角色，他的人生會出現轉機，可是到最後，他還是陷入了天天試鏡的困境之中。這時候，一向支持米勒的老父親也開始勸他別做夢了，也許演員這個職業不適合他。

然而，米勒說什麼也不肯放棄，他堅信前面一定有光明在等著自己，他的心中一直存有夢想，他不相信自己會一直這樣下去。也許命運之神正是因為看到了他的不肯放棄，才終於對他揮了揮手。最後，他在《越獄風雲》中飾演了麥可·斯科菲爾德，米勒一夜之間成為了全球最受歡迎的男演員。那漫長的十年堅守，終於換得了最後的成功。

在米勒的字典裡，沒有「不可能」三個字，在他的心中，一直保存著自己最初的夢想，這讓我們深深欽佩。有太多人不到窮苦潦倒，不會發現自己的力量。某些「災難」的折磨，足以幫助我們發現「自己」。被人譽為「樂聖」的德國作曲家貝多芬，一生遭遇了說不清的磨難困苦，甚至雙耳失聰，然而，他勇敢的扼住了命運的咽喉，奏出

了生命的「第五交響曲」。這正如他寫給一位公爵的信中所說：「公爵，你之所以成為公爵，只是由於偶然的出身，而我成為貝多芬，可是靠我自己。」今天我們很難想像那麼多的「不可能」怎麼會在貝多芬的身上實現，然而事實是無法更改的。貝多芬在他短暫的生命裡，向我們詮釋了一種執著，一種永遠向困難說「不」的傲氣。他只朝著夢想，向著目標，積極、不懈的行動，行動，再行動。

年輕的我們，明白生活中的那些堅毅，那些付出，那些暗夜裡的追問和猶疑，都不能阻止夢想的生長。因為有夢想，因為相信自己不可能永遠活在黑暗中，我們才會奮力的抓住一切可能的機會，付出光陰，付出努力，甚至付出生命。這種付出，代表的是最高貴的靈魂追求，代表著最向上的心理定位。或許從另一個角度說，一個人的一生中不論經過多少的痛苦，多少的失敗，但是只要最終是成功的，這一切又算得了什麼呢？把因挫折沮喪帶來的不快樂、把「不可能」之類的言辭丟掉吧！年輕的我們，在追尋夢想的道路上，永遠不說不可能。

只要有困難，就會有解決的方法

在英文裡有句話，是說上帝每製造一個困難，就會同時製造三個解決它的方法來。所以，世上只要有困難，就會有解決的方法，而且「方法總比困難多」，只是我們暫時還沒有找到合適的方法而已。

交通壅塞了，自然有解決的方法；自行車輪胎漏氣了，自然有解決的方法；電視機的品質不好，自然有解決的方法；業務員銷售成績不好，自然有解決的方法；工人的技術不夠好，自然有解決的方法。

第五個性格要素：堅韌頑強的性格

只要有困難，就會有解決的方法

同樣，我們的收入不高，也有解決的方法。問題是我們如何去面對這一個又一個的困難，是怨天尤人、怨老闆、怨同事、怨客戶、怨工作太難、怨報酬太低，還是積極主動想辦法來解決這些困難。

王永慶在早期賣米時，營業額一直上不去，但他不氣餒，他堅信總有辦法，他主動送米上門，並記下每戶人家有多少人口，這次送的米大概在多少天後會吃完，然後再及時送去。他還記下每戶人家發薪水的時間，到時候去收米錢。

窮人和富人的距離，不僅表現在順境的時候，更表現在逆境的時候。

窮人在逆境中，看到的是自己身邊所有的「不」，總是不住的問天問地問自己，為什麼？為什麼？……。

什麼事情都一樣，它的出現有的是必然的，有的是偶然的，總之，就是上帝也無法阻止事情的發生。對於我們來說，壞的事情發生了，我們問一萬個為什麼也於事無補，哪怕我們永遠的問下去。

普魯士國王率大軍與英格蘭軍隊激戰，結果被對方打得狼狽逃竄。鑽進一所隱蔽的老宅，國王灰心喪氣的往乾草上一躺，不由得陷入極度的悲哀之中。就在瀕臨絕望的時候，他看見一隻蜘蛛在那裡結網。為了轉移一下注意力，他揮手抹掉那個蜘蛛網。

然而這一人為的破壞，並沒有動搖蜘蛛結網的意志。好像那倒楣的事根本就沒有發生過一樣，蜘蛛又忙碌起來，沒用多少時間就織好了另一張蜘蛛網。軍隊接連打了六次敗仗，國王已經準備放棄戰鬥，由此他捫心自問：「假如我把蜘蛛網破壞六次，不知這隻蜘蛛是否會放棄努力。」

一次又一次，國王接連毀掉了六張蜘蛛網。那隻蜘蛛再一次出

假象快樂
七大性格改變自我，跟負能量 SAY NO！

發，毫不氣餒的又去織第七張網，並且如願以償的完成了。國王從這件事中獲得激勵，決心重整旗鼓，再次和英格蘭人決一死戰。經過極為縝密的準備，他重新聚集起一支軍隊，終於打贏了一場決定性的戰役，從英格蘭人手中奪回了失去的領土。

別人放棄，自己還在堅持，他人後退，自己照樣前進，看不到光明和希望，依然努力奮鬥，這種人往往是最後的成功者。

亞伯特‧奧斯頓先生退休時已經存了一大筆錢，然而這時他又突發奇想，想在大西洋的海底鋪設一條連接歐洲和美國的電纜。

隨後，他就全心全力的開始推動這項事業。前期基礎性工作包括建造一條一千英里（約一千六百零九公里）長、從紐約到紐芬蘭聖約翰的電報線路。紐芬蘭四百英里（約六百四十四公里）長的電纜線路要從人跡罕至的森林中穿過，所以，要完成這項工作不僅包括建一條電報線路，還包括建同樣長的一條公路。此外，還包括穿越布雷頓角全島共四百四十英里（約七百零八公里）長的線路，再加上鋪設跨越聖勞倫斯海峽的電纜，整個工程十分浩大。奧斯頓使盡渾身解數，總算從英國政府那裡得到了資助。然而，他的提案在議會上遭到強烈的反對。最後，奧斯頓的提案總算被通過並開始了鋪設工作。電纜一頭擱在停泊於塞巴托波爾港的英國旗艦「阿加曼農」號上，另一頭放在美國海軍新造的豪華護衛艦「尼加拉」號上，不過，就在電纜鋪設到五英里（約八公里）的時候，它突然被捲到了機器裡面，弄斷了。奧斯頓並沒灰心，又進行了第二次試驗。在這次試驗中，在電纜鋪好兩百英里（約三百二十二公里）長的時候，電流突然中斷了，船上的人們在船板上焦急的踱來踱去，好像死神就要降臨一樣。就在奧斯頓先生即將命令割斷電纜、放棄這次試驗時，電流突然又神奇的出現了，

第五個性格要素：堅韌頑強的性格

只要有困難，就會有解決的方法

一如它神奇的消失一樣。

夜間，船以每小時四英里（約六公里）的速度緩緩航行，電纜的鋪設也以每小時四英里的速度進行。這時，輪船突然發生一次嚴重傾斜，制動器緊急煞住，不巧又割斷了電纜。

但奧斯頓並不是一個容易放棄的人。他又訂購了七百英里（約一千一百二十六公里）的電纜，而且還聘請了一位專家，請他設計一台更好的機器，以完成這麼長的鋪設任務。後來，英美兩國的發明天才聯手，才把機器趕製出來。最終，兩艘船繼續航行，一艘駛向愛爾蘭，另一艘駛向紐芬蘭，結果它們都把電纜用完了。兩船分開不到十三英里（約二十一公里），電纜又斷開了，再次接上後，兩船繼續航行，到了相隔八英里（約十三公里）的時候，電流又沒有了。電纜第三次接上後，鋪了兩百英里，在距離「阿加曼農」號二十英尺（約六公尺）處又斷開了，兩艘船最後不得不返回到愛爾蘭海岸。

參與此事的很多人，一個個都洩了氣，大眾輿論也對此流露出懷疑的態度，投資者也對這一項目沒有了信心，不願再投資。這時候的奧斯頓先生，如果不是有百折不撓的精神，不是他天才的說服力，這一項目很可能就此放棄了。奧斯頓繼續為此日夜操勞，甚至到了廢寢忘食的地步，他絕不甘心失敗。

於是，第三次嘗試又開始了。這次總算一切順利，全部電纜鋪設完畢，而且沒有任何中斷，鋪設的訊息也透過這條漫長的海底電纜發送了出去，一切似乎就要大功告成了，但突然電流又中斷了……。

好一個奧斯頓，所有這一切困難都沒嚇倒他。他又建立了一個新公司，繼續從事這項工作，而且製造出了一種性能遠優於普通電纜的新型電纜。西元一八六六年七月十三日，新一次試驗又開始了，並順

利接通，發出了第一份橫跨大西洋的電報！電報內容是：

「七月二十七日，我們晚上九點到達目的地，一切順利。感謝上帝！電纜都鋪好了，運行完全正常。

亞伯特·奧斯頓」

命運全在搏擊，堅持就是希望。對於意志堅強的人，只要咬緊牙關，任何困難，哪怕是死神都不會懼怕。

充分相信自己，才能夠成就大事業

在「運氣」這個詞的前面應該再加上一個詞，就是「勇氣」。相信運氣可支配個人命運的人，總是在等待著什麼奇蹟的出現。人生的法則就是信念的法則。這種人只要他上床稍稍躺一下，就會夢見挖到金礦或者是中了大獎；而那些不這樣想的人，就會依據個人心態的趨向，為他自己的未來不斷去努力。

依賴運氣的人們經常牢騷滿腹，只是一味的期待著機會的來臨。至於獲得成功的人，他們覺得只有信念才能左右命運，因此他們只相信自己的信念。

如果當事人能從潛在意識去認為「可能」，在別人看來不可能的事，也就是相信可能做到的話，而從潛意識中激發出極大的力量來，事情就會按照那個人信念的強度如何而變化。這時，即使表面看來不可能的事，也能夠做到了。

信心就是相信自己的理想，自信就是相信自己的能力，從而達到自己的理想。信心，就是把有限生命的脆弱性與無限生命中的精神堅強性揉合在一起，從而產生一種內在的無比龐大的力量，以便於我們

第五個性格要素：堅韌頑強的性格
充分相信自己，才能夠成就大事業

就可以無休止的走下去，一直要達到自己理想的目的地才終止。有了自信心，就有了戰勝困難的勇氣；有了自信心，才能在最佳心態下去從事前人沒有從事過的偉大事業。

如果一個人放棄了信心，就等於放下了手中的武器，而甘認失敗。

在一所知名大學，一位教授主持了這樣一個有趣的實驗，實驗對象是三群學生與三群老鼠。

教授對第一群學生說：「你們很幸運，你們將和天才小白鼠同在一起。這些小白鼠相當聰明，牠們會到達迷宮的終點，並且吃許多起司，所以要多買一些餵牠們。」

接下來，教授告訴第二群學生說：「你們的小白鼠只是普通的小白鼠，不太聰明。牠們最後還是會到達迷宮的終點的，並且吃一些起司，但是牠們的能力與智慧都很普通，不要對牠們期望太高。」

教授最後告訴第三群學生說：「這些小白鼠是真正的笨蛋。如果牠們能找到迷宮的終點，那肯定是意外。牠們的表現或許很差，我想你們甚至不必買起司，只要在迷宮終點畫上起司就行了。」

在接下來的六個星期裡，三組學生都在精心的從事實驗。天才小白鼠就像天才人物一樣的行事，牠們在短時間內很快就到達了迷宮的終點。那群「普通小白鼠」也到達了終點，但是在這個過程中並沒有任何速度紀錄被寫下。至於那些愚蠢的小白鼠，就更不用說了，牠們都有真正的困難，只有一隻最後找到迷宮的終點，那可以說是一個明顯的意外。

有趣的事情是，事實上根本沒有所謂的天才小白鼠和愚蠢小白鼠之分，牠們都是同一窩小白鼠中的普通小白鼠。這些小白鼠的成績之

假象快樂

七大性格改變自我，跟負能量 SAY NO ！

所以不同，是參加實驗的學生態度不同而產生的直接結果。簡而言之，學生們因為聽說小白鼠不同而採取了不同的態度，而不同的態度導致了不同的結果。小白鼠懂得態度，但是學生們並不懂得小白鼠的語言，因而態度就是語言。

「自信人生兩百年，會當水擊三千里。」自信是事業成功的第一祕訣。梁啟超也曾說過：「凡任天下大事者，不可無自信心，每處一事，既看得透澈，自信得過，則以一往無前之勇氣赴之，以百折不撓之耐力持之。雖千山萬岳，一時崩潰而不以為意。雖怒濤驚瀾，驀然號於腳下，而不改其容。」由此可見，自信心對於一個有雄心想成就大事業的人來說是多麼重要啊！

隨著社會的發展和進步，人的自我存在價值與自我改造社會的作用，越來越顯示出龐大的力量，信心與自信成為成功的先決條件。大禹三過家門而不入，帶領民眾治理河道；軒轅大帝在風吹草團滾動前進的啟示下造出了車輪；愚公移山不止的精神，都蘊藏著要使事業成功的強大自信與勇於向大自然挑戰的信念。

古今中外，成大事者沒有一個是缺乏信心的懦夫之輩。秦皇漢武，唐宗宋祖，都充分表現出天之驕子的自信。盧綸對李廣將軍那股鎮定自若、箭出虎倒的氣勢描寫說：「林暗草驚風，將軍夜引弓，平明尋白羽，沒在石稜中。」李賀對秦王那不可一世的氣魄作詩云：「秦王騎虎遊八極，劍光照空天自碧。」李廣、秦王雖不屬同一類型的歷史人物，但是他們在中國歷史上的卓著戰績中，都擁有扭轉乾坤與力挽狂瀾的自信。

我們要擁有自信，必須正確認識自我，提高自我評價。李白在《將進酒》中寫道：「天生我材必有用。」即是說，我能生臨人世間，

必定是人世間需要我，我能發揮出對人世有益的作用，甚至能做出一定的貢獻。

經常有這樣一些人，他們在一帆風順的條件下，信心百倍，慷慨陳詞。可是一遇到逆境便如霜打秋荷一般，萎靡不振。須知：「戰勝自己的自卑和怯弱，是對事業的最好祝福。」在逆境中，應該「手提智慧劍，身披忍辱甲」，更需要勵精圖治，更需要有自信。

那些充分相信自己的人，永遠是能夠成就大事業的人，他們勇於想人之所不敢想，為人之所不敢為。那些勇敢而有創造力的人，不怕孤立的人。至於那些沉迷於卑微信念的人，不敢抬頭要求優越的人，卑微以歿世，自然要老死窗下。普通平凡的人，因為他們沒有發現自己沉睡著的「神聖潛能」，而不能把它喚起，安然於普通平凡之中，從而失去了人人是英雄豪傑的自信力。英雄豪傑之士就有所不同，他們有崇高的目標，遠大的理想，宏大的意志，強大的信心，昂首闊步，永遠向上，永遠向前，永不屈服的堅持著要發展自己的生命力，創造出無限的偉大的奇蹟來。

自認卑微，有害無益

經常聽到有人這樣說：「我有點自卑，我很不相信自己」。這樣一講，就已顯得氣勢不足，如果再面臨強大的對手，只有落荒而逃的份。

一個自信的人在面對強大的對手時，他是不會說：「我沒自信！」，相反的，他常會說：「我是最好的！我是最棒的！我是最優秀的！」久而久之，他真的成了最棒，最好，最優秀的了！因為他以此

為目標，不斷的朝著這個目標前進，所以，他才不會猶豫和退縮，他才不會回頭！

　　儘管你職務不高，薪水不多，可是，離開了工作職位，你和別人一樣，都是平等的，沒有什麼不同。永遠不要自認卑微。對任何人，都用一樣的態度，而不必諂媚，不必刻意討好。對任何人都不卑不亢，你就是你，你不比任何人矮一截，大家在人格上都是平等的。

　　貧窮並不可怕，地位低一些也沒關係，這些都是外在的，是可以憑自己的努力改變的，或者說得極端些，不改變又怎麼樣呢？每個人有每個人的生活方式，只要不妨礙別人，不對不起別人，窮一些苦一些又怎麼樣呢？但如果一個人自輕自賤，那就麻煩了，也就沒有救了。一個自輕自賤的人，就算他的財富怎麼多，地位怎麼高，人家仍會覺得你有缺陷，仍會覺得你需要改變。當我們說一個人沒有出息的時候，主要的不是說他沒有成家立業，沒有取得成就什麼的，而是指那個人自輕自賤，自己打自己耳光，自己看不起自己，自己不給自己顏面。

　　而自輕自賤的孿生兄弟，就是自卑。奧地利心理學家阿德勒在《自卑與超越》中說：「自輕自賤的人，必定是自卑的人；或者說，自卑的人，必定是自輕自賤的人。」所謂自卑，就是拿別人的優點和自己的缺點做比較時得到的那種感覺，是一種自己感覺低人一等的慚愧、羞怯、畏縮，甚至灰心喪氣的情緒。有自卑感的人，常常輕視自己，總認為自己無法趕上別人，並因此而苦惱。

　　一個人為什麼會自卑，會自輕自賤呢？美國心理學家的研究顯示，兒童時期如果各項活動取得成績而得到老師、家長及同伴的認可、支持和讚許，便會增強他們的自信心和求知欲，內心會得到一種

第五個性格要素：堅韌頑強的性格
自認卑微，有害無益

快樂和滿足，就會養成一種勤奮好學的良好習慣。相反的，他們會產生一種受挫感和自卑感。這就是說，自卑感的形成主要是社會環境長期影響的結果。

每個人都可以選擇一條適合自己的路，人的成才道路是相當寬廣的。當你取得了一定成績之後，還會繼續發現自己有不如他人之處。所以，時時知不足是有利於促進自己進步的。但若老是自卑不已，悲觀洩氣，則是有害無益的。

當然，最重要的是能夠進行正確的自我評價。每個人都有自己的長處和短處。俗話說「尺有所短，寸有所長」，「金無足赤，人無完人」。如果只看短處不看長處，或者誇大短處縮小長處，都會形成自卑感。苛求自己沒有短處，這是不可能的。有時，某些短處甚至還很難彌補，如身體的缺陷便是如此。積極的態度是揚長避短，以「長」補「短」。這一方面不行，也許另一方面比別人強。比如，盲人阿炳，雖然他失去了視覺，但卻拉得一手好二胡，他不就是靠聽覺和觸覺來體驗、創造生活的嗎？當認知到自己的短處時，可以設法彌補，或選擇更適合於自己的途徑發揮自己的長處，自卑的心理也就沒有立足之地了。

有一則這樣的故事：

阿明是一位大學入學考試失利的年輕人，他感到非常失意，於是就騎著自行車去河堤散心，一不小心，車子歪了下去，差點撞到坐在堤下的一個老人。他在向老人表示了歉意後並沒有馬上離開，而是坐到了老人身邊。那是春天的一個上午，陽光明媚，清風徐來。草綠了，花開了，那些花朵，在遠遠近近的綠草間像星星一樣閃爍。很多老人、孩子在草地裡徜徉，花園裡漫步，也像春天的陽光一樣燦爛。

假象快樂

七大性格改變自我，跟負能量 SAY NO！

只有這位年輕人感到例外。

那時候，失意就像春天的草一樣在阿明的內心裡蓬蓬勃勃。很長一段時間以來，他看見一片落葉，便傷感，覺得自己也是一片落葉；他看見一片落花，也傷感，覺得自己是一片落花；看見流水，還是傷感，覺得自己的生命就在這平平淡淡中，像水一樣流逝了。

阿明的失意被老人看出了，老人跟他說起話來，老人說：「年輕人，怎麼這樣無精打采呢？」阿明當時手裡正纏著一根草，在老人問過後，他舉了舉那根草說：「我這輩子將像這根草一樣平凡。」老人只是靜靜的看著他，沒說話。在老人的注視下他說了起來，他說：「我是一個很不幸的人，國中時因一場病休學一年。此後，學習成績一直很差，勉強讀了高中後，又沒考上大學。」他又繼續說：「我這一輩子將在平凡中度過，一個連大學都沒上過的人，肯定是一個平凡的人。但我不甘心，我從小就立下志願，一定要讓自己的人生輝煌，我想成為一個不平凡的人。」說到這裡，他流淚了，他心裡裝不下太多的失意，那些失意像洶湧的洪水，終於找到了出口。

聽了他的話，老人開口說：「你知道你手裡拿的是什麼草嗎？」「不知道。」「它是蒲公英。」「這就是蒲公英嗎？我常在詩人筆下見到它，可是它也很普通呀。」他說。「你沒看見它開著花嗎？」「看見了，一種小花，毫不起眼。」「是不起眼，但它也可以輝煌。」「在詩人的筆下？」「不。」老人搖了搖頭，注視著他。

老人過了一會兒站了起來說：「我帶你去看一個地方吧。」聽從了老人的話，他也站了起來。他隨後跟著老人沿著那道河堤往遠處走去。大約走了二十幾分鐘，他看見了一個足以讓他一生都為之震撼的景致：那是一塊很大很大的河灘，有幾十畝甚至上百畝大，無邊無際

190

的蒲公英布滿了整個河灘上。蒲公英開花了，那些毫不起眼的黃黃白白的小花，在陽光下泛著粼粼波光，那樣爛漫，那樣美，那樣蔚為壯觀，那樣妖嬈，炫目輝煌。一朵小花，也可以這樣輝煌嗎？阿明再沒說話，就那樣佇立著，起風了，花朵輕輕的向他湧來。他心裡一下子飄滿了那些美麗的蒲公英，忽然覺得自己也是一朵蒲公英了！

從那以後，阿明的心裡一直牢記著那片漫無邊際的蒲公英，他彷彿從那裡看見了自己。他同時也深深懂得了，平凡的人生也可能充滿著不平凡的道理。

是的，對於人的一生來說，一種充實有益的生活，本質並不是競爭性的，一個人不必把奪取第一看得高於一切，它只是個人對自我發展和幸福美好的生活追求而已。那些每天一早來到街頭公園練健身操、練武打拳、跳跳舞的人們，那些只要有空就練習書法繪畫、設計剪裁服裝和唱戲奏樂的人們，根本不在意別人對他們的姿態和成果品頭論足，也不會因有人挑剔或沒人叫好就情緒消沉、停止練習。他們的主要目的不在於參賽獲獎、當眾演出，而是自有收穫、自得其樂，滿足自己對生活美和藝術美的渴求。

性格測試：你有多強的意志力

測試攻略

測試意義：★★★★
準確指數：★★★★
測試時間：二十分鐘

假象快樂

七大性格改變自我，跟負能量 SAY NO！

測試情景

很多人每年、每月都為自己訂下很多的計畫，如存錢、旅行、工作、學習、減肥等，但是這些計畫能不能堅持到最後呢？其實這些計畫的結果，都關係到你的意志力。

測試問答

1. 我很喜愛長跑、爬山等體育運動，但並不是因為我的天生條件適合這些項目，而是因為這些運動能夠增強我的體質和毅力。

    A. 完全符合　B. 有點符合　C. 無法確定

    D. 不太符合　E. 很不符合，請選擇適合你的一項。

2. 我為自己定的計畫，常常因為我自己的原因不能如期完成。

    A. 完全符合　B. 有點符合　　C. 無法確定

    D. 不太符合　　E. 很不符合，請選擇適合你的一項。

3. 我信奉「凡事不做則已，做就要做好」的格言，並盡量照做。

    A. 完全符合　　B. 有點符合　　C. 無法確定

    D. 不太符合　　E. 很不符合，請選擇適合你的一項。

4. 我認為凡事不必太認真，做得成就做，做不成就算了。

    A. 完全符合　　B. 有點符合　　C. 無法確定

    D. 不太符合　　E. 很不符合，請選擇適合你的一項。

5. 我對待一件事情的態度，主要取決於這件事情的重要性，即該不該做，而不在於我對這件事情的興趣，即想不想做。

    A. 完全符合　　B. 有點符合　　C. 無法確定

    D. 不太符合　　E. 很不符合，請選擇適合你的一項。

6. 有時我臨睡前發誓第二天要開始做一件重要的事情，但是到了

第二天，這種幹勁又沒有了。

    A. 完全符合   B. 有點符合   C. 無法確定

    D. 不太符合   E. 很不符合，請選擇適合你的一項。

7. 在工作和娛樂發生衝突的時候，即使這種娛樂很有吸引力，我也會馬上決定去工作。

    A. 完全符合   B. 有點符合   C. 無法確定

    D. 不太符合   E. 很不符合，請選擇適合你的一項。

8. 我常因為讀一本妙趣橫生的小說或看一個精彩的電視節目而忘記時間。

    A. 完全符合   B. 有點符合   C. 無法確定

    D. 不太符合   E. 很不符合，請選擇適合你的一項。

9. 我下決心堅持的事情（如學外語），不論遇到什麼困難（如工作忙），都能夠持之以恆，堅持不懈。

    A. 完全符合   B. 有點符合   C. 無法確定

    D. 不太符合   E. 很不符合，請選擇適合你的一項。

10. 如果我在學習或工作中遇到了什麼困難，首先想到的是先問一問別人有沒有什麼辦法。

    A. 完全符合   B. 有點符合   C. 無法確定

    D. 不太符合   E. 很不符合，請選擇適合你的一項。

11. 我能長時間做一件無比枯燥的工作。

    A. 完全符合   B. 有點符合   C. 無法確定

    D. 不太符合   E. 很不符合，請選擇適合你的一項。

12. 我的愛好時常變化，做事情常常是「這山望著那山高」。

    A. 完全符合   B. 有點符合   C. 無法確定

D. 不太符合　　E. 很不符合，請選擇適合你的一項。

13. 我只要決定做一件事，一定是說做就做，絕不拖延到第二天或以後。

　　A. 完全符合　　B. 有點符合　　C. 無法確定

　　D. 不太符合　　E. 很不符合，請選擇適合你的一項。

14. 我做事喜歡挑容易的先做，困難的能拖就拖，實在不能拖的時候，就三兩下快速做完，所以別人不太放心讓我做難度大的事。

　　A. 完全符合　　B. 有點符合　　C. 無法確定

　　D. 不太符合　　E. 很不符合，請選擇適合你的一項。

15. 遇到狀況我喜歡自己拿主意，當然也可以聽一聽別人的建議作為參考。

　　A. 完全符合　　B. 有點符合　　C. 無法確定

　　D. 不太符合　　E. 很不符合，請選擇適合你的一項。

16. 生活中遇到複雜的情況時，我常常舉棋不定，拿不定主意。

　　A. 完全符合　　B. 有點符合　　C. 無法確定

　　D. 不太符合　　E. 很不符合，請選擇適合你的一項。

17. 我不怕做我從來沒有做過的事情，也不怕一個人獨立負責重要的工作，我認為這起碼是一個鍛鍊自己的好機會。

　　A. 完全符合　　B. 有點符合　　C. 無法確定

　　D. 不太符合　　E. 很不符合，請選擇適合你的一項。

18. 我生性就膽小怕事，沒有百分之百把握的事情，我從來不敢做。

　　A. 完全符合　　B. 有點符合　　C. 無法確定

　　D. 不太符合　　E. 很不符合，請選擇適合你的一項。

19. 我一直都希望能做一個堅強的、有毅力的人，而且我深信「皇天不負苦心人」。

A. 完全符合　　B. 有點符合　　C. 無法確定

D. 不太符合　　E. 很不符合，請選擇適合你的一項。

20. 我更相信機會，很多事實證明，機會的作用大大超過個人的艱苦努力。

A. 完全符合　　B. 有點符合　　C. 無法確定

D. 不太符合　　E. 很不符合，請選擇適合你的一項。

測試解析

評分標準：在上述二十道題目中，凡題號為單數的題目（1、3、5、7、9……），選擇 A、B、C、D、E 分別得 5、4、3、2、1 分；凡題號為雙數的題目（2、4、6、8、10……），選擇 A、B、C、D、E 分別得 1、2、3、4、5 分。

91 分以上：意味著你意志力十分堅強，不管做什麼事情都能按照自己的計畫實行。不論任何人、任何情形都不會使你改變主意；但有時太執著並非好事，嘗試偶爾改變一下，生活將會更充滿趣味。

81 ～ 90 分：意味著你意志力較堅強，懂得權衡輕重，知道什麼時候要堅持到底，什麼時候要輕鬆一下。你是那種堅守本分的人，遇到極感興趣的東西時，你的好玩心會戰勝你的決心。

61 ～ 80 分：意味著你意志力一般，但是你並非缺乏意志力，只不過你只喜歡做那些自己感興趣的事，對於那些能即時獲得滿足感的工作，你會毫無困難的堅持下去。你很想堅持你的新年新計

畫，可惜很少能堅持到底。

51 ～ 60 分：意味著你意志力有點薄弱，不管什麼事情都不能堅持下去，一點小小的誘惑就能打破你的計畫，致使任何事情都會全盤皆輸。

50 分以下：意味著你意志力十分薄弱，簡直沒有救了。你信誓旦旦的對朋友表示，一定要實現自己的計畫，但是由於中間一點小小的挫折，就讓你放棄了計畫。

測試啟發

克服心理的障礙，意志力發揮著不可磨滅的作用，培養自己的意志力，首先從小事做起，做到「今日事，今日畢」。制定大的計畫時，應該把大的計畫分成很多具體的小目標，然後時刻提醒自己一定做到自己的目標，也可以在自己的床邊、日記本的扉頁上，寫上自己喜歡的名言警句，作為自己的「座右銘」，讓它們來鞭策自己。

第六個性格要素：低調務實的性格

　　許多高效能人士都有低調務實的性格，即使在成功之後，也保持著簡樸的生活習慣，不露富，不愛張揚。「人怕出名豬怕肥」是他們遵循的古訓，這種低調和謹慎，使他們在追求成功的過程中始終保持著冷靜和理性，決策更加務實和科學，也為他們免去許多不必要的麻煩，避免掉進各種陷阱。

地低為海，人低為王

民間有句非常貼切的諺語：「低頭是稻穗，昂頭是稗子。」越成熟，越飽滿的稻穗，頭垂得越低。只有那些穗子裡空空如也的稗子，才會顯得招搖，始終把頭抬得老高。

謙虛謹慎、低調做人不僅是成功的要素，也是與內心的平靜也是緊密相連的。內心的平靜是做人的一種高度的智慧。我們越不在眾人面前太過張揚，就越容易獲得內心的寧靜，這樣，就容易引起別人的認同，得到別人的支持。

現今社會受儒家傳統文化影響深厚。「知之為知之，不知為不知，是知也」、「謙虛使人進步，驕傲使人落後」……這樣的格言、警句多如牛毛。說的都是對待人生的看法，在成就面前保持平和，才會有更大的進步，也不會影響到別人，特別是沒有成就的人的感情。

不僅我們如此，外國人也同樣提倡謙遜低調的做人品性。美國科學家富蘭克林說：「缺少謙虛就是缺少見識。」英國哲學家史賓塞認為：「成功的第一個條件是真正的虛心，對自己的一切敝帚自珍的成見，只要看出與真理衝突，都願意放棄。」法國思想家孟德斯鳩說：「我從不歌頌自己，我有財產、有家世，我花錢慷慨，朋友們說我風趣，可是我絕口不提這些。固然我有某些優點，而我自己最重視的優點，即是我謙虛……」可見，謙虛是我們人類共同珍視的美德。

富蘭克林年輕時，有一次去一位前輩哲人的家中做客，他平時昂首挺胸走路習慣了，一進前輩家低矮的小茅屋時，也是一時沒有留意，額頭「碰」的一聲撞在門框上，青腫了一大塊。老前輩正出來迎接他，看到他這個樣子笑著說：「很痛吧？你知道嗎？這是你今天來拜

第六個性格要素：低調務實的性格

地低為海，人低為王

訪我最大的收穫。一個人要想世事洞明，人情練達，就必須時刻記住低頭。」這位哲人前輩透過日常生活中的小事，教給富蘭克林另一個深刻的人生道理，富蘭克林記住了，也就成功了。

正所謂「山外有山，天外有天，能人背後有能人」。偶爾的一次成績不能代表永久成功，也代表不了你就比別人高出一籌。成績是自己的，如果一味張揚、炫耀只會帶來負面效應。

據歷史記載，隋煬帝雖然昏庸無道但是很有才華，不過他為人小鼻子小眼睛，最忌諱別人的文采比自己強。因此手下眾臣沒人敢冒犯。有一次，隋煬帝寫了一首《燕歌行》詩，命令「文士皆和」，就是讓他的手下仿照這首詩的題材再和一首。多數大臣皆較明智，不敢逞能，抱著應付態度，唯獨著作佐郎王冑卻不知趣，不肯屈居隋煬帝之下。史書記載：王冑「性疏率不倫，自恃才大，鬱鬱於薄宦，每負氣陵傲。」因為這件事，後來隋煬帝便找了一個藉口將王冑殺害，並念著王冑的「庭草無人隨意綠」的詩句，問王冑曰：「復能作此語耶？」意思是說，你還能作出這樣的詩句來嗎？

當今的年輕一代，很容易爭一時之快，逞一時之強，恃才傲物，這樣終究難成大事。有些人換工作相當頻繁，當你新進入一家公司時，一切都是嶄新而陌生的。剛走上職位，往往缺乏必要的社會經驗和工作閱歷，許多事情還不知道、不明白或看不破、看不準，因此，你急於表現自己的行為只能顯示自己的不成熟，並不能產生懾服眾人的效果。甚至你的某些自鳴得意的小花招也逃不過主管的眼睛。

所以，做為一個人，即使真有才華，也千萬不要過於彰顯自己的才能和智慧，更不能過於張狂、過於跋扈，過於咄咄逼人。過分的招搖，首先會招致對自己的損害。因此既要克服、戰勝盲目驕傲自大的

假象快樂
七大性格改變自我，跟負能量 SAY NO ！

病態心理，更不能丟下謙虛讓人的美德。

低調做人，就是用平和的心態來看待世間的一切，修練到此種境界，為人便能善始善終，既可以讓人在卑微時安貧樂道，豁達大度，也可以讓人在顯赫時持盈若虧，不驕不狂。

美國著名企業家艾科卡，一九七〇年代初擔任福特汽車公司總經理，工作八年為福特汽車公司賺了三十五億美元的利潤。正當他春風得意之時，由於嫉妒和猜忌，被老闆亨利·福特免去了福特汽車公司總經理的職務，解僱回家。面對精神的創傷和打擊，五十四歲的艾科卡沒有向命運投降，決心韜晦待時，尋找一個可以再展自己的才華、大做一番事業的地方，以成功的事實讓亨利·福特永世難忘。

為了實現自己的抱負，他拒絕了一些條件優厚的企業的招聘，而接受了當時深陷危機、瀕臨破產的克萊斯勒汽車公司的聘請，擔任總裁。上任後，他首先對公司組織結構動大手術，並在全體員工當中，特別是針對主管人員，實行以品質、生產力、市場占有率和營運利潤等因素來決定紅利的政策，主管人員若沒有達到預期的目標，將扣除百分之二十五的紅利。還規定在公司尚沒有起死回生之前，最高管理層各級人員減薪百分之十，而艾科卡本人的年薪只有象徵性的一美元。他想以此顯示，大家都在為走出困境而苦戰。為了爭取政府貸款，他親自出馬向新聞界遊說，不得不像個被告一樣，站在國會各個小組委員會面前接受質詢。他由於勞累，導致眩暈症復發，差一點暈倒在國會大廈的走廊裡。

經過幾年勵精圖治，一九八〇年代初，克萊斯勒汽車公司終於走出困境，開始轉虧為盈，一九八三年獲利九億美元，一九八四年創造利潤達二十四億美元，一九八五年第一季獲純利五億多美元，艾科卡

也因此成為美國的傳奇人物。

　　人要在社會上有所作為，必須具備許多的條件，例如高深的學問、恢弘的志氣、寬闊的心胸、忍耐的修養等，這些都是艱難人生旅途中最大的助力。其中「低調」更是不可少的修養，低調並不是退縮，而是用平常心去對待人世間一些不公平的境界。

　　「地低為海，人低為王。」保持低調是一種品格和風度，一種胸襟和修養，一種智慧和謀略，是一種做人的最佳姿態。

謙虛使人進步，驕傲使人落後

　　一時的成績不代表永久，也不代表你就比別人高出一籌。成績是自己的，如果一味張揚、炫耀，只會帶來負面效應。

　　現今社會受儒家傳統文化影響深厚，「知之為知之，不知為不知，是知也」、「謙虛使人進步，驕傲使人落後」……這樣的格言、警句多如牛毛。它們說的都是對待榮譽的看法，在榮譽面前保持平和，才會有更大的進步，也不會影響到別人，特別是沒有成就的人的感受。

　　不僅我們如此，國外也一樣。美國科學家富蘭克林說過：「缺少謙虛就是缺少見識。」英國哲學家史賓塞認為：「成功的第一個條件是真正的虛心，對自己的一切敝帚自珍的成見，只要看出與真理衝突，都願意放棄。」法國思想家孟德斯鳩說：「我從不歌頌自己，我有財產、有家世，我花錢慷慨，朋友們說我風趣，可是我絕口不提這些。固然我有某些優點，而我自己最重視的優點，即是我謙虛……」可見，謙遜是我們人類共同珍視的美德。

　　愛因斯坦由於提出了「相對論」而聲名大震。據說，有一次，

假象快樂
七大性格改變自我，跟負能量 SAY NO ！

他九歲的小兒子問他：「爸爸，你怎麼變得那麼出名？你到底做了什麼呀！」愛因斯坦說：「當一隻瞎眼甲蟲在一根彎曲的樹枝上爬行的時候，牠看不見樹枝是彎的。我碰巧看出了那甲蟲所沒有看出的事情。」

謙虛不僅是成功的要素，謙遜與內心的平靜也是緊密相連的。內心的平靜是做人的一種高度的智慧。我們越不在眾人面前太過張揚，就越容易獲得內心的寧靜，這樣，就容易引起別人的認同，得到別人的支持。

太過張揚是一個危險的、十分可怕的陷阱，而且，這個陷阱是我們自己親手挖掘的。它會使你把大量精力放在表現成果、自吹自擂，或試圖讓他人信服你的個人價值方面。而誇誇其談、自吹自擂通常會使你驕傲自滿，把榮譽當作自我欣賞的裝飾品，掩蓋了你實際的成功，產生不必要的錯覺。

其實，自高自大、自傲也是缺乏智慧的一種表現。一個人如果稍稍有一點可憐的成就，於是耳朵就不靈光了，眼睛也花了，路也不會走了，因為他開始自我膨脹、發燒了；自以為寫了兩篇文章就成了作家，演了兩部電影就成了電影明星，唱了兩首歌就成了歌手……。

一個人的成就再偉大，也只是相對於個人而言；在我們所生存的這個宇宙之中，沒有什麼不是渺小的。如果你在某一方面取得了一定的成績，你不應該過於看重它，因為它已成為你的歷史。不要留戀你的影子——哪怕它很輝煌，它畢竟只是虛無飄渺的影子而已。要知道，當你望著你的影子依依不捨的時候，你正好背離著照亮你的太陽。

或許，你所自鳴得意的事，正好是受人奚落的短處，就好像口袋

裡裝著一瓶麝香的人，不會到街頭上去大聲叫嚷，讓所有的人都知道自己口袋裡的東西，因為他身後飄出的香味已說明了一切。

有一位朋友對謙遜曾經有過深刻的體驗。在被升職後的幾天裡，他與朋友聚了一次。朋友們都不知他升遷了的消息，他很想把這個好消息告訴大家。而且，他與另一個朋友都是被升職的候選人。同為候選人，他和這個朋友之間當然有些競爭，現在的結果是他得到了升職，所以他極想向大家宣稱自己被升職而那位朋友沒有。可是話到嘴邊，他隱隱覺得有個聲音在說：「不，千萬別說！」於是他只淡淡的笑了一下，只告訴大家自己被升職，沒有提及另一個朋友未被升遷之事。因為他明白，這事不用說，大家也知道，說出來反而影響自己的形象，傷害朋友的感情，自己在心裡慶祝一下就好，又何妨呢？

真正有雄心壯志的人是絕不會濫用優點和榮譽的，他不會等待著去享受榮譽，他會繼續努力去做那些需要去做的事。正如俄國科學家巴夫洛夫所諄諄告誡的：「絕不要陷於驕傲。因為一驕傲，你們就會在應該同意的場合固執起來；因為一驕傲，你們就會拒絕別人的忠告和友誼的幫助；因為一驕傲，你們就會喪失客觀方面的準繩。」

況且，讓事情更糟的是，你在得意時越誇耀自己，別人越迴避你，越在背後談論你的自誇，甚至可能因此而怨恨你。同時，驕傲的人必然妒忌，他喜歡見那些依附他的人或諂媚他的人，他對於那以德行受人稱讚的人會心懷嫉恨的，結果，他就會失去內心的寧靜，以至於由一個愚人變成一個狂人。

然而，具有諷刺意味的是，與此情況剛好相反，你越少刻意尋求贊同、越少刻意炫耀自己，你反而會獲得更多的贊同和欣賞。要知道，在日常生活中，人們更留心那些內向、自信，不隨時隨地表現自

己的正確與成績的人。大部分人都喜歡那些不自誇的、謙遜的人，他們總把自己藏在內心，而不是表現為自我主義。

當然，真正學會謙遜是需要實踐的。這是件很美的事，因為你在平靜輕鬆的感覺中會立即獲得內心的充實。如果你的確有機會自誇，那麼，嘗試著去盡力抑制住這一欲望吧，那將使你受益無窮。

得意時就少說話，這樣既敬人又敬己

學會低調做人，是處世的一門基本學科，是為人的一種至高境界，是認真生活著和生活過的人的一種很好的體會、總結。「低調做人」被所有真正的成功人士奉為聖經。

一個人要清楚外面是一個非常精彩的世界，但外面又是一個讓人特別無奈的世界。因此每個人都應該這樣：「得意時不要太張揚，失意時不要太悲傷。」

然而，讓事情更糟的是，你在得意時越誇耀自己，別人越迴避你，越在背後談論你的自誇，甚至可能因此而怨恨你。同時，驕傲的人必然妒忌，他喜歡那些依附他的人或諂媚他的人，他對於那些以德行受人稱讚的人會心懷嫉恨的，結果，他就會失去內心的寧靜，以至於由一個愚人變成一個狂人。

失意時敬人，得意時更要敬人。敬人者，人恆敬之。

記得有一次，小李約了幾個朋友來家裡吃飯，這些朋友彼此間都十分的熟識。小李把他們聚在一塊，主要是想藉著熱鬧的氣氛，讓一位目前正陷於低潮的朋友心情好一些。

這位朋友不久前因經營不善，結束了一家公司的經營，妻子也

第六個性格要素：低調務實的性格
得意時就少說話，這樣既敬人又敬己

因為不堪生活的壓力，正在與他談離婚的事。內外交逼，他實在痛苦極了。

來吃飯的朋友都知道這位朋友目前的遭遇，大家都避免去談與事業有關的事，可是其中一位因為當時發了大財，賺了很多錢，酒一下肚之後忍不住就開始談他的賺錢本領和花錢方法，那種得意的神情連小李看了都有些不舒服。而小李那位失意的朋友更是低頭不語，臉色特別難看，一會兒去上廁所，一會兒去洗臉，後來藉故提早離開了。

小李送他出去，走在巷口時，那位朋友憤憤的對小李說：「老吳有本事賺錢也不必在我面前吹噓嘛！」

此時，小李最清楚他的心情，因為在十年前，小李也有過人生的低潮期，當時正風光的親戚在小李面前炫耀他的薪水如何如何的高，年終獎金如何如何的多，那種感受就如同把針一支支插在心上一般，說有多難過就有多難過。

所以，與人相處一定要牢記「不要在失意者面前談論你的得意」。

一般來說，失意的人較少攻擊性，鬱鬱寡歡是他們表現的最為常見的一種形態，但別以為他們只是如此。聽你談論了你的得意後，他們普遍會產生一種心理──懷恨。這是一種轉進到心底深處的對你不滿的反擊。你說得口沫橫飛，不知不覺已在失意者心中埋下了一顆炸彈。想想看，這多不值啊。

失意者對你的懷恨多半不會立即顯現出來，因為他們此時無力顯現，但他們會透過各種方式來洩恨，例如說你壞話、扯你後腿、故意與你為敵，其主要目的就是要看一看你會得意到什麼時候。而最明顯的則是疏遠你，避免和你碰面，以免再聽到你的得意之事，於是，你不知不覺就失去了一個朋友。

不管失意者所採取的洩恨手段，對你造成的損傷是大還是小，至少這是你人脈資源上的危機，對你絕不會有好處的。

像前面小李敘述的他那位失意的朋友，只要一談起那位曾在他面前談論得意之事的朋友就悶聲不語，後來小李才知道，他們再也沒有來往過。

因此，當你有了得意之事，不管是升了官，發了財，或是一切順利，切忌在正失意的人面前談論，如果不知道某人正在失意也就算了，如果知道，絕對不要開口。切忌「在失意人面前談論得意之事」。

不過有一點你必須注意，就算在座沒有正失意的人，但總也有景況不如你的人，你的得意還是有可能引起他們的反感；人總是有嫉妒心的，這一點你必須承認。

所以，得意時就少說話，這樣既敬人又敬己。

選擇了這個企業，就要熱愛它

一個人，無論我們從事了什麼樣的職業，也無論我們當初選擇這份工作的原因是什麼，只要我們選擇了這個企業，就要熱愛這個企業，擁有了這份工作，就要熱愛這份工作，這就是職業道德感。

有人問英國哲人亞特伍德先生，成功的第一要素是什麼，他回答說：「喜愛你的工作。如果你熱愛自己所從事的工作，哪怕工作時間再長再累，你都不覺得是在工作，相反的，像是在玩遊戲。」

工作是我們實現自我價值、追求人生目標的重要途徑，唯有視其為使命，對它充滿尊敬之意，全力以赴、精益求精，才能勝任。挪威作家漢森說：「熱愛他的職業，不怕長途跋涉，不怕肩負重擔，好似他

第六個性格要素：低調務實的性格

選擇了這個企業，就要熱愛它

肩上一日沒有負擔，他就會感到困苦，就會感到生命沒有意義。」

我們的一生中，要扮演很多人生角色：學生、同學、子女、朋友……上班族也是其中一種。當我們能忠誠的做好其他角色的時候，為什麼就不能忠實的扮演好上班族這個很重要的角色呢？

也許我們不知道前方的路該怎麼走，現在很迷惘，整天是做一天和尚撞一天鐘。那是因為我們沒有為自己定位好，沒有熱愛自己的工作，沒有熱愛自己的公司和上級，沒有明白職場中真正的職業精神。

如果我們想獲得主管的信任，就必須要扮演好自己的工作角色，努力學習和精通工作技術，追求成長，要有「勿以善小而不為，勿以惡小而為之」的敬業觀念。天下有大事嗎？沒有！任何小事都是大事。集小惡則成大惡，集小善則為大善。培養良好的職業精神，都是從小事開始的。這種精神是慢慢建立起來的，而不是專門找大事去做。

在日本，當地人們廣為傳頌著這樣一個動人而真實的故事：

很多年前，東京一家五星級飯店，一個少女來到這裡當服務人員。

這是她初入社會的第一份工作，因此她很激動，暗下決心：一定要好好做！可是她沒想到，主管竟安排她洗廁所！

沒人愛做洗廁所的工作，更何況是從未做過粗重的工作，細皮嫩肉，喜愛潔淨的少女！當她用自己白皙細嫩的手拿著抹布伸向馬桶時，胃裡立刻不舒服，翻江倒海，噁心得想嘔吐卻又怎麼也吐不出來。而主管對她的工作品質要求特別高：必須把馬桶擦洗得光潔如新！

這時候，她面臨著人生第一步如何走下去的抉擇：是繼續做下去，還是另謀他職？繼續做下去──太難了！另謀他職──知難而退！還

假象快樂

七大性格改變自我，跟負能量 SAY NO！

是放棄工作回家去種田？可她不甘心就這樣敗下陣來，因為她想起自己初來時曾下過的決心，人生第一步一定要走好，馬虎不得！正在這個關鍵時刻，同單位一位前輩及時的出現在她面前，幫她踏好了這人生的第一步，幫她認清了人生路應該如何走。

前輩一遍遍的擦洗著馬桶，直到擦洗得光潔如新，然後，從馬桶裡盛了一杯水，一飲而盡喝了下去！實際行動勝過千言萬語，他不用一言一語就告訴了她一個極為樸素、極為簡單的真理：光潔如新，要點在於「新」，新則不髒，因為不會有人認為新馬桶髒，也因為新馬桶中的水是不髒的，是可以喝的；反過來講，只有馬桶中的水達到可以喝的潔淨程度，才算是把馬桶擦洗得「光潔如新」了，而這一點已被證明可以辦得到。

他送給她一個含蓄的、富有深意的微笑，送給她一束關注的、鼓勵的目光。她早已激動得幾乎不能自持，她目瞪口呆，熱淚盈眶，恍然大悟，如夢初醒！她痛下決心：「就算一生洗廁所，也要做一名洗廁所洗得最出色的人！」

從此，她一直秉持著這樣一種真正的職業精神，從事著各種工作，一直到做了職位很高的專業人士。

看過這個故事後，我們會有很多感想。什麼是真正的職業精神，我們要走的路還很長，甚至是有不少的彎路。我們要逐步學著去學習，要忠心耿耿的去完成職位賦予你的職責，做就做好了，做一個真正的專業人士。

俗話說，不在其位，不謀其政。可是現在時代變了，我們的觀念也應該變了，現在是：在其位，不僅要謀其政，還要另謀他政。當我們掌握公司機密的時候，不是為了自己口袋而隨便把機密洩露的；當

我們在公司的時候，就要把公司當作自己的家去愛護，但不是說公司的一切我們都可以隨便拿回家；當我們在公司工作的時候，不是讓我們牢騷滿腹的，我們要做的就是維護公司這棵不管是大是小的樹，讓它好好的生長。樹蔭大了，我們才好乘涼啊！

做工作就做真正的專業人士，做人就做真正的人。我們要時刻記著：我是一個專業人士！做自己該做的，為公司及自己的榮譽和利益著想，這樣不管我們是在什麼樣的公司，上級都會從心底欣賞我們，給我們更多的機會，讓我們不斷的在實戰中成長。作為一個上班族，有什麼比這個更有吸引力的呢？

有實力，才有魅力

隨著社會的不斷進步，就業競爭也變得異常激烈，我們要想生存，就要樹立起學習終身制的習慣，爭取一專多能，多元化發展，才能適應這個社會的發展。

現代社會就業環境中，我們只有樹立起學習終身制的觀念，爭取一專多能，多元化發展，一是為了謀生，適應這個社會，二是為了充實自己。

孫敏是一位教師，在學校又兼任會計，她的教學業務和會計業務能力都是說得過去的。工作以後，她一直沒有放棄學習，並已參加了註冊會計師考試，這幾年她也發表過許多的文章。後來，她所在的學校，招生情況很差，學校關了門，只發生活費，按理說找工作不成問題，而且她在職業選擇上本來就不分貴賤。可是到了找工作時，又因為性別，年齡等原因被限制了，再加上她現在又剛剛懷孕，於是

假象快樂
七大性格改變自我，跟負能量 SAY NO ！

她索性拿起筆來，在家做個清貧的自由撰稿人，從而也為自己闖出一條路來。

「家財萬貫不如薄技養生」，這是一句老話。隨著經濟的發展，產業結構的調整和經濟環境的變化，傳統的「從一而終」的就業觀念，正受到越來越大的挑戰。隨著企業的經營狀況，兼併破產和裁員增效帶來的失業潮，導致無業者大量增加，為「第二次就業做準備」已成為一些人的共識。一個人要在社會上生存，其技術和技能是賴以生存的重要條件，也是個人謀生的方式。進入職場工作一二十年，一個不注重隨時為自己充電的人，到了人才競爭、擇優錄取的時候，你原有的知識量，早已經嚴重「透支」，經不起市場的風起雲湧。怎樣才能讓「謀生手段」這張存摺上的數字越來越大，「終身學習，隨時充電」才是「萬變不離其宗」的法門。僅僅守著「做一行，會一行」的觀念是不夠的，只有「既是專才，又是通才」的複合型人才，才是市場上的「搶手貨」。

我們看到，傳統意義上的行業數量，在這個知識爆炸的時代已經明顯不夠了，全世界每年有多種工作職位在不知不覺中消失，同時，又有上千種新興的職位悄然出現。

臨淵羨魚，不如退而結網。君不見：電腦等級證照，英語資格證書、電子維修、祕書財會、棋藝茶道等各種培訓班的「人氣」很旺嗎？現在，職業技能和文明素養已經成為影響人們收入高低和生活品質的最主要因素。當企業經營遇到困難時，高素養、多技能的員工輕易跳槽，享受高薪；而只有單一技能的員工，其就業率就低得多。很多人早已開始針對市場需要什麼就學什麼，知識結構裡缺什麼就補什麼。只有渾身修練得「十八般武藝」，任何變化你都能泰然處之。「藝多

第六個性格要素：低調務實的性格

有實力，才有魅力

不壓身」，正如一句廣告詞所說：有實力才有魅力。處於社會競爭中的我們，要認清自己所處的位置，認知到培養各種技能的重要性，這既是社會經濟發展的需求，也是每個人自身生存發展的需求。

小潔所在的單位由於經營困難，開始大規模裁員，她失業了。年齡已過三十歲的她，花兩年時間苦讀韓語，因為有些基礎，她考過了韓國語文能力測驗。後來，被一家韓商企業聘請去當翻譯。重新工作的她，嘗到過失業的煎熬，工作非常賣力，薪水也比在以前的公司時要高出好幾倍。工作中，常有些日本客戶來談合作，她懂幾句日語，但很不成樣。於是，她又暗下決心，開始研讀日語。她不放過任何學習的機會，平時陪客戶時向客戶學習，工作之餘用各種方式學習，節假日她去外語補習班學習，家裡的事全託付給她丈夫了。又經過三年的努力，她的日語程度已經達到N1，口語達到相當的水準。後來，她又跳槽到一家日商企業，收入頗豐。

我們可以看出，如果她沒有外語技能的話誰會要她，她沒有日語的技能又怎麼能跳槽，賺更多的錢呢？曾有句話說：「空袋子不管在哪裡也立不起來。」意思就是說人沒有一點技能是不行的。現在還有一句話：「一個人總得有兩下子，一下子是不行了。」為什麼不行了呢？就是社會發展了，科技進步了。再者，這個「一技」還是「多技」，還要看看是怎麼比，和誰比。如果範圍很小，限於家裡，班級裡，小企業裡是不行的，那也不叫一技。所謂的「一技」或是「多技」必須是社會認可的，有相當範圍，這種多技才有作為。

總之，要想在社會上站穩腳跟，我們只有更努力，更出色，更獨立。

學習一生，你就會有充滿收穫的一生

學習是一個永無止境的過程，成功也需要終生學習，每一個想成功的人都應該認知到，學習將成為終生的需求。

隨著時代的進步，社會的發展，一個人只要學會一技之長就可以終生享用的時代已經不復存在了。今天還在應用的某項技術，明天可能就已經過時了。知識、技術更新換代的速度讓人應接不暇，要使自己能夠跟上時代發展的步伐，就要不斷的學習。

其實，古代哲人荀子早就說過：「學不可以已。」人如果停止學習，就會退步。從人的自我發展和自我實現來說，一旦停止學習，也就到盡頭了。

我們多數人還在如何適應生存，如何才能發展自己的問題上思考著學習的重要性。如果停止學習，你就要落伍，就要被時代淘汰，你的生存就會受到威脅，就談不上發展，更談不上自我實現。

人的潛能是很大的，成功沒有止境，學習也是沒有止境的。不斷的學習，你就會有不斷的進步。

有些人淺嘗輒止，滿足於一時的成功。他們雖然值得慶賀，但不值得人敬佩。只有那些不斷進取，不斷超越自己的人，才值得我們敬仰。

活到老，學到老，這是恆久不變的道理。對於我們現代人來說，更不能停止學習，一個人一旦停止了學習，他就會成為社會的落伍者，他將在快速發展的社會裡找不到自己的位置。

史丹‧哈維最初的理想是做一個營造工程師，並且他一直在這方面學習專業知識，加強自己。但是，在美國經濟大恐慌時期，他找不到

他的就業市場，也就是說，他所學的專業知識沒有用武之地，他無法實現原來的夢想。

於是，他重新評估了自己的能力，決定改行學習法律。他又一次回到了學校，去學將來可以當法人律師的特別課程。兩年的時間很快過去了，他學完了必修課程，通過了法庭考試，很快就執業營運了。

史丹·哈維決定回學校繼續學習的時候，他已經年逾不惑，並且成家立業，更加令人敬佩的是，他不逃避任何困難，而是仔細挑選了法律最強的多所院校，去選修高度專業化的課程，一般法學系學生需要四年才能上完的課程，他只花了兩年就讀完了。

現在很多人會找藉口說：「我已經太老了，學不懂了。」或者說：「我有一大家子人等著我去養活，哪有時間去學習？」這實際上是一種藉口罷了。這是一種得過且過，苟且偷安，貪圖享受，安於現狀，不圖進取的心理在作怪，是在給自己找一個體面的藉口罷了。

其實，人生是一個本我、自我、超我的一個過程，只有我們不斷的學習，才能達到最高的人生境界。

天下大事，必作於細

不要因為事情看起來太小就不去做，甚至是做了也不是做得很仔細。眼前的小事，或許正是將來做成大事業的幼苗或基石，通常大的成功都是由做好小事累積而來的。

曾經有這樣一個故事：

有一次，耶穌帶著他的門徒傑克遠行，途中發現一塊別人丟棄的馬蹄鐵，耶穌讓傑克撿起來。傑克懶得彎腰，假裝沒聽見耶穌的話，

假象快樂
七大性格改變自我，跟負能量 SAY NO！

繼續往前走。於是，耶穌自己彎腰拾了起來，並用它換得幾文錢，買了十幾顆櫻桃藏在衣袖裡。出了城便是茫茫的荒野。走了一段路後，耶穌故意掉落一顆櫻桃在地上，口渴難捱的傑克，不得不彎腰撿起來吃。就這樣，一個丟，一個撿，傑克也顧不得狼狽，就這麼一次又一次的彎腰，畢竟解渴要緊啊！

後來，耶穌藉此事教育傑克說，小事不做，將在更小的事情上操勞，如果你肯彎一次腰的話，那麼成功就是為你準備的，也許對於那些失敗者來說，早知道有這樣的結果，當初你把這塊「廢鐵」拾起，你也會成功的。可是問題就在於「不知道那些廢棄的鐵是寶」，就像那個「傻瓜吃餅」的寓言，吃到第十個的時候，感到肚子已經太脹了，說早知道這樣，我吃最後一個好了。

一些不考慮實際情況的人總認為，如果想成功就一定要做一些驚天地泣鬼神的事。

許多具有「成功訊息」的東西，就隱藏在隨處可見的小事中。其實，幫助我們成功的路徑就擺在我們面前，有時被我們一次次的漠視它，昂首闊步的從它面前走過。總以為自己重任在身，總是習慣抬頭遠望，做一些自己達成不了的事情，就像在尋找著第十個餅。

反過來說，「成功訊息」也會裝扮成聖誕老人，來考驗那些不做小事的人，看著你撿了芝麻，然後捧出西瓜。

你可以仰仗一些準則，比如勤勉、謙虛、刻苦、誠實、認真等，來幫助自己從「量變到質變」中完成人生的一次次成功。

例如，反反覆覆思考著一個問題，前前後後背誦著一個單字，你覺得你幾乎筋疲力盡快要崩潰了，卻還是不得其精髓。然而，第二天早上起來，你再度思考它們的時候，忽然有一種舉重若輕的美妙感

第六個性格要素：低調務實的性格

天下大事，必作於細

覺，你好像獲得了新生。

如果你好高騖遠，那就在做事上犯了一個大錯誤。你以為可以不經過程而直奔終點，不從卑俗而直達高雅，捨棄細小而直達廣大，跳過近前而直達遠方。

你心性高傲、目標遠大固然不錯，但目標好像靶子，必須在你的有效射程之內才有意義。如果目標太偏離實際，反而對你的進步沒有什麼益處。

同時有了目標，還要為目標付出努力，如果你只是空懷大志，而不願為理想的實現付出辛勤勞動，那「理想」永遠只能是空中樓閣、一文不值的東西。

好高騖遠的人最重要的失誤在於不切實際，既脫離現實，又脫離自身，總是這也看不慣，那也看不慣。或者以為周圍的一切都與他為難，或者不屑於周圍的一切，終日牢騷滿腹，認為這也不合理，那也有失公允。張三不行，李四也不怎麼樣，唯有自己出類拔萃。不能正視自身，沒有自知之明，是好高騖遠者的明顯特徵。

這樣的人應該明白自己有多大的本事，有多少能耐，不要沾沾自喜於過去某方面的那一點點成績，要知道自己有什麼缺陷，不要以己所長去比人所短。不要心中唯有自己的高大形象，從不患不知人，唯患人之不己知。一天又一天，一年復一年，總是有一種懷才不遇、英雄無用武之地的感覺。脫離了現實便只能生活在虛幻之中，脫離了自身便只能見到一個無限誇大的虛幻影子。

沒有堅實的基礎，只有空中樓閣、海市蜃樓；沒有確實可行的方案和措施，只有空空洞洞的胡思亂想，這是好高騖遠者人生悲劇的前奏。

其次，好高騖遠的人大多數是懶人，害怕吃苦、懼怕困難、情緒懶散，從精神到行動都遊遊蕩蕩、好逸惡勞、貪圖享受，甚至打心眼裡瞧不起那些吃苦耐勞者，認為那是愚蠢。也打心眼裡瞧不起每天圍繞在身邊的那些小事，不屑於去做，這是形成好高騖遠者人生悲劇的根本性原因。

好高騖遠的人在人際交往中是不會受人們歡迎的。對地位比他高的人，他或者巴結奉承、奴顏婢膝：或者不屑交往，認為他們也沒有什麼了不起。而對地位比他低的人，則一律鄙視瞧不起。如果他是個工人則瞧不起農民，開口閉口都是鄉下人這樣髒那樣醜。如果他是個管理階級則瞧不起工人，這樣沒修養，那樣沒德行。結果地位比他高的人瞧不起他。地位比他低的人也同樣瞧不起他，成為兩頭受鄙視，被拋棄的人，結果當然是悲慘的。

瞧不起小事，不願做小事，而大事本想做卻做不來，或者輪不到他做，終於一事無成。眼看著別人碩果累累，他空有抱怨，空有妒忌。

「圖難於其易，為大於其細。天下難事，必作於易，天下大事，必作於細。是以聖人終不為人，故能成其大。」要想度過人生的危難，戰勝人生中的種種挫折，完成天下的難事，要在年輕的時候，就著手去做。

成功是一分天才，九十九分的血汗

如果我們不能成為高山上挺拔的蒼松，那麼就做山谷中最美好的百合花。成就不在於事業大小，而在於盡心盡力的去做。

第六個性格要素：低調務實的性格
成功是一分天才，九十九分的血汗

如果我們是智者，要記住一句：「成功是一分天才，九十九分的血汗。」如果我們是愚者，更要記住：「勤能補拙，更要付出更多的血汗。」

高爾基說：「天才就是勞動。」歌德說：「天才所要求的最先和最後的東西，都是對真理的熱愛。」海涅說：「人們在那裡高談闊論天才和靈感之類的東西，而我卻像首飾匠打鏈那樣的精心的勞動著，把一個個小環非常合適的連結起來。」

不難看出，「認真工作」，「耐心」，熱愛真理，勤奮，對工作的堅持性，都在實踐中促進了一個人的智力發展。可見，在研究成功者的智慧結構的時候，不能忽略其非智力因素。非智力因素，又叫人格因素。俗話說：「勤能補拙。」勤奮學習，堅持不懈，愚笨的人也可以變得聰明起來。有學者曾查閱過世界上五十三名學者（包括科學家、發明家、理論家）和四十七名藝術家（包括詩人、文學家、畫家）的傳記，發現他們除了本人聰慧以外，還有以下共同的人格特質：勤奮好學，不知疲倦的工作；為實現理想，勇於克服各種困難；堅信自己的事業一定成功；爭強好勝，有進取心；對工作有高度的責任感。可見，在文藝和科學上卓有成就的人，並非都是智力優越者。這與其本人主觀上的艱苦奮鬥，克服困難是分不開的。

安徒生是丹麥童話作家，他從小家境貧寒，曾想當演員，劇團經理嫌他太瘦；他又去拜訪一位舞蹈家，結果被奚落一番轟了出來。他流浪街頭，以頑強的毅力刻苦學習，終於成為世界著名的童話作家。

高爾基的童年，也並沒有表現出某種天才的特質。他最初的理想是當演員，報考時，沒有被看中；後來，他偷偷的學習寫詩，把寫下的一大本詩稿送給柯羅連科審閱，這位作家看了他的詩稿說：「我覺得

假象快樂
七大性格改變自我，跟負能量 SAY NO！

你的詩很難懂。」高爾基非常傷心，憤怒的把稿子燒了。在以後漫長的浪跡生活中，他發憤讀書，不斷累積社會閱歷和人生經驗，終於成為蜚聲文壇的大文豪。

安徒生和高爾基的成長道路都說明，藝術才能有極大的可塑性。人才成長的非智力因素方面較多，有的表現為社會責任感，理想和志向，順應時代潮流；有的表現為個人心理和人格特徵，如，有志氣、有恆心、有毅力、不自卑，在成績面前永不止步；還有的表現為人生路上的機會。

研究名人的成長道路，可以說幾乎沒有一個是一帆風順的。

出生於英國牛津的史蒂芬‧霍金，年輕時就身患絕症，然而他堅持不懈，戰勝了病痛的折磨，成為了舉世矚目的科學家。

牛津大學畢業後，霍金即到劍橋大學讀研究所，這時，他被診斷患了「肌萎縮性脊髓側索硬化症」，沒過多久，他就完全癱瘓了。一九八五年，霍金又因肺炎進行了氣管切開手術，此後，他完全不能說話，依靠安裝在輪椅上的一個小對講機和語言合成器與人進行交談；他看書必須依賴一種翻書頁的機器，讀文獻時需要請人將每一頁都攤在大桌子上，然後，他驅動輪椅如蠶吃桑葉般的逐頁閱讀……。

面對病痛的折磨，霍金並沒有放棄對學習的渴望，他正是在這種一般人難以置信的艱難中，成為世界公認的理論物理科學巨人。霍金在劍橋大學擔任牛頓曾擔任過的「盧卡斯數學教授」之職，他的黑洞理論和量子宇宙論不僅轟動了自然科學界，並且對哲學和宗教也有深遠影響。霍金還在一九八八年四月出版了《時間簡史》，此書已用三十三種文字發行了五百五十萬冊，如今在西方，自稱受過教育的人若沒有讀過這本書，會被人看不起。

　　每個人生下來都是一樣的，天才之所以是天才，是靠堅持不懈的努力，靠勤奮換來的，大思想家孔子為了取悅母親，挑燈夜讀，經過一遍又一遍的練習才學會了母親教給他的生字。他的繼承人孟子也不是一個天生就有學問的人。孟子幼年的時候非常貪玩，不喜歡讀書，後來，孟母為了教育兒子，三次搬家，還剪斷布匹開導他，才使孟子明白了要想成才，就必須努力勤奮的道理。

　　如果後天不努力，即使有一定的天分，到頭來也會變成一個碌碌無為之人。我們還記得王安石的《傷仲永》吧，天分極高的仲永因為後天不努力，最終才華白白浪費，落得一個和一般人沒有什麼區別的下場。

　　所以，要想成才，必須努力！在成才道路中，重要的是對自己的學識、才能、特點，有清醒的自我意識，努力爭取主客觀默然契合。現實告訴我們，成功只會光顧那些為理想付出了心血的行動者。

從現在開始，珍惜時間

　　有一句話說得很好，昨天是一張過期的支票，明天是一張尚未兌現的支票，只有今天才是可以流通的現金。也只有今天，才是我們唯一可以利用的時間，好好珍惜今日，善加利用吧！

　　陽光明媚的日子裡，在森林中，鳥兒辛勤的勞動著，歡快的歌唱著。其中有一隻寒號鳥，有著一身漂亮的羽毛和嘹亮的歌喉，便到處去賣弄自己的羽毛和歌聲。看到別人在辛勤的勞動，牠反而嘲笑不已。好心的百靈鳥提醒牠說：「寒號鳥，快築個窩吧！不然冬天來了，你怎麼過呢？」

假象快樂
七大性格改變自我，跟負能量 SAY NO！

　　沒想到寒號鳥輕蔑的說：「不忙，不忙，冬天還早呢，著急什麼呢！趁著現在的大好時光，快快樂樂的玩吧！」

　　日復一日，就這樣，冬天眨眼就來了。鳥兒們晚上都在自己暖和的窩裡安然的休息，而寒號鳥卻在夜間的寒風裡，凍得瑟瑟發抖，用美妙的歌喉悔恨過去，哀叫未來，並且不時的吼道：明天就築窩，明天就築窩。

　　可是，第二天太陽出來了，萬物甦醒了。寒號鳥沐浴在陽光中，好不愜意，完全忘記了昨天夜裡被凍的痛苦，又快樂的歌唱起來。

　　有鳥兒勸牠：「快築窩吧！不然晚上又要沒地方住，又要凍得發抖了。」

　　寒號鳥嘲笑說：「不會享受的傢伙。」

　　寒冷的夜晚又來臨了，寒號鳥又重複著昨天晚上一樣的故事，就這樣重複了幾個晚上，大雪突然降臨，鳥兒們奇怪寒號鳥怎麼不發出叫聲了呢？太陽一出來，大家才發現，寒號鳥早已被凍死了。

　　「明日復明日，明日何其多？我生待明日，萬事成蹉跎。」今天的事情推到明天，明天的事情又推到後天，一而再，再而三，事情永遠沒完沒了。只有那些善待今日的人，才會在「今天」奠定成大事的基石，孕育「明天」的希望。

　　所有人的時間都是差不多的從生到死，但是，在相同的時間裡，有些人能夠做很多事情，效率很高，而另一些人卻只能做極少的事情，沒有成就。原因就是因為他們不懂得珍惜時間，沒有養成善用時間的好習慣。

　　時間是平凡而常見的，它從早到晚都在運行，無聲無息，一分一秒的運行著。而時間又是寶貴的，是每個人生命中最寶貴的東西。

第六個性格要素：低調務實的性格

從現在開始，珍惜時間

　　我們要做成大事，首先要利用好自己的時間，養成合理利用時間的好習慣，因為良好的時間習慣對我們的一生有無窮的回報。

　　時間就是金錢，只有重視時間的人，才能獲取人生的成功。

　　巴爾札克說：「時間是人的財富、全部財富，正如時間是國家的財富一樣，因為任何財富都是時間與行動之後的成果。」巴爾札克是怎樣珍惜和利用時間的呢？

　　讓我們看看巴爾札克普通一天的生活吧：

　　午夜，牆上的掛鐘敲了十二響，巴爾札克準時從睡夢中醒來，他點起蠟燭，洗一把臉，開始了一天的工作。這是最寧靜的時刻，既不會有人來打擾，也不會有債主來催帳，正是他寫作的黃金時間。

　　準備工作開始了，他把紙、筆、墨水都放在適當的位置上，這是為了不要在寫作時有什麼事情打斷自己的思路。他又把一個小記事本放到辦公桌的左上角，上面記著章節的結構提綱。他再把為數極少的幾本書整理一下，因為大多數書籍資料都早已裝在他腦子裡了。

　　巴爾札克開始寫作了。房間裡只聽見奮筆疾書的「沙沙」聲。他很少停筆，有時累得手指麻木，太陽穴激烈的跳動，他也不肯休息，喝上一杯濃咖啡，振作一下精神，又繼續寫下去。

　　早晨八點鐘了，巴爾札克草草吃完早飯，洗個澡，緊接著就處理日常事務。印刷廠的人來取墨跡未乾的稿子，同時送來幾天前的清樣，巴爾札克趕緊修改稿樣。稿樣上的空白被填滿了密密的字跡，正面寫不下就寫到反面去，反面也擠不下了，就再加上一張白紙，直到他覺得對任何一個詞都再挑不出毛病時才住手。

　　修改稿樣的工作一直進行到中午十二點。整個下午的時間，他用來摘記備忘錄和寫信，在信上和朋友們探討藝術上的問題。

吃過晚飯，他要對晚飯以前的一切略作總結，更重要的是，對明天要寫的章節進行仔細縝密的推敲，這是他寫作中一個非常重要的環節，一個必不可少的步驟。晚上八點，他放下了一切工作，按時睡下了。

這普通的一天，只是巴爾札克幾十年間寫作生活的一個縮影。從這裡，我們不難看出一個人要想取得成就，就必須養成珍惜時間的習慣，因為時間是走向成功的保證。

對於時間的價值，有許多人生活了多年還沒弄清楚。其實，我們每個人的時間都是有限的，而且再也不會增加了。然而，我們卻可以掌握對時間的需求，並更有效的利用我們能夠自由支配的時間。

我們能自由支配的時間由誰掌管著？通常來說，我們的時間是根本不自由的。因為我們把自己緊緊束縛在別人的議事日程上，盲目的追隨著，繁雜的事務，不管它對我們是不是有益處。

為了避免這種現象，我們必須管理好自己的生活——也就是管理好自己的時間。

擇善而從，虛心好學

「三人行，必有我師焉。擇其善者而從之，其不善者而改之。」這是《論語·述而》中的一段話。這段話，表現出孔子自覺修養，虛心好學的精神。它包含了兩個方面：一方面，擇其善者而從之，見人之善就學，是虛心好學的精神；另一方面，其不善者而改之，見人之不善就引以為戒，反省自己，是自覺修養的精神。這樣，無論同行相處的人善與不善，都可以為師。

第六個性格要素：低調務實的性格

擇善而從，虛心好學

《論語》中有一段記載：

一次衛國公孫朝問子貢，孔子的學問是從哪裡學的？子貢回答說，古代聖人講的道，就留在人們中間，賢人認識了它的大處，不賢的人認識它的小處；他們身上都有古代聖人之道。「夫子焉不學，而亦何常師之有？」（《論語・子張》）他隨時隨地向一切人學習，誰都可以是他的老師，所以說「何常師之有」，沒有固定的老師。

如孔子入太廟，「每事問」（《論語・八佾》）；宰予白天睡覺，孔子說：「始我於人也，聽其言而信其行；今我於人也，聽其言而觀其行。於予與改是。」（《論語・公冶長》）子貢對孔子說，子貢自己只能「聞一而知二」，顏回卻可以「聞一而知十」。孔子說：「弗如也。吾與汝弗如也。」

現代社會裡，我們處處強調「學習」，可是，什麼是值得學習的？什麼是值得批判的？很多時候我們模糊不清，掌握不好方向。所以，這是一個自由的時代，也是一個需要自己的慧眼辨別是非的時代，我們有時只是強調「三人行，必有我師」，強調只要有利益的就要學習，只要實用就學習。

三國時期「才高八斗」的曹植就是典型的一位。在一篇文章裡是這樣記載的：

曹植的詩、賦、散文，不僅語言華美，風格獨特，而且感情真摯，見解深刻，其思想內容也高出同時代的人，對後代文學影響深遠。曹植才華橫溢，是與他平時學習謙虛刻苦分不開的。他一直認為，哪怕才氣再高，所做的詩文也不可能沒有毛病。因此，他常常喜歡別人來挑他文章的毛病，哪怕是改正了他一個字，他也要尊之為「師」。他曾在《與楊德祖書》中說：「世人之著述，不能無病。僕常

假象快樂

七大性格改變自我，跟負能量 SAY NO！

好人譏彈其文……使僕潤飾之，僕自以才不過若人，辭不為也。敬禮謂僕：『卿何所疑難？文之佳惡，吾自得之，後世誰相知吾文者邪？』吾常嘆此達言，以為美談。」

曹植謙虛，刻苦好學，不僅限於書本和文章，還突破書本和文友的局限，虛心向民間大眾學習。他認為：「街談巷說，必有可采；擊轅之歌，有應風雅；匹夫之思，未易輕棄也。」

建安十二年（西元二〇七年），曹植隨軍北征三郡烏桓途中，到了北方濱海一帶。異域風土和邊疆民族的貧苦生活，給他留下了深刻的印象。他拜師求學，深入貧民生活，提筆寫下了《泰山梁甫記》，記錄了「邊海民」的淒慘生活，表露了他對百姓的關切和同情。曹植的詩、賦描寫的是那樣生動、具體，富有感情。

曹植的這些文學成就與他的善拜人為師，與他的謙虛好學是分不開的。做人一定要避免自高自大、自鳴得意和自以為是。因為知識是無窮盡的，沒有任何一種力量能夠永遠戰勝未來，而未來才是不驕不躁的裁判官。

一個不謙虛的人大多是不能正確對待自己的，並且最容易走進自己重複自己的怪圈。隨著時間的推移，總以為自己走了很遠的路，但當有一天突然醒來，卻發現自己還停留在原來的起跑線上。

中國近代聞名遐邇的學術巨人梁啟超，在一九二〇年以後退出了政治舞台，專心致力於學術研究，在眾多社會科學領域裡，都取得了令人矚目的成果。但梁啟超的朋友周善培直言不諱的批評他的文章說：「中國長久睡夢的人心被你一支筆驚醒了，這不待我來恭維你。但是，寫文章有兩個境界：第一步你已經做到了，第二步是能留人。司馬遷死了快兩千年，至今《史記》裡的許多文章還是百讀不厭。你

這幾十年中，寫了若干篇文章，你想想看，不說讀百回不容易，就是使人能讀兩回三回的能有幾篇文章？」這麼刺耳難聽的話，梁啟超聽了猶如挨了當頭一棒。但他絲毫沒有生氣，而且還很虛心的向老朋友請教：「你說文章怎樣才能留人呢？」 周善培很認真的回答說：「文章要留人，必須要言外有無窮之意；使讀者反覆讀了又讀，才能得到它的無窮之意，讀到九十九回，無窮的還沒有窮，還丟不下，所以才不厭百回讀。如果一篇文章把所有意思一口氣說完了，自己的意思先窮了，誰還肯費力再去搜求，再去讀第二回呢？文章開門見山不能動人，一開門就把所有的山全看完，裡面沒有丘壑，人自然一看之後就掉頭而去，誰還入山去搜求丘壑呢？」周善培的話，梁啟超覺得分析透澈精闢，很有見地，擊中了自己文章的毛病和要害。所以他連聲稱謝，虛心接受。

從此，梁啟超寫文章更加精益求精，果然受益匪淺。

如果一個人常常得意忘形，不拜別人為師，不接受別人的批評，自己拍自己的肩膀，把它當作一件了不起的事情，那他無異是在欺騙自己，就像那些被魔術欺騙了的觀眾一樣。從此，他將走上失敗的道路，因為他早已沒有了自知之明，盲人騎瞎馬亂闖，怎麼會有成功的希望？

性格測試：你是行動家還是夢想家

1. 你喜歡悠閒的生活嗎？　　　　　　　　　　是　　　否
2. 你喜歡苦思冥想嗎？　　　　　　　　　　　是　　　否
3. 你經常要等電梯嗎？　　　　　　　　　　　是　　　否

假象快樂

七大性格改變自我，跟負能量 SAY NO！

4. 塞車的時候你感到不耐煩嗎？　　　　　　是　　否

5. 你寧可做了再說也不願反覆討論嗎？　　　是　　否

6. 你每天一刻也不閒著而事情卻做不完嗎？　是　　否

7. 你曾經思考過「我是怎麼樣的人」嗎？　　是　　否

8. 沒事的時候你喜歡睡覺、看看電視嗎？　　是　　否

9. 你喜歡想像未來的事情嗎？　　　　　　　是　　否

10. 別人曾經抱怨你行動太快嗎？　　　　　　是　　否

11. 你喜歡找事情做嗎？　　　　　　　　　　是　　否

12. 在同樣的時間內你可以做更多的事嗎？　　是　　否

13. 你對於新鮮的東西總是旁觀一段時間再嘗試嗎？是　否

14. 你喜歡養花嗎？　　　　　　　　　　　　是　　否

15. 你喜歡和別人聊天嗎？　　　　　　　　　是　　否

16. 你喜歡有計畫的生活嗎？　　　　　　　　是　　否

17. 你總是抱怨時間不夠用嗎？　　　　　　　是　　否

18. 你喜歡領導其他人嗎？　　　　　　　　　是　　否

評分參考答案：

第 1、2、3、7、8、9、12、13、14、15 題：

是——0 分，否——1 分。

其餘各題：是——1 分，否——0 分。

說明：

如果得分高於 10 分：你是個標準的行動家。喜歡主動參與，不喜歡悠閒的生活，喜歡把日程排得滿滿的。不過，若得分過高，要注意安排休息時間。

如果得分在 5～10 分：你介於行動家與夢想家之間，既能付諸於

第六個性格要素：低調務實的性格

性格測試：你是行動家還是夢想家

行動，也能靜下心來思考，好好的把握生活的尺度。

如果得分低於 5 分：你是個標準的夢想家，只說不練，所以很多想法無法實現。

假象快樂

七大性格改變自我，跟負能量 SAY NO ！

第七個性格要素：寬容忍讓的性格

　　一個性格寬容的人一定是一個樂於施恩的人，因為施恩能夠開闊一個人的心胸，使人心甘情願、不計報酬的去幫助遇到困難的人。當然，人非草木，孰能無情，樂於施恩的人自然能夠得到他人的熱心相助。反之，一個性格刻薄狹隘的人常常會以一種敵視的眼光看待周圍的一切，而且處處提防他人，這種性格的人必將陷入孤獨和無助中。一個人如果心胸狹小，自私自利，自然難以容人，而不能容人的人必然難成大事。一般而言，高效能人士往往是那些心胸寬廣、熱情善良的人，因為他們能夠用寬容征服一切。

海納百川，有容乃大

海納百川，有容乃大。 與人相處，吃一分虧，就積一分福；有一分退讓，就受一分益。相反，占一分便宜，就招一次災禍；存一分驕，就多一分屈辱。所以說：君子應該以寬容忍讓為上策。

法國人有句話：「能夠了解一切事物，便能寬恕一切事物。」在這個世界上，有很多不幸的事都是由於人們之間缺乏包容心而引發的。

很久以前，有一位老禪師，一天晚上正在禪院裡散步，突然看見牆腳邊有一張椅子，他一看便知有位出家人違犯寺規，越牆出去溜達了。老禪師並沒有聲張，他走到牆邊，移開椅子，就地而蹲。過了一會兒，果真有一個小和尚翻牆，黑暗中踩著老禪師的背脊跳進了院子。當他雙腳著地時，才發覺剛才踏的不是椅子，而是自己的師父。小和尚頓時驚慌失措，張口結舌。但讓小和尚沒有想到的是，師父並沒有厲聲責備他，只是以平和的語調說：「夜深天涼，快去多穿一件衣服。」

老禪師寬容了他的弟子。他知道，寬容是一種無聲的教育。

美國心理學家羅傑斯說過：「無條件的肯定會無限的激發一個人的潛能。」

曾經有這樣一個人，他身材高大魁梧，臉被太陽晒得特別黑，而且在他的臉上還遺留著戰場上的痕跡，他邁著堅強穩定的步伐走在市場上。當他走過一家商店的時候，店老闆想秀一下自己的搞笑本領，把他的店員們逗笑起來，於是，他就把一袋垃圾扔向那個過路人。出乎意料的是，這個過路人並沒有因此而發怒，更沒有朝這邊看一眼，繼續邁著穩健的步伐朝前走去。當他走遠以後，旁邊的人對商人說：

第七個性格要素：寬容忍讓的性格

海納百川，有容乃大

「你知道你剛才侮辱的這人是誰嗎？」「每天有成千上萬的人從這裡經過，我怎麼會認識他呢？他也只不過是路過這裡的其中的一員。難道你認識這個人？」店老闆不屑的說著。「這個人你都不認識，」他旁邊的人對他說，「剛才走過去的這個人就是著名的軍隊首領馬力克‧艾施圖爾‧納哈爾。」「他是馬力克‧艾施圖爾‧納哈爾？是真的嗎？就是那個敵人聽到他的聲音就四肢發抖，連獅子見到他都會膽戰心驚的馬力克嗎？」「對，正是他。」那個人說。

聽他說完，店老闆非常吃驚的說：「哎呀！我竟做了這樣的傻事，我真該死，等到他回去以後肯定會下令嚴厲的懲罰我，我得趕緊去追他，向他求救，求他饒了我這一回。」

店老闆說完以後就朝著馬力克走去的方向追去，但是，馬力克並沒朝家中走去，事情並沒有像他想像的那樣，而是拐進了清真寺，這個店老闆也跟著他進了清真寺。店老闆見他在禮拜，等他禮拜完之後，店老闆走到他跟前低著頭說道：「對不起，我是剛才對你不禮貌的那個人。」

然而，馬力克卻對那個店老闆說：「向真主發誓，原本我是不來清真寺的，但是在我看到你太無知太幼稚，無緣無故的傷害過路人，正是為了你我才來這裡的，我為你而痛心。所以我來清真寺，想要祈求真主讓他引導你走正道，我並沒有像你猜測的那樣想嚴懲你。」

享受寬容的幸福，就應該學會寬容。寬容他人對你的嘲笑，寬容朋友對你的誤解，寬容主管對你的錯怪。寬容一切你該寬容的，你會覺得你的心海寬闊得可以容納山川大海，你會覺得你變得越來越豁達高尚。

只有寬容的人才會積極樂觀的對待生活，在遇到危險，或是面對

困難的時候，他們能夠頭腦冷靜，遇難不驚，凡事都以大局為重。這樣的人是值得我們學習和尊敬的。

處事讓一步為高，待人寬一分是福

《菜根譚》中有這樣一段話：「處事讓一步為高，退步即進步的根本；待人寬一分是福，利人是利己的根基。」這是一種大度，是心懷寬廣的君子所為。假如生活欺騙了你，你是否也會保持這種君子的風範呢？

一對夫婦住在白隱禪師的附近，他們有一個女兒，女兒還沒有嫁人就懷有身孕，夫婦倆很生氣，於是就逼問女兒要她說出孩子的父親，女孩說是白隱。這對夫婦怒不可遏，找到白隱，對他狠狠侮辱了一番。聽完後，白隱只說了一句話：「是這樣嗎？」孩子出世後，這家人把他送給白隱撫養。白隱沿街拜訪去替孩子討奶水，不知被多少人譏笑，但他卻不介意，依然仔細的照顧孩子。過了幾年後，這件事情真相大白，原來孩子的真正父親是一個市井無賴，這家人覺得很過意不去，上門向白隱賠禮道歉，想要回孩子。白隱把孩子還給他們時，同樣只是輕輕的又說了一句話：「是這樣嗎？」

在現實生活中，這樣或那樣的屈辱與誹謗我們難免會遭遇到，但是，當這樣的時刻來臨的時候，我們能否像白隱禪師一樣泰然處之呢？「是這樣嗎」，簡單的幾個字卻蘊涵了多少深意。

孔子說：「君子坦蕩蕩，小人常戚戚。」心胸坦蕩，才能寢食無憂，與人交而無怨，是做人處世的藝術。得饒人處且饒人，人生本不必過於苛責別人，何苦雙眉擰成繩，這不僅是人與人之間交往的藝術，也

是立身處世的一種態度，更是做人的涵養。

在聰明人的心中，生活是快樂的，精神是自由的，天地永遠是寬闊的。

所以，襟懷坦蕩的人常以退一步海闊天空作為立世不倒的生活格言。抱著無可無不可，可為可不為的豁達態度，享受自己的一份清靜與快樂。

路徑窄處，留一步與人行

《菜根譚》中說：「路徑窄處，留一步與人行；滋味濃時，減三分讓人嘗。此是涉世一級安樂法。」這話告誡人們在道路狹窄之處，應該停下來讓別人先行一步，有好吃的東西不要自己獨享，要拿出一部分與別人分享。如果你經常這麼做，經常這樣想，那你就會快樂安祥。所謂謙讓的美德也絕非一味的讓步，你要知道，世間的事物總是相對的，有時候你是退了一步，讓了一步，但這可能就是你的進步。即使終身的讓步，也不過百步而已。也就是說，很多事表面上看起來是吃虧了，但事實上由此獲得的必然比失去的多。

為什麼必須謙讓呢？因為謙讓是一種美德。每個人都有自尊心，每個人都有好勝心，你要聯絡感情，就必須處處重視對方的自尊心，而要尊重對方的自尊心，成全對方的好勝心，那就必須抑制你自己的好勝心。比如對方與你有同性質的某種特長或愛好，對方與你比賽，你必須善於先讓一步，即使對方的技藝敵不過你，你也得先讓對方占點上風。當然，一味的退讓，也許會使對方誤認為你的技術不太高明，不是他的對手，反而會引起對方無足輕重的心理。所以，在你與

假象快樂

七大性格改變自我，跟負能量 SAY NO ！

他比賽的時候，儘管有意要謙讓，但必須先施展你的相當本領，先造成一個均勢之局，使對方知道你不是一個弱者，再進一步施小技。把他逼得很緊，使他神情緊張，才知道你是個能手，再進一步，故意留個破綻，讓其從劣勢轉為均勢，他突圍而出，繼而從均勢轉為優勢，結果把最後的勝利讓於對方，對方得到這個勝利，不但費過許多心力，而且危而復安，心裡一定十分愉快，對你也興起敬佩之心。如果互不相讓，最後的結局可能是兩敗俱傷。

一隻巨蟒和一頭獅子在一片原始森林裡，一隻羚羊被牠們同時盯上了。

獅子看著巨蟒，巨蟒看著獅子，各自打著自己的「算盤」。

獅子想：如果我要吃到羚羊，必須首先消滅巨蟒。

巨蟒想：如果我要吃到羚羊，必須首先消滅獅子。

於是，在獅子撲向巨蟒的同一時刻，巨蟒也撲向了獅子。

這樣，獅子和巨蟒激烈的撕咬在一起。獅子咬著巨蟒的脖頸想：如果我不用力咬，我就會被巨蟒纏死。巨蟒纏著獅子的身體想：如果我不用力死纏，我就會被獅子咬死。於是，雙方都拚死拚活的使用著力氣。看到了這一切，羚羊竟然安詳的踱著步伐走了，而獅子和巨蟒則不分勝負，雙雙倒地，牠們完全沒有察覺到羚羊的離開。

獵人看到這一場爭鬥，無限感慨的說：「如果獅子和巨蟒同時撲向獵物，而不是撲向對方，然後平分食物，兩者都不會死；如果兩者同時走開，一起放棄獵物，兩者都不會死；如果兩者中一方走開，另一方撲向獵物，兩者都不會死；如果兩者在意識到問題的嚴重性時互相鬆開，兩者也都不會死。牠們的悲哀就在於，把本該具備的謙讓轉化成了你死我活的爭鬥。」

第七個性格要素：寬容忍讓的性格

路徑窄處，留一步與人行

謙讓可以消除誤會，化解仇恨，人與人之間應該多些謙讓和寬容，而不是爭得你死我活。所以，我們應該用一顆豁達之心讓生命在謙讓中延續，讓人生在寬容中閃光。

讓三分心平氣和，忍一時風平浪靜。在日常生活中，人與人之間的矛盾往往是因衝動而起，你也忍不下那口氣，我也嚥不下那口氣，由一開始的爭吵發展到後來的拳腳相向、兩敗俱傷，既傷了和氣又傷了身體，這樣值得嗎？

為什麼就不能讓一步呢？你讓一步，我讓一步，加起來一共兩步，怒火不就自然而然平息了嗎？高明的人，知道生命的可貴，懂得謙讓的道理，所以他們心胸寬廣，生活幸福。恰恰是那些愚蠢的人，為了出一口氣而置自身的性命於不顧，結果害了別人也害了自己，值得嗎？

一對戀人因為不懂得寬容而分道揚鑣；一對朋友因為不懂得謙讓而形同陌路；一對父子爭得面紅耳赤，直到最後發誓脫離了父子關係，甚至到了老死不相往來的地步。諸如此類不懂得寬容的人，他們的人生之路能寬廣嗎？

古時候，有個叫陳囂的人，還有一個叫紀伯的人，他們兩人是鄰居。

有一天夜裡，紀伯偷偷的把陳囂家的籬笆拔起來，往後挪了一挪。第二天，陳囂發現後籬笆被往後挪了，心想，你就是想擴大一點地盤嘛，我尊重你的願望，滿足你的需求。於是，等紀伯回家後，陳囂自己又把籬笆往後挪了一丈，為紀伯讓出了更大一塊地盤。天亮後，紀伯發現自家的地寬出許多，明白了陳囂是在讓著他，他感到很慚愧，不僅把侵占的地還給了陳家，還主動向後退讓一丈。後來，這

件事被當地的周太守知道了，非常讚賞陳囂的行為和這行為帶來的互讓效果，利用這個故事大力宣傳，還命人立碑表彰，並將這個村子改名為「義里」。

從上面的故事可以看出，忍讓常常能帶來互讓。互讓就是一種互尊。

互尊就是保持鄰里、社會生存環境安寧、和諧的心理條件，是一種精神文明。假如陳囂發現紀伯夜拔籬笆占地的占便宜行為不忍、不讓，其後果會怎樣？

嚴以律己，寬以待人

孟子曾說：「君子之所以異於常人，便是在於能時時自我反省。即使受到他人不合理的對待，也必定先反省自己本身，自問，我是否做到了仁的境地？是否欠缺禮？否則別人為何如此對待我呢？等到自我反省的結果合於仁也合於禮了，而對方強橫的態度卻仍然不改，那麼君子又必須反問自己：我一定還有不夠真誠的地方。再反省的結果是自己沒有不夠真誠的地方，而對方強橫的態度依然如故，君子這時才感慨的說：他不過是妄誕的小人罷了。這種人和禽獸又有何差別呢？對於禽獸是根本不需要斤斤計較的。」

這段話給我們的啟示是，一個大氣度、真正有大胸襟的人，在跟別人發生衝突、矛盾後，不僅不會將非原則性的問題抓住不放、喋喋不休，不僅只是不計小人之過，而且關鍵是要有嚴於責己的精神。只有具備嚴於責己的態度，才能真正不計小人之過，真正的做到謙讓。

從古到今，小至個人私交，大至國家外交，如果雙方都有責己的

第七個性格要素：寬容忍讓的性格
嚴以律己，寬以待人

雅量，發生矛盾之後，則任何矛盾都不難解決。如果只把眼睛盯著對方，不檢討自己，只知道責備對方，隔閡、怨恨就會越積越深，以致矛盾加大。

即使過失的責任主要在別人身上，那麼在批評別人的時候，也要有「見不賢而自省」的氣度。先正己，後正人；既責人，又責己。這就是古人說「責人者必先自責，成人者必先自我」，「專責己者兼可成人之善，專責人者適以長己之惡」。（清李惺《西謳外集‧藥言利稿》）責己就是從我做起，用實際行動和活的榜樣去教育人、感化人。這樣，別人才會心悅誠服，教育責罵才能產生作用。如果只責人，不責己，就會助長自己的錯誤。

古今歷史上具有人格感召力的人都是嚴於律己的。街亭之役，馬謖違反諸葛亮的調度，舉動失宜，使蜀軍大敗。諸葛亮既斬了馬謖，又上疏檢討自己，授任無方、用人不當的過失，自貶三級。諸葛亮為蜀之相國，「善無微而不賞，惡無纖而不貶」，但「刑政雖峻而無怨者」。這不僅因為他「用心平而勸戒明」，還因為他嚴於律己，以身作則。

寬容不會失去什麼，相反的，會真正得到很多東西；得到的不只是一個人，更會是得到人的心。要做到寬容，領導者首先要有寬廣的心胸，善於求同存異，虛心聽取各種不同的意見和建議，不要總是對一些陳年舊帳念念不忘，更不要對一些細枝末節斤斤計較，因為領導者的一言一行，都可以成為屬下在意的對象。

日本松下公司的創始人松下幸之助以其管理方法先進，被商界奉為神明。後藤清一原來是三洋公司的副董事長，由於非常慕名松下，於是離開三洋公司投奔到松下的公司，擔任廠長。他本想大有作為，

但沒有想到的是，由於他的失誤，一場大火把工廠燒成了一片廢墟。後藤清一非常擔心，因為不僅廠長的職務保不住，還很可能被追究刑事責任。他知道平時松下是不會姑息部下的過錯的，有時為了一點小錯誤也會發火。但這一次讓後藤清一感到意外的是，松下連問也不問，只在他的報告上批示了四個字：「好好工作吧。」

松下明白，後藤清一的錯誤已經鑄下，再深究也挽回不了公司的經濟損失。另外，大多數人在犯小錯誤時，並不介意，所以需要嚴加管教，而在犯了大錯誤時，任何人都知道自省，還用你上司去批評嗎？松下的做法深深的打動了下屬的心，由於這次火災發生後，後藤沒有受到懲罰，自然會心懷愧疚，對松下更加忠心效命，並以加倍的工作來回報松下的寬容。松下用自己的寬容，換得了後藤清一的擁戴。

宰相肚裡能撐船，不計過失是寬容，不計前嫌是寬容，得失不久據於心，亦是寬容。寬容猶如春天，可使萬物生長，成就一片陽春景象。

寬容，可以成為一種習慣

有人曾說：「我曾經聽說，有一對朋友的脾氣都很急躁，但他們在一起共同生活卻相安無事，過得舒適而安逸，因為他們制定了一條共同遵守的原則——一個人發怒時，另一個就保持冷靜和寬容。」

大教育家蘇格拉底一旦發現自己將要發火時，他就會降低聲音來控制怒氣。如果你意識到自己處於情緒激動的情況下，那麼一定要緊閉嘴巴，以免變得更加憤怒。許多人甚至會因為過分憤怒而死亡，突

第七個性格要素：寬容忍讓的性格

寬容，可以成為一種習慣

然的暴怒往往會引發一些突發的疾病。

有人曾說：「喬治‧華盛頓可以稱得上世界上最優秀的人了。他頭腦清楚、為人熱心、處事冷靜。他從來不會突然爆發激烈的感情，或是陷入深深的感傷！大多數公眾人物的主要缺陷，就是感情的爆發或者情緒波動。

「他們行事匆忙而草率。在壓力大的時候他們往往無所適從。他們迫不及待的跳上路過的第一匹馬，一點都沒有注意到正有一隻蜜蜂叮在牠身上，這匹馬四處亂踢、心煩氣躁。當然，這個人肯定會從馬背上摔下來，只是一個早晚的問題。當他看到大家蜂擁而至，對他讚不絕口時，他馬上開始變得心浮氣躁、盛氣凌人，而不是心平氣和、實事求是。他們不懂得，現在大家把他捧到天上，一旦他們認為自己受騙上當，就會毫不猶豫的把他狠狠的摔在地上，從此他就可能一蹶不振。華盛頓從來沒有出現過這樣的情況，他根本不是那樣的人。」

習慣性的寬容可以帶來平靜，而且非常美妙，它能使我們免除很多激烈的自我譴責。一個人面對突如其來的挑釁，能夠做到一言不發，表現出一種未受干擾的平靜心態，當他這樣做時，他必定不會感到後悔，而是認為自己做得完全正確，所以他的心靈會非常安寧。

如果相反，他當時發怒了，或者因為自己不小心說錯了話，或者僅僅因為當時的憤怒而表現了內心深處的真實想法，從而使他顯得有失風度，隨後他必定會感到一種深深的不安。緊張和易怒是一個人個性中的最重大的缺陷之一，它往往是強化矛盾的催化劑，它往往會破壞一個人行為處世的原則，使的個人生活變得很糟糕。

亞伯拉罕‧林肯，最初是一個一觸即發、性急易怒的人。但後來，他學會了寬容，成為了一個富有同情心、具有說服力又有耐心的人。

曾經他對陸軍上校說：「我從黑鷹戰役開始養成了控制脾氣的好習慣，並且一直保持下來，這為我帶來了非常大的益處。」

著名作家莎士比亞曾經描寫了無數失控的情緒造成的精神毀滅的例子。他筆下塑造的約翰王，因為其對權力的欲望逐漸泯滅了高尚的品格，結果沉淪到幾近失控的地步，像一頭野獸。另一位李爾王，則是失控的情緒的犧牲品。在馬克白先生那裡，野心超越了榮譽，甚至促使他走上謀殺犯罪的道路，而謀殺後的懊悔、恐懼與自責又立即帶來了可怕的報應。而奧賽羅是被自己嫉妒的怒火慢慢毀滅的，許多其他人物的遭遇更說明了這樣的教訓：那些不能寬容的人一定會遭到他們朋友的冷落。

很多名人寫下了要學會寬容的無數文字來勸誡人們。喬治·艾略特則說：「如果人們能忍著那些他們認為無用的話不說，那麼他們無數的麻煩都可以避免。」赫胥黎曾經說過這樣的話：「我希望看到這樣的人，他年輕的時候接受過很好的訓練，有著非凡的意志力，應意志力的要求，他的身體樂意盡其所能去做任何事情。他應頭腦冷靜，邏輯清晰，他身體所有的力量就如同車子一樣，根據其精神的命令準備隨時接受任何工作。」詹姆士說：「少許草率的詞語就會點燃一個人、一家鄰居或一個民族的怒火，而且這樣的事情在歷史上常常發生。許多的訴訟和戰爭都是因為言語不和而引起的。」

要寬容，不要狹隘

寬容可以帶來這一切，甚至更多。當你休息的時候，他撫慰你的額頭，輕撫你的雙眼，為你去除各種恐怖與惡魔。當你從夢中醒來

第七個性格要素：寬容忍讓的性格
要寬容，不要狹隘

時，它在你的眼中流光溢彩，為你帶來整天的快樂。

希臘抒情詩人喬治·瑟菲里斯有一句詩，意義雋永，耐人尋味：「寬容的感覺就好似路邊的野玫瑰，雖被踐踏了，卻把芳香留在了路人的鞋上。」我們遲早都會體會到，寬容是生命中重要的一課。一顆寬容的心保佑你穿越死亡的陰影，填平了心與心之間的鴻溝。

寬容是一種品格，是做人的一種選擇。很多人之所以不能達到寬容做人，正是因為狹隘的存在。每個人都難免狹隘，這是很多人的通病，只要明白了這一點，就應該對症下藥，治好這一病。

普魯斯特和貝索勒是法國著名的科學家，他們曾經是一對論敵。他們圍繞定比定律爭論了有九年之久，都堅持自己的觀點，互不相讓。最後的結果是普魯斯特獲得了勝利，成了定比這一科學定律的發明者。

但是，普魯斯特並沒有因此而得意忘形，忘乎所以。他真誠的對與他激烈爭論了九年之久的對手貝索勒說：「要不是你一次次的責難，我是很難進一步將定律研究下去的。」同時，普魯斯特特別向眾人宣告，定比定律的發現有一半功勞是屬於貝索勒的，是他們兩人共同促使了定律昭示天下的。

普魯斯特把貝索勒的責難和激烈的批評，看作是對他的研究一種難得的激勵，是貝索勒在幫助他完善自己。這與自然界中「只是因為有狼，鹿才奔跑得更快」的道理是一樣的。

普魯斯特的寬容博大是明智的，他允許別人的反對，不計較他人的態度，充分看到他人的長處，善於從他人身上吸取營養，肯定和承認他人對自己的幫助。正是由於他善於包容和吸納他人的意見，才使自己走向了成功。

這種寬容實在讓人感動，像這樣的例子還很多，著名的天文學家第谷和克卜勒之間的友誼就是一曲優美的寬容之歌。

十六世紀的德國天文學家克卜勒，在他年輕還沒有出名時，曾寫過一本關於天體的小冊子，深得當時著名的天文學家第谷的賞識。當時第谷正在布拉格進行天文學的研究，第谷誠摯的邀請素不相識的克卜勒和他一起合作進行研究。

這讓克卜勒興奮不已，連忙攜妻帶女趕往布拉格。不料，在趕往布拉格的途中，貧寒的克卜勒病倒了。第谷聽到這個消息後，趕忙寄錢救急，幫助克卜勒度過了難關。後來，由於妻子的緣故，克卜勒和第谷產生了誤會，又由於沒有馬上得到國王的接見，克卜勒無端猜測第谷。最終寫了一封信給第谷，把第谷謾罵一番後，不辭而別。第谷其實也是個脾氣極壞的人，但是受到這樣的侮辱，第谷卻顯得出奇的平靜。他太喜歡這個年輕人了，認定他在天文學研究方面的發展將是不可限量的。他立即吩咐祕書趕緊向克卜勒寫信說明原委。

第谷的博大胸懷所影響了克卜勒，他重新與第谷合作，他們倆合作不久，第谷便重病不起。臨終前，第谷將自己所有的資料和底稿都交給了克卜勒。這種充分的信任使得克卜勒備受感動。克卜勒後來根據這些資料整理出著名的理論，以告慰第谷的在天之靈。

浩瀚如海洋般的寬容情懷，使第谷為科學史留下了一頁人性光輝的佳話。這種寬容像雨後的萬里晴空，一塵不染，清新遼闊。

寬容，不僅僅是一個人的道德修養問題，而且是一種生存姿態和方式的選擇問題。它能幫你成就事業，幫你走向成功！

水至清則無魚，人至察則無徒

古人有「宰相肚裡能撐船」之說。在日常生活中，朋友、同事間難免有爭執、有矛盾；家庭中，兄弟反目、夫妻吵架、婆媳失和等也不鮮見。如果事後大家都能心平氣和下來，互相理解，或者事前能多一分忍讓，多一分寬容，這類不愉快的事情是不會經常發生或者本身就可以避免。反之，非但撫平不了心中的傷痕，而且只能將傷害者捆綁在無休止的「爭吵戰車」上。

有位心理學家曾說：「人類要開拓健康之坦途，首先要學會寬容。」人生在世，不管多麼富有，多麼有權勢，總有不順心的時候。當人內心的矛盾衝突或情緒危機難以解除時，容易導致身體分泌功能失調，造成血壓升高、心跳加快、內分泌紊亂等，還伴有頭暈、失眠多夢、倦怠無力、心緒煩亂等症狀。這些心理與生理異常相互影響，形成惡性循環，可誘發疾病的發生。

在人類短暫的生命中，學會寬容，意味著你的生活會更加快樂。寬容，對人對己都可成為一種無須投資便能獲得的最佳「精神補品」。

寬容給人的益處非常多，寬容能化解矛盾。我們來看這樣一則故事。

古時候，有一位鄉下人，在大年初一時發現自家門外多了個非常不吉利的東西——盛骨灰的陶罐。他知道，這肯定是一個鄰居仇人做的，因為前兩天他們剛剛發生了口角。他冷靜的想了一想，在陶罐裡種上了一株百合花。

後來，花開了，他悄悄的把花送到了鄰居家裡。這一舉動打破了原先的僵局。百合花的盛開化解了兩家人的仇恨，同時也捎去了他的

仁慈之心。在一片真心面前，那位鄰居也很快登門道歉，自慚形穢，他那只占一小片空間的寬容之心也被喚醒了。兩人的寬容之心互相交換，仇恨自然消除了。

古語說：「水至清則無魚，人至察則無徒。」說的是在與人相處的時候不要用放大鏡看人的缺點，如果不斷指責他人的過錯，過分的追求完美，就會失去朋友和合作夥伴。

清代著名商人胡雪巖在商界曾呼風喚雨，成就非凡。他有鐵的手腕，也有一副寬容的心腸。

胡雪巖不僅對一些有小毛病的人往好處看，就是對一些有了很大過失的人，或確實有些心術不正的人，他也盡量往好處看。

朱福年是龐二在上海絲行的掌櫃，但朱福年這個人有些心術不正。胡雪巖與龐二已經聯手銷洋莊，朱福年覺得這筆生意一旦做成，龐二與胡雪巖的聯盟就將牢不可破，自己在龐二生意上所占的分量就要受到影響，而最終將要受制於胡雪巖。為了保住自己的地位，朱福年在這單生意中吃裡扒外，暗中耍招數，他想要加以破壞。本來胡雪巖與洋人幾番談判，已經定好了價格，他卻自己私自找到洋人，讓洋人儘管殺價。他說胡雪巖是一個空架子，做絲生意的本錢都是借來的，經不起拖延，需要盡快脫貨求現。他甚至告訴洋人，說新絲已快上市，胡雪巖怕新絲上市之後陳絲跌價，因此，無論洋人開出什麼價格，他也會出售，因為他要將自己的陳絲盡快脫手。

這樣一來，前面談好的價格，洋人也不認了。朱福年實在是一個吃裡扒外的小人。

更嚴重的是，朱福年還挪用東家的本錢做自己的生意。這種做法，行話叫做「做小貨」，就更顯出他的不仁之心。他在錢莊開了一

個私人戶頭，經常把龐二用於絲行周轉的資金，或者收回的貨款，先存入自己的帳號，照顧好了自己的生意，再調回公家戶頭，以此自營牟利。

生意場上最犯忌的事情就是「做小貨」，也是所有商家最痛恨的事情。因為「做小貨」是拿東家的銀子來運作，賺了錢歸自己，而蝕本卻是東家。

就是這樣一個吃裡扒外的小人，胡雪巖也不願意砸他的飯碗。當龐二得知朱福年在生意上搞鬼，並且知道他的帳目不清，要徹查他的時候，胡雪巖甚至還幫他求情。在查出朱福年的問題以後，胡雪巖也沒有揪住不放，而是開誠布公的告訴他，過去的事情都不必說了，自己做生意一向抱定有飯大家吃，不但吃飯，還要吃好的宗旨。所以，他從來不肯砸別人的飯碗。不過做生意跟打仗一樣，必須人人肯拚，同心協力，才會成功。他甚至向朱福年表示：「如果你看得起我，將來願意跟我一起打天下，只要你們二爺肯放，我歡迎之至。」

如此寬容的對待朱福年，是因為胡雪巖並不只是看到朱福年「小人」行事的一面，而是同時也看到他是生意好手的一面。如果不是生意好手，當初龐二就不會讓他在上海全權主事。事實上，在介入龐二的生絲生意之前，龐二在上海的生意，被朱福年打理得井井有條，而且也不斷的有所擴展。除此之外，當然也還有一個重要原因，那就是胡雪巖也相信朱福年不會執迷不悟，也還是一個能夠「打落牙齒往肚裡嚥」的有恥之人。

胡雪巖說：「沒有本事才做壞事，有本事一定做好事。」這話當然並不一定全對。但胡雪巖由此出發，確定了一個將人往好處看的原則，卻是很能讓人有所啟發的。能有將人往好處看的胸懷，才有可能

在別人看不到的地方看出別人的長處，才有可能發現意想不到的可用之才。而且，更重要的是，能將人往好處看，還表現著一種寬容的胸懷，這對於事業的成功，是有著重要意義的。

寬恕人家不能寬恕的，是一種高貴的行為

在一般人看來，寬恕別人不是一件容易的事情，對普通的人來說，寬容傷害者幾乎不合自然法規，我們的是非感告訴我們，人們必須為他所做的事情的後果承擔責任。但是，寬恕則能帶來治療內心創傷的奇蹟，能使朋友之間相互諒解，去掉舊隙。

莎士比亞曾經說過：「寬恕人家不能寬恕的，是一種高貴的行為。」一位哲學家指出，堵住痛苦回憶的激流的唯一辦法就是寬恕。我們盡量少用仇視的態度對待對方，能夠緩和自己與對手的關係，從而建立互相尊重的友誼。

王先生是個從不嚴以律己，寬以待人的人，他能在肉丁裡挑出刺來，好像每個人都不如他，與他共事的人似乎都曾受過他的指責和打擊。所以與他共住一室的人，經歷了他的幾番「嚴責」後總有一種怨恨的感覺，心裡都有一種報復他的想法，說句實在話，從他身上挑出缺點易如反掌，但是並沒有人那樣做。

有一次，小劉約他喝酒。幾杯酒下肚後，小劉衷心的向他表示感謝：「你給我的指責，我曾經是十分憤怒的，因為你的指責總是誇大事實，我也曾為此想報復你，但冷靜一分析，你之所以指責我，說明我在這方面肯定有缺陷和不足，你使我看到了自身需要改進的一面。我自己也真正感受到，我們相處這一年裡，我確實長進了不少，所以我

覺得不應該恨你，而應該感謝與你的共處！」

聽了小劉的話，王先生當然有些不好意思了，而小劉由衷的話語也明確表達了自己會逐漸原諒他的「過責」的心態。於是，他們重新建立起互相尊重的友誼。

在美國，競選對手之間相互攻訐，甚至敗壞對手的名聲，但一些人仍可在對手所組內閣中擔任重要職務，對做人處事不能不說是一種啟示。能夠與你成為對手的人，必定有著與你能夠分庭抗禮的實力和能力，你能原諒你的仇人，將你的仇人招至麾下來為你效力，不是會更利於實現你的目標嗎？

如果用仇視和報復對待對手，會招致一個什麼樣的局面呢？你將使你的敵手更堅定的站在你的對立面，去破壞、阻撓你的行動，破壞你創造的一切成果。而你，也會因為心中充斥報復的憤怒無暇他顧，你的目標和理想又如何能實現呢？

有人說，寬恕是軟弱的表現，其實這是錯誤的。冤冤相報只能將傷害者和被傷害者捆綁在無休止的怨恨戰車上，撫平不了心中的傷痕。

一個人經歷一次忍讓，就會獲得一次人生的亮麗；經歷一次寬容，就會打開一道愛的大門。

責人不如幫人，一分寬容勝過十分責罵

一分寬容可以勝過十分責罵。責人不如幫人，倘若對別人的錯誤一味苛責、挑剔，不僅令人反感，得不到教育的效果，而且可能激起反向心理。透過語言等顯性因素可以來表達寬容，也可透過細節等隱

假象快樂

七大性格改變自我，跟負能量 SAY NO！

性因素來表達。有時候，這些細節或許連自己都沒有意識到，卻被善於感知的心靈接納了，宛如獲得了最溫暖的心靈觸摸，這些纖弱的心也蓬勃生長。

王剛是一位高中老師，這天晚上，是他值班。按照慣例，他要到操場上去轉轉。操場在教學大樓的後面，周邊是零星的幾盞路燈，有極淡的一點光暈射出來。他帶著手電筒出來，開始沿著跑道往裡走。學生們大都回宿舍睡覺了，他到操場轉轉的目的，無非是怕有的學生還沒有回去，畢竟在這樣一個春天的晚上，清新的空氣以及舒爽宜人的溫度是讓人留戀和眷顧的。

如果說還有別的巡視目的的話，那就是看看還有沒有男女生在操場上逗留——那些談戀愛的學生。

果然，在夜色更深處，王剛老師看到了兩個人的背影，那該是一個男生和一個女生。他躊躇了一下，快走幾步，趕上了他們。假裝著欣賞夜色，他說：今晚的月亮真美，風也很輕柔……你們說是不是？對了，明天六點起床，你們不怕明天起不來嗎？

兩個學生囁嚅著，說不出話來。老師面對他們站著，但暗淡的月光，還是不能辨清他們的面目。

王剛老師問了他倆的班級和姓名，便讓他們回去了。雖然感覺他們是在談戀愛，也想跟他們班導師談談，但後來無意中便把這事忘了。

過了好多年後，一封來自某公司的信飛至王剛老師的案頭。原來，信是那個女生寄來的。信裡面談及的內容，也是關於那個晚上的。她說：王老師，那個晚上，被您撞見後，我很害怕，其實我們在一起走的時候一直擔心著一件事情，就是手電筒。我怕突然有一束光

毫不留情的照在我倆的臉上，如果這樣的話，我們一定會無地自容，以後也不會有好的心態去學習。

但是，您並沒有打開你的手電筒。這些年，我一直忘不了這件事情，今天寫給您這封信，我要鄭重說聲：謝謝您！

王剛老師後來回憶說：「在那個晚上，我心裡並沒有想到亮不亮手電筒會對那件事產生多大的意義。然而，就是這樣的一個細節，對於一個孩子，對於一個年輕的孩子，是多麼大的尊重……」

正是無意中的一個細節，無意中的一次寬容，卻產生了意料不到的效果：給了學生一個坦蕩的胸懷，一個光明的前途。所以說，寬容是一種無聲的教育。

人非完人，孰能無過？責人不如幫人，用自己的行動把別人的錯處扛起來，在愛與寬容中進行無言但最有效的教育。

美國作家哈瑞斯關於他小時候的一段回憶讓我們再一次感受到了寬容的魅力。

有一位我曾經很熟悉的老夫人，我現在已經記不起她的姓名了，她原本是我在威斯康辛州的邁阿密送報紙的時候認識的一位客戶。

那件事發生在一個風和日麗的午後。那天，我正和一個朋友躲在那位老夫人家的後院裡朝她的房頂上扔石頭。我們饒有興趣的注視著石頭從房頂邊緣滾落，看著它們像子彈一樣射出，又像彗星一樣從天而降，我們覺得很有趣，非常開心。

我拾起一枚表面很光滑的石頭，然後把它擲了出去。也許因為那塊石頭太光滑了，當我把它擲出去的時候，它從我手中滑落，結果砸到了老夫人家後廊上的一個小窗戶上。我們聽到玻璃破碎的聲音，就像兔子一樣從老夫人的後院裡飛快的逃走了。

假象快樂
七大性格改變自我，跟負能量 SAY NO！

那天晚上，我一想到老夫人後廊上被打碎的玻璃就很害怕，我擔心會被她抓住。很多天過去了，一點動靜都沒有。這時候，我確信已經沒事了，但我的良心卻開始為她的損失感到一種深深的罪惡感。我每天送報紙給她的時候，她仍然微笑著和我打招呼，但是我見到她時卻覺得很不自在。

我決定把我送報紙的錢存下來，幫她修理窗戶。三個星期後，我已經存了七美元，這些錢已經足夠修理窗戶了。我把錢和一張便條一起放在信封裡，在便條上向她解釋了事情的來龍去脈，並且說我很抱歉打破了她的窗戶，希望這七美元能抵補她修理窗戶的開銷。

我一直等到天黑才鬼鬼祟祟的來到老夫人家，把信封投到她家門前的信箱裡。我的靈魂感到一種贖罪後的解脫，我重新覺得自己能夠正視老夫人的眼睛了。

第二天，我去送報紙給老夫人，我又能坦然面對老夫人給予我的親切溫和的微笑並且也能回她一個微笑了。她為報紙的事謝過我之後說：「我有點東西給你。」原來是一袋餅乾。我謝了她，然後就一邊吃著餅乾，一邊繼續送我的報紙。

吃了很多塊餅乾之後，我突然發現袋子裡有一個信封，當我打開信封的時候，我驚呆了。信封裡面是七美元和一張簡短的便條，上面寫著：「我為你感到驕傲」。

哈瑞斯最後寫道：「那是一九五四年的歲末，那一年我十二歲。雖然已經隔了這麼多年，她曾經為我上的一堂寬恕他人的課，還像是昨天剛剛發生過的一樣，我只希望有一天我能把它傳授給其他什麼人。」

寬容不僅是個人道德的修養，而且對於年輕人來說，更是一種最

好的教育方式。氣量和寬容，猶如容水之器，器量大則容水多，器量小則容水少，器漏則上注而下洩，無器者則有水而不能容。

在仇恨面前，寬容是最好的良藥

在仇恨面前，寬容是最好的良藥。充滿仇恨的心只會讓自己變得更狹隘，狹隘的心會蒙蔽你透明的雙眼，刪除心中的仇恨，才能使生命獲得重生，放下仇恨，我們才能從內心深處散發恬然，放下仇恨，才能還自己一個陽光明媚的未來。

在古代，有一位以畫神像而著名的畫家。一天，畫家到市集去賣畫。這時，他看到一位大臣的兒子在眾人的前呼後擁中走來。畫家看到這個小孩時，眼前一亮，因為這個人的父親是他不共戴天的仇人。這個人在畫家的作品前流連忘返，並且選中了其中的一幅神像畫。這幅神像畫畫得栩栩如生，特別是那雙眼睛放射出異樣的光，就像一個真神躍然紙上。

畫家見這個人如此喜歡這件作品，一時報復心起，連忙用布把畫遮蓋住，並聲稱這幅畫不賣。無論他出多高的價錢，就是不肯賣。

自此，大臣的兒子因為對這幅畫的日夜思念而變得憔悴不堪。最後那位大臣沒有辦法，只得親自出面，表示願意付出一筆高價來收藏那幅畫。可是畫家寧願把這幅畫掛在自己的畫室，也不願意出售。最後，大臣的兒子因得不到那幅喜愛的畫鬱鬱而終。聽到這個消息，畫家絲毫沒有悔過之心，心裡甚至有幾分得意。原來，這位大臣在年輕時曾經詐騙畫家的父親，使得老人因過度憤怒而死去。

畫家有一個習慣，他每天早晨都要畫一幅他信奉的神像。可是現

假象快樂

七大性格改變自我，跟負能量 SAY NO ！

在，他覺得這些神像與他以前畫的神像有一些不同。他為此苦惱不已，他不停的找原因。然而有一天，他驚恐的丟下手中的畫筆，跳了起來：他剛畫好的神像的眼睛，竟然是那個大臣的兒子的眼睛，而嘴唇也是那麼的酷似，祂似乎在對畫家說話，而畫家卻聽不清楚祂說了些什麼，只聽到耳畔久久迴響的就是一句：「這就是我的報復！……」

畫家一把抓住畫將它撕得粉碎，並高喊：「這就是我的報復嗎？為什麼我的報復卻回報到我的頭上來了呢？」

畫家將仇恨報復在小孩的身上，將他活活的折磨死後，他晚上能睡得安穩嗎？報復最後卻報復到了自己的頭上，正所謂冤冤相報何時了。唯有放下仇恨，才能讓自己得到解脫。

唐朝，有一位靠賣鹽起家的商人，他非常的富有。當他邁進七十歲的高齡時，決定將產業分給自己的三個兒子。富商將孩子們叫到跟前，分別給了他們一筆資金，要他們去遊歷天下做生意。

出發的前一個晚上，富商把他的兒子們叫到房間裡，對他們說：「你們一年後要回到這裡，告訴我你們在這一年內，所做過最高貴的事。我的財產不想分割，集中起來才能讓下一代更富有，只要一年後，哪位能做出最高貴的事情，那麼他就有資格得到我所有的財產！」

時光荏苒，一年過去後，三個孩子回到父親跟前，匯報這一年來的所作所為。

大兒子說：「在我遊歷期間，曾遇到一個陌生人，他十分信任我，將一袋金幣交給我保管。後來他不幸過世，我將金幣原封不動的交還他的家人。」

富商說：「你做得很好，但誠實是你應有的美德，說不上是高貴

的事情！」

二兒子接著說：「我旅行到一個貧窮的村落，見到一個衣衫破舊的小乞丐，不幸掉進河裡，我立即跳下馬，奮不顧身的跳進河裡救起那個小乞丐。」

富商說：「你做得很好，但救人也是你應盡的責任，談不上是高貴的事情！」

最小的兒子聽完兩個哥哥的敘述後，才遲疑的說：「我有一個仇人，他千方百計的陷害我，有好幾次，我差點死在他的手中。在我旅行途中，有一個夜晚，我獨自騎馬走在懸崖邊，發現我的仇人正睡在崖邊的一棵樹旁，我只要輕輕一腳，就能把他踢下懸崖。但我沒這麼做，我叫醒他，讓他繼續趕路。這實在不算做了什麼大事……」

富商正色道：「孩子，你完成了我所安排的任務，能幫助自己的仇人，是高尚而且神聖的事，而你做到了，我所有產業將是你的。」

仇恨是一副沉重的枷鎖，它會纏著你喘不過氣來，寬恕他人的過錯，才能擺脫這副枷鎖，獲得身心的真正自由。

性格測試：你的胸懷有多寬

測試攻略

測試意義：★★★★

準確指數：★★★

測試時間：十五分鐘

假象快樂

七大性格改變自我，跟負能量 SAY NO ！

測試情景

一個人的胸懷有多大，眼界就有多寬。胸懷有多窄，眼界和意識就有多狹隘。而沒有意識到這個問題的人，往往就無法了解胸懷對一個人的幫助有多大！

測試問答

1. 某些人或事是否很容易使你心情不舒服？

　　A. 是　　　　B. 不知道或都有可能　　　　C. 不是

2. 你是否對諸如街上有人不敬的盯著你或袖子沾上湯汁之類的小事感到長時間懊惱？

　　A. 是　　　　B. 不知道或都有可能　　　　C. 不是

3. 你是否對所受的委屈一直耿耿於懷？

　　A. 是　　　　B. 不知道或都有可能　　　　C. 不是

4. 你是否經常不願跟人說話？

　　A. 是　　　　B. 不知道或都有可能　　　　C. 不是

5. 你在做重要工作時，旁人的談話或噪音是否會讓你分心？

　　A. 是　　　　B. 不知道或都有可能　　　　C. 不是

6. 你是否會長時間分析自己的心理感受和行為？

　　A. 是　　　　B. 不知道或都有可能　　　　C. 不是

7. 你做決定時是否經常會受當時情緒的影響？

　　A. 是　　　　B. 不知道或都有可能　　　　C. 不是

8. 夏天的夜晚你是否會被蚊蟲弄得心煩意亂？

　　A. 是　　　　B. 不知道或都有可能　　　　C. 不是

9. 你是否受過自卑心理的折磨？

A. 是　　　　B. 不知道或都有可能　　　　C. 不是

10. 你是否時常情緒低落？

A. 是　　　　B. 不知道或都有可能　　　　C. 不是

11. 在與人爭論時，你是否無法控制自己的嗓門，導致說話聲音太高或太低？

A. 是　　　　B. 不知道或都有可能　　　　C. 不是

12. 是不是連可口的飯菜或喜劇片都無法讓你低落的情緒好起來？

A. 是　　　　B. 不知道或都有可能　　　　C. 不是

13. 你是否容易發怒？

A. 是　　　　B. 不知道或都有可能　　　　C. 不是

14. 與別人談話時，如果對方怎麼也弄不明白你的意思，你會不會發火？

A. 是　　　　B. 不知道或都有可能　　　　C. 不是

測試解析

評分標準：「是」加 0 分；「不知道或都有可能」加 1 分；「不是」，加 2 分。

23 ～ 28 分，是個寬容的人。

你一定是個心胸開闊的人。你的心理狀態相當穩定，能夠駕馭生活中的各種情況。你給人的印象很可能是獨立、堅強，甚至還有點「厚臉皮」。但你不必在意，大家都羨慕你呢！

17 ～ 22 分，有寬容之心。

你心胸不夠開闊。你可能比較容易發火，向使你受委屈的人說一

些不該說的話，你會導致公司和家庭之間出現矛盾，之後你可能又會後悔，因為你人不壞，心腸也不硬。你要學會控制自己，事先盡量多想想，考慮清楚，然後再對委屈你的人予以堅決的回擊。

0 ～ 16 分，心胸狹窄的類型。

你心胸狹窄！多疑、計較、睚眥必報，對別人態度的反應是病態的。這是嚴重的缺點，首先對你的生活不利。你須盡快進行改善。

測試啟發

胸懷寬廣不會令我們失去什麼，所以我們應該對人抱有寬容之心。人生要學會寬容，首先要能容人言，要學會從人言中進行「中和」和「補償」，以維持一種心理的平衡，容人言了，再是容人事，要善於分析，設身處地理解別人。而寬容的最高境界就是善於發現、培養、發揮他人的長處。

第八個性格要素：與人交際的性格

　　成功學大師戴爾·卡內基曾說：「一個人的成功，百分之十五取決於專業知識，百分之八十五取決於人脈關係。」曾任美國總統的狄奧多·羅斯福也曾說：「成功的第一要素是懂得如何處理好人際關係。」人脈是一個人通往財富、成功的入場券。有著良好的人脈關係，你的前進的道路就會暢通得多。成功要靠別人，而不是單憑自己。一個人有多成功，關鍵要看他服務了多少人，和多少人在為他服務。高效能人士都有一個共同點，就是擁有大量的人脈資源，並保持著良好的關係。

廣結人緣，為自己製造良好的人際關係網

人的成功只能來自於他所處的人群及所在的社會，人是群居動物，只有在這個社會中八面玲瓏、遊刃有餘，才可為事業的成功開闢廣闊的道路，如果一個人沒有非凡的交際能力，就免不了處處碰壁。這就表現了一個鐵血定律：人脈就是錢脈！所以，我們要想成功，就一定要營造一個適於成功的人際關係網，包括家庭關係和工作關係。

小軍是一家大公司的職員，做的是會計的工作。在公司內部機構幾經調整後，他感到對各方面的工作都能應付自如了。他希望能從調到大城市去，以便自己擁有更好的前途。

不過，他與大城市的各家公司都沒有任何聯絡，所以只能透過郵件和職業介紹所來和他所知道的一些公司聯絡。但是，他並未獲得滿意的結果。

於是，小軍決定透過關係網來辦這件事。他動腦筋搜尋了一下自己所能利用的各種關係後，列出了一個分類表。從這個分類表中，他選出可能幫忙的一些關係。

然後，他記下了這些人，他們直接或間接的與他想去的大城市都有關聯，並且與會計公司有關。

最後，他又進一步考慮，這些人當中哪些人與會計公司的關聯更加密切？他最終選中了兩個人：一個是他的老闆；另一個是他妹妹的好朋友王薇。

小軍下一步的行動，也是最重要的一步，就是想辦法讓幫助自己的對象，首先獲得自己的幫助。一旦做到這一步，那麼對方就會以報答的方法來幫自己實現願望。

第八個性格要素：與人交際的性格
廣結人緣，為自己製造良好的人際關係網

小軍透過妹妹得知，王薇對參加一個女大學生聯誼會很感興趣。於是，他就找到了自己的一位好朋友，因為這位好友的妹妹正是這個聯誼會的成員。透過好友妹妹的介紹，王薇見到了聯誼會的主席，並順利的成為該會的委員。

王薇為此專門舉行了一個慶祝晚會，並在晚會上把小軍介紹給了她的父親。儘管她父親與在大城市的任何公司都沒有直接關聯，但作為律師，他在那裡的律師圈子裡是很有聲望的。

不久之後，透過王薇父親的一位朋友的幫助，小軍找到了大城市一家職業介紹所的總經理。在那位總經理的熱情推薦下，小軍終於如願以償，不僅順利調到了大城市，而且還找到了一份十分滿意的工作。

以上這個事例就告訴我們，應該廣泛與各式各樣的人交往，並充分發現和發揮每個人的特殊價值，使不同的人際關係都能為自己帶來幫助。

人際關係的影響力是很大的，它可以避免個人價值在人力市場中處於被人「待價而沽」的尷尬劣勢，這是很重要的一點，而且還在於提高個人做選擇的決定權。有調查資料顯示，在職場中工作超過五年以上而需要換工作的人中，依靠人脈資源調動工作的超過了百分之七十。「家和萬事興」，這是一句古話。夫妻關係的好壞，決定了你與子女關係的好壞，而家庭關係替我們與別人的關係定下一樣的模式。同樣，我們與上司、同事及員工的關係是我們的事業成敗的重要原因。一個沒有良好的人際關係的人，即使再有技能，再有知識，也得不到施展才華的空間。

人脈資源在職場上相當重要，如果我們想獲得事業的成功，就需

假象快樂
七大性格改變自我，跟負能量 SAY NO ！

要儘早建立自己的人脈資源網。如果我們的人脈當中，下有平民百姓，上有達官貴人，而且，當我們有事需要幫忙時，有人為我們鋪石開路，兩肋插刀；當我們有喜樂尊榮時，有人為我們搖旗吶喊，鼓掌喝彩，我們就能感到人脈的力量！專業知識在一個人成功中的作用只占百分之十五，而其餘的百分之八十五則取決於人際關係。總之，興衰成敗源於人脈。

廣結人緣，其實就是在替自己製造良好的人際關係網。只要在社會中生存，不管什麼人，都離不開與別人交往合作。

在一家大公司做銷售經理的何明，兩年後他辭了職，允許他繼續使用公司配備的手機號碼是提出的唯一請求。何明說：「在這家公司工作兩年，人脈是我唯一的資源。如果換了手機號碼，原來的朋友、客戶很可能找不到我，那我就真是一無所有了。」

何明多年來以「人脈」和政府關係為資源，為地方政府招商引資，贏得了豐厚的回報。

辭職後，何明搖身一變成為某一個工業園區的高階顧問，月薪五萬。他的目的當然不在於此，所謂顧問，其實就是向那些有興趣到這個工業園區投資的商家宣傳，介紹合適的項目，最終說服其在工業園區投資設廠，並為他們爭取盡可能優惠的條件，從而賺取不菲的佣金。

何明在這家公司工作的第一年，就結交了很多企業總經理和政府要員，他和該市的一位副市長的交情就是從那裡開始的。

在政府單位眼裡，何明的經歷相對簡單，這無疑是一個很好的政治保障。何明漸漸的成了有名的「熱心腸」，經常有「慕名」找上門來的新廠商，這當然會消耗他一些時間和金錢，但他說：「對於我這種

靠人脈吃飯的人，這是必要的投資。」

　　何明短時間內就為工業園區陸續引進了幾個大案子來進行投資。後來，他還同時兼任附近幾個工業園區的顧問。他名片上的顧問頭銜每增加一個，收入就成長一倍。

　　我們每個人都有自己獨特的優點。因此，在建構人際關係網時，絕對不能太單一，也不要完全局限於具有共同愛好與興趣的人中間或自己的同行。最關鍵的是要能做到優勢互補，既能使自己的優勢為其他人提供必要的幫助，也能使其他人的優勢對自己發生作用和影響。「一流人才最注重人緣」，這是商界的一句名言。其實這句話倒過來應該說：「最注重人緣的人，才能成為一流人才。」的確，人脈是很微妙的東西。我們平時的一舉一動，所接觸的大小人物都很可能影響到以後的工作。假如我們能和許多人建立良好的人際關係，使他們成為在事業上幫助我們的朋友，在生意上照顧我們的顧客，這樣一來，相信我們的事業也一定會非常成功。

記住別人的名字，是打開人脈的第一步

　　人對自己的姓名最感興趣。把一個人的姓名完整記住，很自然的叫出口來，這是一種最簡單、最明顯，而又是一種最能獲得好感的方法。這不僅能增加自己的親和力，贏得對方的信任，而且還有利於建立一個良好的人際關係，對自己事業的成功有很大的幫助。試想一下，當你滿面春風的出現在朋友面前，而他卻想不起你的名字，甚至將你的名字喊錯，你會怎麼想？你心中的親密感還會存在嗎？同樣，如果你想讓別人親近你，最好的辦法就是記住對方的名字。

假象快樂
七大性格改變自我，跟負能量 SAY NO！

雅各‧科爾十歲那年，父親就意外喪生，留下他和母親及兩個弟弟。

由於家境貧寒，他不得不很早就輟學，到磚廠打工賺錢貼補家用。他雖然學歷有限，卻憑著愛爾蘭人特有的熱情和坦率，處處受歡迎，進而轉入政壇。最叫人佩服的是他有一種非凡的記人本領，任何認識過的人，他都能牢牢記著對方的全名，而且一字不差。

他連高中都沒讀過，但在他四十六歲那年，就已有四所大學頒給他榮譽學位，並且高居政黨要職，最後還榮膺部長之職。

一次有記者問起他成功之祕訣。他說：「辛勤工作，就這麼簡單。」記者有些疑惑，說道：「你別開玩笑了！」

他反問道：「那你認為我成功的原因是什麼？」

記者說：「聽說你可以一字不差叫出一萬個朋友的名字。」「不，你錯了！」他立即回答道：「我能叫得出名字的人，少說也有五萬人。」

這就是雅各‧科爾的過人之處。

每當他剛認識一個人時，他一定會先弄清楚他的全名、他的家庭狀況、他所從事的工作以及他的政治立場，然後據此先對他建立一個概略的印象。當他下一次再見到這個人時，不管隔了多少年，他一定仍能迎上前去，在他肩上拍拍，噓寒問暖一番，或者問問他的老婆孩子，或是問問他最近工作情形。

有這份能耐，也難怪別人會覺得他平易近人，和善可親。

羅斯福競選總統時，雅各不辭辛勞的搭乘火車，穿梭往來於西部各州，親切的與當地民眾寒暄、交談，為羅斯福總統助選。

每到一地，他立刻深入民眾，與他們集會、聚餐，宣傳羅斯福總統的政見，與群眾進行最親切的溝通。

返回東岸之後，他立即寫信給每一個城鎮的友人，要他們列出所有與會人士的姓名、住址，集成一本多達數萬人的名冊，最後仍不辭辛勞，一一寫信給名冊上的每一個人。並在信件一開始，即親切的直呼對方的名字：如「親愛的比爾」、「親愛的約瑟」等，信尾更不忘寫下自己的名字「雅各」。就憑這份能耐，他為羅斯福成功獲選立下了汗馬功勞。

名字對一個人來說，應該算是最重要的東西之一了吧。一個人從出生到去世，名字就一直和他纏在一起。人們不能沒有名字，因為這是一個人區別於其他人的重要標誌。叫響一個人的名字，這對於他來說，是任何語言中最動人的聲音。

但是，很多人不記得別人的名字，因為他們認為沒有必要下功夫和精力去記別人的名字。如果問他們為什麼，他們肯定會為自己找藉口，說自己很忙。一般人大概不會比羅斯福更忙，可是他甚至會把一個技工的名字，牢牢的記下來。羅斯福總統知道一種最簡單、最明顯，而又是最重要的獲得好感的方法，那就是：記住對方的姓名，使別人感到自己很重要。

真誠的讚美，會使你獲得良好的人際關係

每個人都具有不同的個性，愛美之心人皆有之，也都具有不同的優缺點，外界對自己的肯定和讚揚是每個人都很在乎的。抓住每個人的個性，讚美他們的優點，是協調人際關係的有效手段之一。讚美話每個人都愛聽，真誠的讚美會使你獲得良好的人際關係，會讓你感到其樂融融。

假象快樂

七大性格改變自我，跟負能量 SAY NO！

　　劉先生是一位工程師，他想要降低房租，可他知道他的房東是非常頑固的，他說：

　　「我寫了一封信給房東，告訴他在租約期滿後，我準備搬走，實際上我並不想搬走，只希望能減低租金。但根據情勢來看，不會有太大的希望，因為許多的房客都嘗試過，他們都失敗了，那房東是難以應付的。但是，我一定要自己親自嘗試一下，因為我正在學習如何待人的技巧。房東收到我的信後，沒過幾天就來看我，我在門口很客氣的迎接他，我充滿了友善和熱誠，我沒有一開口就提及房租太高，我開始談論我是如何的喜歡他這房子，我做的是『誠於嘉許，寬於稱道』。對於他管理房屋的方法我大加讚賞，並告訴他我很願意繼續住下去，但是限於經濟能力不能負擔。

　　顯然，他從沒有接受過房客如此的肯定和款待，他幾乎不知如何是好。於是，他開始向我吐露，他也有他的困難，有一位抱怨的房客，曾寫過十多封信給他，簡直就是對他的侮辱，更有人曾指責，假如房東不能增加設備，他就要取消租約。

　　臨走時他告訴我：『你是一個爽快的人，我樂於有你這樣一位房客。』沒有經過我的請求，他便自動減少了一點租金。我希望再降低一點，於是我提出了我能接受的數目，接著他便爽快的答應了。當他離開時，還問我：『有什麼需要替你裝修的嗎？』

　　如果我跟別的房客用同樣的方法去要求減少租金，一定會遭遇他們同樣的失敗，可是我用了友善、同情、欣賞、讚美的方法，使我獲得了勝利。」

　　當然，讚美別人要恰如其分，要真心，不要說得天花亂墜，言過其實，過了頭的就不是讚美，而是「拍馬屁」了。因人、因時、因地、

第八個性格要素：與人交際的性格

真誠的讚美，會使你獲得良好的人際關係

因場合適當的讚美人，是對別人的鼓勵和鞭策。孩子愛聽活潑可愛、聰明伶俐的讚美；病人愛聽病情見好、精神不錯的讚美；女孩子愛聽年輕漂亮、衣服得體、身材好的讚美；年輕人愛聽風華正茂、有風度的讚美；中年人愛聽幽默風趣、成熟穩健的讚美；老年人愛聽經驗豐富、老當益壯、德高望重的讚美。

取人之長補己之短，抬著頭看別人，你就會越走越高。反之，高高在上，總覺得別人不如自己，低著頭看別人你就會越走越低。善於發現別人的長處，還必須善於讚美，讚美別人的同時，你就會發現世界無限美好，你的心靈得到淨化，人間無限溫暖。

有時候，讚美也無須刻意修飾，只要源於生活，發自內心，真情流露，就會收到讚美的效果。但要將讚美的效果發揮得更好，一定要注意以下幾點：

（一）熱情洋溢。

漫不經心的對對方說上一千句讚揚的話，也等於白說。缺乏熱情的空洞的稱讚，並不能使對方高興，有時還可能由於你的敷衍，而引起對方的反感和不滿。

（二）讚美要具體、深入、細膩。

抽象的東西往往不具體，讓人留下的印象也不深刻。如果稱讚一個初次見面的人「你給我們的感覺真好」，那麼這句話沒有一點作用，說完就很快過去了，不能讓人留下任何印象。但是，如果你稱讚一個好推銷員：「小王這個人為人辦事的原則和態度非常難得，無論給他多少貨，只要他肯接，就絕對不用你費心。」那麼，由於你挖掘了對方不太明顯的優點，給予讚揚，增加了對方的價值感，因此，讚美所產

生的作用就會很大。

（三）讚美多用於鼓勵。

鼓勵能讓人樹立起自信心。自信是成功的一半，用讚美來鼓勵對方，能達到事半功倍的效果，尤其在「第一次」。無論任何人做任何事情，都有第一次的時候，如果對方第一次做得不好，你應該真誠的讚美一番：「第一次有這樣的表現已經很不容易了！」別人會因為你的讚美而樹立信心，下次自然會做得更好。

（四）實事求是，措辭恰當。

當你準備讚美別人時，首先要考慮一下，這種讚美，對方聽了是否相信，第三者聽了是否不以為然，一旦出現異議，你有無足夠的理由證明自己的讚美是有根據的。

一位老師讚美學生們：「你們都是好孩子，活潑、可愛、學習認真，做你們的老師，我很高興。」這話很有分寸，使學生們既努力學習，又不會驕傲。但如果這位老師說：「你們都很聰明，將來會大有出息，比其他班的同學強多了。」效果就大不一樣了。

對別人的讚美要出於真心、並且是客觀的、有尺度的，而不是阿諛奉承、刻意恭維討好，這樣做會適得其反，很容易引起別人的反感。讚美之辭既是對別人的成績肯定，使聽者感受到自己存在的價值，激發他人努力去做出更大的成就，與此同時，自己也能獲得無限的快樂。而扼殺人與人之間最為寶貴的真誠乃是妒忌，見不得別人比自己有地位、有成就，見不得別人比自己有錢。這樣的心態，是無法說出真誠的讚美之辭的。說出由衷、真誠的讚美是需要雅量的。

多在背後說別人好話，奧妙無窮

在我們的職場工作環境當中，常有一些同事聚在一起，喜歡談論的就是那些不在場同事的是非。一提到這些道人長短、論人隱私的話題，大家就顯得興致勃勃，現場的氣氛也隨之熱烈起來。但是，這種無聊的話題卻是一點也不值得聲張。不論你說的話題有沒有惡意，到最後都會變成讓人不舒服的壞話。

而且，這種搬弄是非、道人長短的話很容易傳到對方耳中。即使聽到這些話的人並非故意的去傳播，但還是會直接或間接的傳入當事人耳中，而且往往已被加油添醋，不堪入耳，這正是所謂的「好事不出門，壞事傳千里」。

曾經看過這樣一個相聲，說是馬季先生在家生了一個雞蛋，一會兒就傳成了他生了一個鴨蛋，而且還是鹹鴨蛋，一會兒又傳成了他生下一個鵝蛋，最後傳成了馬季先生生了一個恐龍蛋。

足可見人言可畏，捕風捉影的可怕，當初說話的人的初衷，往往在傳話的過程中就變了味，變了性，說不定正話就成了反話了。

記得最清楚的就是朋友曾告訴我的一件事情：他為了考驗是不是某個人喜歡向上級打小報告，某日上午故意向這個人說了一件任何人都不知道的事情，下午特地去主管的辦公室打轉，結果，主管就問他上午是不是說什麼了。可見傳話之快、傳話之速了，特別是為了防止自己曾說的話在傳話中變味，必須選用最優美的詞語來描繪第三者的優點，切忌提一點缺點和不滿。在人背後是必須說好話的，至於那些偶爾的「不好」之話，即便是很公正的話，也要留著，自己悄悄的說給自己的心去聽了。

假象快樂
七大性格改變自我，跟負能量 SAY NO！

　　人們都不喜歡背後說別人壞話的小人，一方面是背後說壞話，會有中傷別人的感覺，另一方面，人們會覺得背後的評價更能展現那個人內心的真實想法。因此，當他知道一個人在背後讚美自己的時候，他也會感覺你真的是這樣想的，會更加的高興。不要擔心你在別人面前說另一個人好話，那些好話當事者不會聽見，這世界沒有不透風的牆，就算讚美傳不到他本人耳朵裡，別人也會因為你在背後誇獎人而更加敬重你。

　　每個人都有虛榮心，喜歡聽好話。來自社會或者他人的讚美，能使一個人的自尊心自信心得到極大的滿足。當他的榮譽感得到滿足時，他會情不自禁的得到鼓舞和愉快，從而自心裡對你感到親切，縮小了你們的心理差距。如此一來，你們溝通交流起來，會有事半功倍的效果。不知不覺間，你就會擁有一個良好的人緣。

　　《紅樓夢》中有這麼一段：

　　史湘雲、薛寶釵勸賈寶玉作官為宦，賈寶玉非常反感，對著史湘雲和襲人讚美林黛玉說：「林姑娘從來沒有說過這些混帳話！要是她說這些混帳話，我早和她生分了。」

　　恰巧這時黛玉正來到窗外，無意中聽見賈寶玉說自己的好話，「不覺又驚又喜，又悲又是嘆。」結果寶黛兩人互訴肺腑，感情大增。

　　因為在林黛玉看來，寶玉在湘雲、寶釵、自己三人中只讚美自己，而且不知道自己會聽到，這種好話是無意的，是非常真實的，也是很難得的。如果寶玉當著黛玉的面說這番話，好猜疑、小家子氣的林黛玉恐怕還會說寶玉打趣她或想討好她呢。

　　人是社會的主體，想在其中立足，首先要做好的就是處理協調好人與人之間的關係。問題很簡單實際，簡單到只是人與人之間在生活

中的交往而已。可它卻又是個涉及到無數個細節的繁瑣問題。任何一點出了紕漏，可能都會影響到你和他人的交往，簡單點說，就是你會有一個不好的人緣。

讚美是一種學問，其中奧妙無窮，但最有效的讚美則是在第三者面前讚美人。這種方法不僅能使對方愉悅，更具有表現出真實感的優點。假如有一位陌生人對你說：「我的朋友經常對我說，你是位很了不起的人！」相信你感動的心情會油然而生。因為這種讚美比起一個人當面對你說：「先生，我是你的崇拜者。」更讓人舒坦，也更容易相信它的真實性。

前美國總統羅斯福有一個名叫布德的副官，他對讚美曾有過非常深刻的見解：背後讚美別人的優點，比當面恭維更為有效。可以說，這是一種很高的讚美技巧，在人背後讚美人，在各種讚美方法中，要算是最使人高興的，同時也是最有效果的。

因為當你直接讚美別人時，對方極可能以為那是應酬話、恭維話，目的只在於安慰自己罷了。若是透過第三者的傳達，效果便截然不同了。此時，當事者必然認為那是認真的讚美，毫無虛偽，於是真誠接受，感激不已。

試想一下，如果有人告訴你，某某人在你背後說了許多關於你的好話，你會不高興嗎？這種讚美，如果當著你的面說給你聽，或許會適得其反，讓你感到虛假，或者疑心他是不是出於真心。為什麼間接聽來的便覺得特別的悅耳動聽呢？那是因為你堅信對方是在真心讚美你。

「前」與「後」的關係構成一個整體。所謂「思前想後」講的就是這個道理。人生也有「前台」與「後台」，即如何處理好人前與人後

的關係，往往影響深遠。

喜歡聽好話是人的一種天性。當來自社會、他人的讚美使其自豪心、榮譽感得到滿足時，人們便會情不自禁的感到愉悅和鼓舞，並對說話者產生親切感，這時彼此之間的心理距離就會因讚美而縮短、靠近，自然就為交際的成功創造了必要的條件。

德國的鐵血宰相俾斯麥，為了拉攏一個敵視他的議員，便有計畫的在別人面前讚美這位議員，他知道那些人聽了之後，肯定會把他的話傳給那個議員。後來，兩人成了無話不說的政治盟友。

事實上，在我們的周圍，可把這種方法派上用場之處不勝枚舉。例如，一個員工，在與同事們午休閒談時，順便說了上司的幾句好話，「我們的上司很不錯，辦事公正，對我的幫助尤其大，能為這樣的人做事，真是一種幸運。」當這幾句話傳到他的上司的耳朵裡去了，免不了讓這位上司的心裡有些欣慰和感激。而同時，這個員工的形象也上升了。

不要小看這些細節，生活就是由無數個細節組成的。生活沒有多少轟轟烈烈被載入史冊的事情等著我們，我們要做的只是細節，一個又一個。現在，我們要注意的一個細節是，堅持在背後說別人好話，別擔心這好話傳不到當事人的耳朵裡。

對一個人說別人的好話時，當面說和背後說是不同的，效果也不會一樣。你當面說，人家會以為你不過是奉承他，討好他。當你的好話在背後說時，人家認為你是出於真誠的，是真心說他的好話，人家才會領你的情，並感謝你。假如你當著上司和同事的面說上司的好話，你的同事們會說你是討好上司，拍上司的馬屁，而容易招致周圍同事的輕蔑。另外，這種正面的歌功頌德，所產生的效果反而很小，

甚至有反效果的危險。你的上司臉上可能也掛不住，會說你不真誠。與其如此，倒不如在公司其他部門，上司不在場時，大力的「吹捧一番」。這些好話終有一天會傳到上司的耳中的。

堅持在別人背後說好話，對你的人緣會有意想不到的影響。背後說好話，這樣就可以人人不得罪，左右逢緣，你好我好大家好了。

平時不燒香，臨時抱佛腳

有些人平時待人不冷不熱，有事了才想起去求別人，又是送禮、又是送錢，顯得格外熱情，但這種「平時不燒香，臨時抱佛腳」的效果常常並不理想。

黃蜂與鷓鴣因為口渴得很，就找農夫要水喝，並答應付給農夫豐厚的回報。鷓鴣向農夫許諾牠可以替葡萄樹鬆土，讓葡萄長得更好，結出更多的果實；黃蜂則表示牠能替農夫看守葡萄園，一旦有人來偷，牠就用毒針去刺。

農夫並不感興趣，對黃蜂和鷓鴣說：「你們沒有口渴時，怎麼沒想到要替我做事呢？」

平時如果不注意給人方便，等到有求於人時，再去替人出力，就難免太遲了。

與他人建立「良好關係」最基本的要求就是：要經常有事沒事勤聯絡。

不要等到需要獲得別人幫助時才想到別人。你有沒有這樣的體會：當你遇到某種困難，想找個朋友幫你解決時，卻突然想起來，已經有很長的時間沒有和人家來往過了。現在有求於人家就去找，心裡總覺

假象快樂
七大性格改變自我，跟負能量 SAY NO！

得不踏實，老問自己會不會太唐突了？會不會遭到他的拒絕？在這種情形之下，你免不了要後悔不該「平時不燒香」了。

有一個剛去美國的人，詳細敘述了她在那裡的生活情況。她在那裡，沒有什麼社交生活，難得去看看朋友，可能是因為她初到異國，認識的朋友不多，但後來聽說，其他的人也一樣。她每星期工作五天，星期六和星期天都去了郊外，這是一種家庭式的生活。就是說，要去郊外，就跟自己的家人去。她不能利用假期去探望朋友，因為一到假期，誰都不在家，除非朋友患病在床。也不可能利用下班後的時間去看朋友，因為交通太擠。但她常常和朋友通電話，這是她唯一可以列入應酬朋友的方法，她無事也打電話，哪怕是寒暄幾句，或者講些無關緊要的事。但遇到事情時，朋友會立刻聚在一起，哪怕是很棘手的問題，在美國的朋友也會盡心盡力的去幫她。

看了上面的敘述，給人最大的感想是，她懂得無事之時打電話找朋友，所以一有事時，朋友馬上就來幫忙。

人們不可能一帆風順，挫折、運氣不好是難免的。人們落難正是對周圍的人，特別是對朋友的考驗。遠離而去的人可能從此成為路人，同情、幫助他度過難關的人，他可能銘記一輩子。所謂莫逆之交、患難朋友，往往就是在困難時期產生的，這時形成的友誼是最有價值、最令人珍視的。

有一位畫廊的老闆，他平時就很注意與別人建立良好的關係，不論是大人物還是小人物，他都不吝花費時間和金錢和他們建立關係。有一位與他素未謀面的畫家因為急需錢用，向他借錢，他二話不說就出手，以解其燃眉之急。還有一次，這位畫家因老母親病重，一時湊不到足夠的錢來治病，就又向這位老闆請求借一些錢，這位老闆又是

爽快的答應了下來。無論這位畫家遇到什麼困難，這位老闆都盡最大的努力來幫助他。慢慢的，這位畫家自然是從內心裡非常的感激畫廊老闆，兩人結交下了深厚的友誼。

後來，這位畫家的名氣逐漸大了起來，找他求畫的人絡繹不絕。但是，只要這位畫廊老闆提出要求，這位畫家就二話不說，立即滿口答應。畫廊老闆在平時注意感情投資，使他得到了這位畫家很多的上乘畫作。

如果像這位畫廊老闆一樣，平時就養成對人感情投資的好習慣，把工夫下在平時的聯絡上，那麼，在你辦事的時候，這種投資就會發揮作用，要辦的事也就會順利的辦成了。

一本政治家的回憶錄中提到：一位被委任組閣的人受命伊始，心情很是焦慮。因為一個政府的內閣起碼有七八名閣員，如何去物色這麼多的人去符合自己的需求？這的確是一件難事，因為被選的人除了有適當的才能、經驗之外，最重要的一點，就是「和自己有些交情」。

事態的發展都是雙面性的。要和別人有交情才容易得人賞識，不然的話，任你有登天本事，別人也很少會知道。現代人生活忙忙碌碌，沒有時間進行過多的應酬，日子一長，許多原本牢靠的關係就會變得鬆懈，朋友之間逐漸互相淡漠。這是很可惜的。大家要珍惜人與人之間寶貴的緣分，即使再忙，也別忘了溝通感情。否則，臨時抱佛腳，關鍵時刻找人幫忙不免會後悔。

雪中送炭，救人於危難

「雪中送炭」，而不是「錦上添花」，這樣才能獲得一個仗

假象快樂
七大性格改變自我，跟負能量 SAY NO！

義的名聲。

因為在對方落難，別人避之唯恐不及的時候，你卻向他拋出最及時的一根救命稻草，無疑是給對方最大的幫助。

當同行業中同行需要你施以援手，而我們又有能力時，我們該怎麼辦？

落井下石，踩死對方，我們可以少一個競爭對手。但切不可忘記，即使你真能扼殺了對方，總會有新的競爭對手崛起。一個人不可能獨霸一個行業的。

正如「野火燒不盡，春風吹又生」，一個人是賺不完所有的錢的。正確的做法是，救人於危難之際，不但得到了人緣、信譽及聲望，你的形象實際上為你日後創大業賺大錢埋下了伏筆。不僅是積善積德，更是留下了人情，你日後所得勢必要超過你的付出。

有位目前很活躍的油畫家，曾透露他在年輕時代過了一段非常困苦的生活，經常三餐不繼。有一次，他把一幅連自己都沒信心的畫拿到畫商那裡，畫商看了半天，付給他一筆當時他認為很多的錢。就畫家來說，畫商並非買了這幅畫，而是給了他前途。此後他終於成功的熬出了頭。那筆金額是否很高呢？

其實不見得，但直到今日，那位畫家對這筆款項一定還覺得非常龐大。

人在困厄消沉中，有人向他伸出的援助之手，可以使人產生長久的感恩之情。對畫家來說，畫商的錢的確成就了他的前途，因此，這位現在已成名的畫家若有滿意的作品，一定會交給那位畫商，並且以普通價錢成交。

人對金錢的標準，往往因狀況不同而有很大的差異，因此，「雪中

274

送炭」遠比「錦上添花」有意義。

日本首相田中角榮在擔任自民黨幹事長時，一面忙著主持自民黨選舉事務，一面派人將慰問金送到落選的議員家中，並且勉勵他們不要氣餒，下次重新再來。

對落選的議員來說，田中角榮的勉勵已經使他們深受感動，而送慰問金，更加深了他們的感激之情。在此之後，擁戴田中的人越來越多，竟形成了一個「田中派」。如果田中在此時將相同的金額或禮品送至當選的議員家中，情況就不同了，那些禮品、禮金成了錦上添花，一點也不特殊，更不能取得效果。只有在別人困頓中伸出援手，才能得到真正的友誼。田中角榮畢竟是真正吃過苦頭的人，了解人類微妙的心理。

人是需要關懷和幫助的，在困境中更是如此。你如果為朋友排憂解難，在他困難時給予物質和金錢上的資助，那麼將來，他就會不遠萬里前來救助身在困境中的你。

雪中送炭，是對危機時刻的他人所給予的最好報答，是對他人在悲傷時所給予的一種神奇的慰藉。這種奉獻和給予，是對他人心靈深處的撫慰，是他人再次前進的動力。

在社交活動中，你要尋找並留意著別人困難的時機，雪中送炭，及時給予像老天爺所下的「及時雨」一樣，那你就不愁沒有朋友，沒有好人緣了。

儲蓄人脈，勝過儲蓄黃金

做人情就像你在銀行裡存款，存得越多，存得越久，利息便越

多。你在感情的帳戶上儲蓄，就會贏得對方的信任，那麼當你遇到困難，需要幫助的時候，就可以利用這種信任，你即便犯有什麼過錯，也容易得到別人的諒解；你即便沒把話說清楚，有點小脾氣，對方也能理解。

在日常生活中遇到意想不到的人或好意，往往帶給人意外之喜。這種情形下，心中常常只有感動二字。所以，為了要讓對方腦海中為自己留下深刻的印象，一些意想不到的行動是很具效果的。

唐玄宗李隆基親自為手下的一個將領煎藥，在吹風鼓火時，燒著了鬍鬚。當侍從們趕來時，他莞爾一笑，說：「但願他喝了這藥病就好了，鬍鬚有什麼可惜的呢？」

一個皇帝為他的手下親自煎藥，這真是天大的人情，把人情做得如此之足，怎不叫屬下以死相報呢？

處世高手都善於感情投資，因為投入一分人情，別人會以雙倍利息的人情送還。人生什麼錢債都可以還清，但人情債是永遠還不清的。投資感情，收穫人情，一生何處不逢春。

春秋戰國時期，齊國的孟嘗君、趙國的平原君、魏國的信陵君和楚國的春申君並稱為戰國四公子。據記載，這四個人的門客有時多達三千人，只要有一技之長，即可投到門下，他們一視同仁，不分貴賤。他們以養士而著名，也因養士而在一定程度上保全了國家。要養士就要有大度的性格、容人的雅量，不然則會所養非士。在這一方面孟嘗君容人、容才的度量就不是一般人能學得到的。孟嘗君的一個門客與孟嘗君的夫人私通，有人看不下去，就把這事告訴了孟嘗君：「作為您的手下親信，卻背地裡與您的夫人私通，這太不夠義氣了，請您把他殺掉。」孟嘗君說：「看到相貌漂亮的就相互喜歡，是人之常情。

這事先放在一旁，不要說了。」

一年之後，孟嘗君召見了那個與他夫人私通的人，對他說：「你在我這個地方已經很久了，大官沒得到，小官你又不想做，衛國的君主與我是好朋友，我替你準備了車馬、皮裘和衣帛，希望你帶著這些禮物去衛國，為衛國國君效勞吧。」結果，這個人到了衛國受到重用。

古語曰：殺父之仇，奪妻之恨，不共戴天。而孟嘗君卻能容忍偷妻者，其度量可謂大矣！可是，物有所施，亦有所報。

後來齊國、衛國的關係惡化，衛君很想聯合天下諸侯一起進攻齊國，那個與孟嘗君夫人私通的人對衛君說：「孟嘗君不知道我是個沒有出息的人，竟把我推薦給您。我聽說齊、衛兩國的先王，曾殺馬宰羊，進行盟誓說，『齊、衛兩國的後代，不要相互攻打，如有相互攻打者，其命運就和牛羊一樣。』如果您聯合諸侯之兵進攻齊國，這是您違背了先王的盟約，並且欺騙了孟嘗君啊。希望您放棄進攻齊國的打算。您如果聽從我的勸告就罷了，如果不聽我的勸告，像我這樣沒出息的人，也要用我的熱血灑濺您的衣襟。」

衛君在他的說服和威脅下，最後沒有進攻齊國。如果當初孟嘗君聽信了別人的話把那個與夫人私通的人殺了，又有誰能站出來阻止衛國對齊國的進攻呢？看來是孟嘗君的寬容感動了那個與妻子私通的人，所以這個人不惜以生命為代價來勸阻這場戰爭，這難道不是孟嘗君寬容性格換來的結果嗎？

人情是維繫群體的最佳手腕和人際交往的主要工具。只有懂人情味的人，才能獲得人情效應。

萬事禮為先，有「禮」走遍天下

曾有「君子不失足於人，不失色於人，不失口於人」的古訓，意思是說：有道德的人待人應該彬彬有禮，態度不能粗暴傲慢，更不能出言不遜。隨著社會經濟的不斷發展，社會中的人際關係更是錯綜複雜，因此在社會中為人處世就變成了一個深邃而又敏感的話題。萬事禮為先，禮儀的作用就顯得十分重要。

陳棣是某公司的高階主管，下屬去見他時，他不但坐著不動，而且也不懂得禮貌讓坐，下屬只好站在一旁說話。有時因不滿意下屬的回答而不高興時，他就會一直不答話，或者始終不看下屬，讓人感覺充耳不聞，視而不見，讓下屬碰一鼻子灰後，心情低落的告辭。對待朋友，他也是愛搭不理，實在令人難受。但因陳棣正在得勢之時，職員們當面還是恭維、奉承，心裡卻反感他。後來形勢逆轉，他不再有實權時，一時之間攻擊他的人就特別多，這完全是因為他待人傲慢無禮造成的。

《詩經》上說：「謙謙君子，賜我百朋。」只有懂得禮儀的人才能獲得更多的朋友。人們都將一個人是否彬彬有禮，作為其社會地位和受教育程度的檢驗標準。很多時候，一件事情的成功往往取決於你對對方的尊重。禮也是人為的，並不是與生俱來的，必須要用心去領會、去學習，逐漸養成一種習慣，它會幫助你順利的打開人際交往局面。

前美國總統威爾遜曾經說過：「假如你握緊兩隻拳頭來找我，我想我可以告訴你，我會把拳頭握得更緊；但假如你找我來說：『讓我們坐下好好商量，假如我們之間的意見有不同之處，看看原因出在哪裡，

主要的癥結在什麼地方？』我們會覺得彼此的意見相離不是十分遠。我們的意見不同之處少，相同之處多，並且只要彼此有誠意、耐性和願望去接近，我們相處並不是十分困難的。」人們都希望獲得尊重，如果站在別人面前，一番強詞奪理的爭論，一些放蕩不羈、趾高氣揚的行為舉止，會遠遠不及一番謹慎細膩的考慮和措詞有理、文質彬彬的勸導有用。

風和太陽總爭執著誰的力量最大，風說：我可以證明我的力量是最大的。你看，地上正走著一位身披大衣的年輕人，我能比你更快速的使他將大衣脫掉。於是，太陽躲進烏雲裡，風使出他的所有威力狂吹，但是風吹得越大，那個年輕人越將他的大衣牢牢裹住。

最後等到風筋疲力盡之時才停了下來，太陽從雲彩裡鑽了出來，對那位年輕人投去和氣的微笑。不久那位年輕人便用手將他前額的汗水拭去，並輕輕脫掉身上的大衣。太陽對風親切的說：「仁慈和友善總要比憤怒和暴力更為有力。」

與人交往，惡意的爭辯只能使問題更加的複雜化，你那種挑戰的口氣、充滿敵意的態度，並不能夠使別人輕易贊同你的意見。反之，對別人曉之以理，動之以情，別人也會從內心萌生出惻隱之情，從而同意你的請求。因此，我們要想獲得別人的尊重，就要首先學會尊重別人。尊重別人的最佳方法，就是用禮儀叩開他的心扉，讓他感受到你的誠意和真心，這樣他才能心悅誠服的與你交往。

禮貌待人表現的是對一個人的尊重和友善。每個人都希望別人對自己有禮貌。同樣道理，我們也應當對別人有禮貌。禮貌是一個人素養高低的表現，也是尊重人、尊重自己的表現。沒有人會對你的禮貌表示反感，只會對你的無禮表示厭煩。但是禮貌必須誠懇，不誠懇的

多禮者，往往會令人生厭。人際交往中，與人見面握手，得體的寒暄幾句會讓人感到很親切。相反的，如果寒暄時虛情假意，廢話、空話連篇，極力向別人討好，就會顯得無聊至極。

禮儀是連接友誼的紐帶。一個人的誠懇與善良往往是透過禮儀來顯現出來的。所以說，畢恭畢敬的態度，得體的禮儀是贏得別人信賴的條件之一。

禮貌是禮儀的基本展現，而並不只是一種外在的表現形式，它是溝通人們之間友好感情的一道橋梁。如果人們能自覺的做到禮貌待人，不僅能使人與人之間的關係更加純潔和美好，還可以避免和減少某些不必要的個人衝突，使社會生活朝著更加和諧的方向發展。

以德報怨，可以化敵為友

以牙還牙，以毒攻毒，雖然可以解一時之氣，卻難以平息由此產生的嚴重後果，結果總是導致仇人增多，友人減少。聰明人採取以德報怨的方法，一方面可以消除對方的仇恨情緒，使其反省自己的行為；另一方面也可以使自己在行為上處於有利的一方，使輿論和觀眾都支持自己的一方。

王兵由於好友保爾在自己的公司電腦上做了手腳，使他損失了幾十萬美元，心中一直憤憤不平，儘管王兵委託律師將保爾關進了牢房，但他還覺得不夠。

幾年過去了，保爾早就被保釋出來了。他覺得對不起王兵，幾次打電話向王兵道歉，王兵根本不聽，一聽是保爾的聲音，不容分說立刻將電話掛斷。

第八個性格要素：與人交際的性格

以德報怨，可以化敵為友

王兵的妻子知道後，多次勸他應該寬宏大量，何況保爾是個電腦專家，對他的生意很有幫助。王兵經過深思，覺得妻子說得很有道理，可是每次拿起電話來，心中就想起那幾十萬美元，又想起保爾曾像隻老鼠似的偷盜過那些錢，使他的生意差點垮掉，於是又放下電話長嘆一口氣。

一個多月過去了，王兵總是處於這種矛盾中，一會兒覺得應該原諒保爾，他是個電腦專家，曾經幫助過自己；一會兒又想到，難道你要原諒傷害過你的人？不，不行。直到一位心理醫生告訴他：「你形成了一種心理障礙，這種障礙不僅會妨礙你與保爾的關係，也會妨礙你與他人的關係，必須積極的清除它。」晚上，王兵終於鼓起勇氣，向保爾打了一個電話，告訴他明天可以到辦公室見他。

第二天，他們談得很順利，王兵還決定再次聘用保爾到公司工作，他對保爾說，「我相信你不會再辜負我。」保爾走後，漂亮的女祕書走進來看看王兵說：「您真讓人羨慕，因為您有著海一樣的心胸，在您身邊工作，我非常愉快。」王兵大吃一驚，這可是意外的收穫。

生活中，恩將仇報的人是屢見不鮮的，以德報怨的人卻並不多見。但只有這麼寬容和豁達的人，才能享受人生的最高境界。

大凡為人者，施人以物，人思以財還；施人以財，人思以情還；施人以情，人思以恩還；施人以恩，人思以命還。

人施我以怨，我以德還而非惡還，就斷了怨怨相報的後路！所以說，以怨報怨怨難報，以德報怨怨易消。

恩恩怨怨何時了？如果一味想著報復敵人，其結果只能是兩敗俱傷。反之，如果以德報怨，就能使敵人成為你的朋友，成為你可以依靠的一座靠山。

以德報怨是一種精神，它要我們超越自己的偏見；以德報怨是一種態度，它培育我們的博大胸懷；以德報怨是一種境界，它意味我們有可能戰勝自己的弱點；以德報怨是一種理想，它召喚我們走向崇高。

曲得了，才伸得直

老子說：「曲則全，枉則直，窪則盈，弊則新，少則得，多則惑。」其中的道理並不深奧，那就是學會「曲中求直」。

在加拿大蒙特利爾北部的魁北克，有一個南北走向的山谷，這個山谷唯一引人注目的是它的西坡長滿松、拓、女貞等許多種樹，東坡卻只有雪松。

由於特殊的風向，東坡的雪比西坡的雪來得大，來得密。當雪積到一定程度時，雪松那富有生氣的枝椏就會向下彎曲，直到雪從枝頭滑落；這樣反覆的積，反覆的落，雪松完好無損。可其他的樹因沒有這個本領，樹枝壓斷了。西坡由於雪小，除雪松外還有一些如拓樹、女貞之類的樹挺了過來。其實，東坡也肯定長過雜樹，只是不會彎曲才被大雪摧毀的。

雪松因會彎曲，而生長茂盛；拓樹、女貞只知挺拔，而遭受滅頂之災。

為人處世同樣如此，對於外界的壓力要盡可能的去承受；在承受不了的時候，要像雪松一樣，學會彎曲，學會給自己減輕壓力。排除困難，頂住壓力，不斷的追求進步是人類社會發展的根本趨勢，作為個體的人也是如此。

漢武帝有個奶媽，常常在外面做些犯法的事情。漢武帝知道後，

第八個性格要素：與人交際的性格

曲得了，才伸得直

決定把她依法嚴辦。奶媽無可奈何，只好求救於東方朔。

當時，漢武帝最寵愛兩個大臣，一個是東方期，他滑稽，會說反話，經常把漢武帝弄得啼笑皆非。漢武帝很喜歡他，因為他說的做的都很有道理。

另一個是汲黯，他人品道德好，經常在漢武帝面前頂撞他，他講真話，使漢武帝下不了台。這兩個人雖然官做得並不很大，但非常親近，對漢武帝經常有中和的作用。所以，東方朔在漢武帝心裡，說話也有一定的威信。奶媽想了半天，皇帝要依法辦理，實在不能通融，只好來求他想辦法。

東方朔聽了奶媽的話後，說道：「你要我真救妳，又有希望幫得上忙的話，就聽我安排。等皇帝下命令要辦妳的時候，一定叫人把妳拉下去。妳下去的時候，什麼都不要說，但妳走兩步，便回頭看看皇帝，走兩步，又回頭看看皇帝。千萬不可要求說：『皇帝！我是你的奶媽，請原諒我吧！』否則，妳的頭將會落地。妳什麼都不要講，是皇帝奶媽的事更不要提。這樣做或者還有萬分之一生存的希望。」

東方朔對奶媽這樣吩咐好後，等到漢武帝叫奶媽來問：「妳在外面做了許多壞事，太可惡了！」叫左右拉下去法辦。奶媽聽了，就照著東方朔的吩咐，走一兩步，就回頭看看皇帝，鼻涕眼淚直流。東方朔站在旁邊說：「妳這個老太婆怎麼回事啊？皇帝已經長大了，還要靠妳餵奶吃嗎？妳就快滾吧！」

東方朔這麼一講，漢武帝聽了很難過，心想自己自小在她的手中長大，現在不說報恩，還要把她綁去砍頭或者坐牢，心裡也著實難過，又聽到東方朔這樣一罵，便說：「算了，免了妳這一次的罪吧！以後可不要再犯錯了。」

像這一類的事，看起來是歷史上的一件小事，但由小可以窺大。東方朔的滑稽，不是亂來的。他是以滑稽的方式，運用了「曲則全」的藝術，救了漢武帝的奶媽的命，也免了漢武帝後來的內疚於心。

杜光庭在《道德真經廣聖義》中說：「曲己全人，人必全之。」意思是說委曲自己成全別人，別人一定也會成全你。想要別人怎樣對待你，首先要怎樣對待別人。

寬厚的人能夠容忍別人的錯誤與傷害，在某種程度上是給了別人悔改的機會。與此相反，心胸狹窄、為人刻薄的人，容不得別人一點錯誤和不足。

與這樣的人相處如履薄冰，任你小心翼翼還是不免受到傷害。誰又會願意與這樣的人為友。所以，我們平日應該寬以待人，以自己的寬容來感化他人，正如杜光庭所說的「曲己全人，人必全之」。

多一份尊重，少一點專橫

人們都喜歡擁有自己獨立的思想，沒有人喜歡接受推銷，或被人強迫去做一件事。人們都喜歡按照自己的意願購買東西，或照自己的意思行動，希望別人在做事時徵詢自己的願望、建議和意見，不喜歡別人妄下主張。但是有些人做事的時候往往忽略這一點，那是因為他們做事的時候，被一種占有和控制的欲望驅使著，想把自己的意見強加給別人，希望別人按照自己的意願從事。但是這種一意孤行的做法往往會落空，因為沒有人喜歡被他人支配。

韓敖東專門從事草圖服裝設計師和生產商的業務。三年來，他每星期，或每隔一星期，都前去拜訪紐約最著名的一位服裝設計師。「他

從沒有拒絕見我，但也從沒有買過我所設計的東西。」韓敖東說道，「他每次都仔細的看過我帶去的草圖，然後說對不起，韓敖東先生，我們今天又做不成生意啦！」

經過一百五十次的失敗，韓敖東體會到自己一定過於墨守成規，所以決心研究一下人際關係的有關法則，以幫助自己獲得一些新的觀念，找到新的力量。

後來，他採用了一種新的處理方式。他把幾張沒有完成的草圖挾在腋下，然後跑去見設計師。「我想請您幫點小忙。」韓敖東說道，「這裡有幾張尚未完成的草圖，可否請您幫忙完成，以更加符合你們的需求？」

設計師一言不發的看了一下草圖，然後說：「把這些草圖留在這裡，過幾天再來找我。」三天之後，韓敖東去找設計師，聽了他的意見，然後把草圖帶回工作室，按照設計師的意見認真完成。結果呢？韓敖東說道：「我一直希望他買我提供的東西，這是不對的。後來我要他提供意見，他就成了設計人。我並沒有把東西推銷給他，是他自己買了。」

發生在湯姆醫師身上的一個例子也正好說明了這一點。

湯姆醫師在紐約布魯克林區的一家大醫院工作，醫院需要新添一套 X 光設備，許多廠商聽到這一消息，紛紛前來介紹自己的產品，負責 X 光部門的湯姆醫師因而不勝其擾。

但是，有一家製造廠商則採用了一種很高明的技巧。他們寫來一封信，內容如下：我們工廠最近完成一套 X 光設備，前不久才運到公司來。由於這套設備並非盡善盡美，為了希望能進一步改良，我們非常誠懇的邀請您前來撥冗指教。為了不耽誤您寶貴的時間，請您隨時

與我們聯絡，我們會馬上開車去接您。「接到信真使我感到驚訝。」湯姆醫師說道，「以前從沒有廠商詢問過我的意見，所以這封信讓我感到了自己的重要性。那一星期，我每晚都忙得很，但還是取消了一個約會，騰出時間去看了看那套設備，最後我發現，我越研究就越喜歡那套機器了。沒有人向我兜售，而是我自己向醫院建議買下那整套設備的。」

事實證明，事先徵詢意見比自己擅作主張，把意見強加給別人要好得多。老子曾經說過一些話，也許對今日的許多讀者會很有益處：江海之所以能為百谷之王，是因為懂得身處低下，方能成為百谷之王；聖人若想領導人民，必須謙卑服務人民，必須跟隨其後。因此，聖人雖在上，而人民不覺其壓力；聖人雖在前，而人民不覺有什麼傷害。人各有志，不同的人對同一件事都有不同的看法，當自己的意見與他人產生分歧時，你是經常自以為是，還是考慮他人的意見，很多人都選擇前者，尤其是那些身居高位者，他們更加愛面子，不尊重他人的意見，一是對自己不利，如果他人的意見是正確，沒聽取就會得不到正確的資訊，二是傷害他人的自尊心，造成人際關係上的負面影響，每個人不可能萬無一失，事事通曉，為何不用心考慮他人的意見呢？

糊塗一點，做人不能太認真

做人固然不能玩世不恭，遊戲人生，但也不能太認真，認死理。太認真了，就會對什麼都看不慣，連一個朋友都容不下，把自己與社會隔絕開。

鏡子很平，但在高倍放大鏡下，就成了凹凸不平的山巒；肉眼看

很乾淨的東西，拿到顯微鏡下，滿目都是細菌。試想，如果我們「戴」著放大鏡、顯微鏡生活，恐怕連飯都不敢吃了。再用放大鏡去看別人的毛病，恐怕許多人都會被看成罪不可赦、無可救藥的了。

孔子帶眾弟子東遊，走累了，肚子又餓，看到一酒家，孔子吩咐一弟子去向老闆要點吃的，這個弟子走到酒家跟老闆說：「我是孔子的學生，我們和老師走累了，給點吃的吧。」老闆說：「既然你是孔子的弟子，我寫個字，如果你認識的話，隨便吃。」於是寫了個「真」字，孔子的弟子想都沒想就說：「這個字太簡單了，『真』字誰不認識啊，這是個真字」。老闆大笑：「連這個字都不認識，還冒充孔子的學生。」吩咐店員將之趕出酒家。

孔子看到弟子兩手空空、垂頭喪氣回來，問後得知原委，就親自去酒家，對老闆說：「我是孔子，走累了，想要點吃的。」老闆說：「既然你說你是孔子，那麼我寫個字如果你認識，你們隨便吃。」於是又寫了個「真」字，孔子看了看，說這個字念「直八」，老闆大笑：「果然是孔子，你們隨便吃。」弟子不服，問孔子：「這明明是『真』嘛，為什麼念『直八』？」孔子說：「這是個認不得『真』的時代，你非要認『真』，焉不碰壁？處世之道，你還得學啊。」

這雖是個杜撰，但也說明了一個道理，那就是做人不能太認真。在工作中，不是你把所有的事情做好了就是認真，有時候事情沒做好，在主管的眼裡也是認真，因為你認真的揣摩了主管的需求而且盡可能的配合了主管的需求。做人不如糊塗一些的好，鄭板橋說「難得糊塗」，大概就是這個道理吧！

有位同事總抱怨他們家附近小店賣醬油的售貨員態度不好，像誰欠了她鉅款似的。後來同事的妻子打聽到了女售貨員的身世，她丈夫

假象快樂
七大性格改變自我，跟負能量 SAY NO ！

有外遇離了婚，老母癱瘓在床，上小學的女兒患哮喘病，每月只能拿幾千塊薪水，一家人住在一間不到五坪的平房。難怪她一天到晚愁眉不展。這位同事從此再不計較她的態度了，甚至還建議大家都幫她一把，為她做些力所能及的事。

凡事過度的認真會讓自己變得很累，在公共場所遇到不順心的事，實在不值得認真生氣。有時素不相識的人冒犯你，其中肯定是另有原因，不知哪些煩心事使他此時情緒惡劣，行為失控，正巧讓你趕上了，只要不是惡語傷人、侮辱人格，我們就應寬大為懷，不以為然，或以柔克剛，曉之以理。

總之，沒有必要與那些無關緊要的事或人瞪著眼睛較勁。假如真認真起來，大動肝火，槍對槍、刀對刀的打起來，再釀出個什麼嚴重後果，那就太划不來了。與萍水相逢的陌路人認真，實在不是聰明人做的事。

假如對方沒有水準，與其認真就等於把自己降低到對方的水準，很沒面子。另外，從某種意義上說，對方的冒犯是發洩和轉嫁他心中的痛苦，雖說我們沒有義務分擔他的痛苦，但確實可以用你的寬容去幫助他，這樣你無形之中做了一件善事。這樣一想，也就會容忍他了。

性格測試：你能很好的處理人際關係嗎

測試攻略

測試意義：★★★

第八個性格要素：與人交際的性格

性格測試：你能很好的處理人際關係嗎

準確指數：★★★

測試時間：十二分鐘

測試情景

人際關係是一種基本的社會需求，但是要把人與人的關係處理好也不是一件容易的事情，你處理人際關係的手腕有多高呢？別人又能不能把你當作朋友？

測試問答

1. 要是你與某同事產生了矛盾，關係緊張起來，你將怎麼辦？

   A. 他若不理我，我也不理他；他若主動前來招呼我，那麼我也招呼他。

   B. 請別人幫助，調解我們之間的緊張關係。

   C. 從此不再搭理他，並設法報復他。

   D. 我將主動去接近對方，爭取消除矛盾。

2. 如果你被人誤解做了某件不好的事情，你將怎麼辦？

   A. 找這些亂說的人對質，指責他們。

   B. 同樣捏造一些莫須有的事加在對方身上，進行報復。

   C. 置之一笑，不去理睬，讓時間來證明自己的清白。

   D. 要求調查，以弄清事實真相。

3. 如果你的父母之間關係緊張，你將怎麼辦？

   A. 誰厲害就倒向誰一邊。

   B. 採取不介入態度，不得罪任何人。

   C. 誰正確就站在誰一邊。態度明朗。

   D. 努力調解兩人之間的關係。

假象快樂
七大性格改變自我，跟負能量 SAY NO！

4. 如果你的父母老是為一些小事爭吵不休，你準備怎麼辦？

　A. 根據自己的判斷，支持其中正確的一方。

　B. 少回家，眼不見為淨。

　C. 設法阻止他們爭吵。

　D. 威脅他們：如果再吵，就不認你們為父母了。

5. 如果你的好朋友和你發生了嚴重的意見分歧，你將怎麼辦？

　A. 暫時避開這個問題，以後再說，以求同存異。

　B. 請與我倆都親近的第三者來裁決誰是誰非。

　C. 為了友誼，遷就對方，放棄自己的觀點。

　D. 下決心中斷我們之間的朋友關係。

6. 當別人嫉妒你所取得的成績時，你將怎麼辦？

　A. 以後再也不表現了，免得被人嫉妒。

　B. 走自己的路，不管別人抱持什麼態度看待我。

　C. 與這些嫉妒者爭吵，保護自己的名譽。

　D. 一如既往的工作，但同時反省自己的行為。

7. 如果有一天需要你去處理某一件事（不是壞事），而處理這件事的結果不是得罪甲，就是得罪乙，而甲和乙恰恰又都是你的好朋友，你將怎麼辦？

　A. 向甲和乙講明這件事的性質，想辦法取得他們的諒解，再處理這件事情。

　B. 瞞住甲和乙，悄悄把這件事做完。

　C. 事先不告訴甲和乙，事後再告訴得罪的一方。

　D. 為了不得罪甲和乙，寧可不顧當時的需求，而不去做這件事。

8. 如果你的好朋友虛榮心太強，使你很看不慣，你將怎麼辦？

　　A. 檢查一下對方的虛榮心是否與自己有關。

　　B. 利用各種機會勸導他。

　　C. 聽之任之，隨他怎麼做，以保持良好關係。

　　D. 只要他有追求虛榮的表現，就與他爭吵。

9. 如果你對某一問題的正確看法被上司否定了，你將怎麼辦？

　　A. 向總經理反映，爭取總經理的支持。

　　B. 工作消極，以發洩自己的不滿。

　　C. 一如既往的認真工作，在適當的時候再向上司說明自己的看法。

　　D. 與上司爭吵，準備離開公司。

10. 如果你和朋友在假日活動的安排上意見很不一致，你準備怎麼辦？

　　A. 雙方意見都不採納，另外商量雙方都不反對的安排。

　　B. 放棄自己的意見，接受朋友的主張。

　　C. 與朋友爭論，迫使朋友同意自己的安排。

　　D. 到時獨自活動，不和朋友在一起度假了。

測試解析

分數表				
題號	A	B	C	D
1	1	2	0	3
2	1	0	3	2
3	0	1	2	3
4	1	0	3	2

5	3	2	1	0
6	0	3	1	3
7	3	1	2	0
8	2	3	0	1
10	2	3	0	1

0～6 分，你處理人際衝突的能力很弱，非常不善於和周圍的人群打交道，遇到事情後，你也只能一個人躲起來獨自面對。

7～12 分，你處理人際衝突的能力較弱，一點小小的困難你能很好的應對，一旦出現大的麻煩，你就不知所措，怨天尤人。

13～18 分，你處理人際衝突的能力一般，和身邊的人關係也較普通，沒有什麼能幫你解決問題的朋友。

19～24 分，你處理人際衝突的能力較強，遇事後能冷靜的分析，所以也能漂亮的解決身邊的事情。

25～30 分，處理人際衝突，恐怕你是高手中的高手，不管什麼事情，你都能獨當一面，而且讓別人對你口服心服。

測試啟發

在和人相處的過程中，不論你是什麼人，有什麼社會地位，有多少存款，你都要給對方最起碼的尊重，要使對方在和你相處的時候感到快樂。和朋友在一起時，也不能給他一個直接的命令，因為這樣可能會引起別人的反感，從而使你失去朋友。

目錄

電子書購買

爽讀 APP

國家圖書館出版品預行編目資料

性格編碼！關鍵的八個面向，打造最強版本的
自己：假象快樂？七大性格改變自我，跟負能
量 SAY NO ！ / 謝蘭舟，徐登 著 . -- 第一版 . --
臺北市：財經錢線文化事業有限公司 , 2023.09
面；　公分
POD 版
ISBN 978-957-680-679-7(平裝)
1.CST: 性格 2.CST: 成功法
173.761　112013616

性格編碼！關鍵的八個面向，打造最強版本的自己：假象快樂？七大性格改變自我，跟負能量 SAY NO ！

臉書

作　　　者：謝蘭舟，徐登
發 行 人：黃振庭
出 版 者：財經錢線文化事業有限公司
發 行 者：財經錢線文化事業有限公司
E - m a i l：sonbookservice@gmail.com
粉 絲 頁：https://www.facebook.com/sonbookss/
網　　　址：https://sonbook.net/
地　　　址：台北市中正區重慶南路一段六十一號八樓 815 室
Rm. 815, 8F., No.61, Sec. 1, Chongqing S. Rd., Zhongzheng Dist., Taipei City 100, Taiwan
電　　　話：(02)2370-3310　　傳　　真：(02) 2388-1990
印　　　刷：京峯數位服務有限公司
律師顧問：廣華律師事務所 張珮琦律師

定　　　價：380 元
發行日期：2023 年 09 月第一版
◎本書以 POD 印製